INTERCULTURAL STUDIES
Schriftenreihe des Zentrums
für Interkulturelle Studien (ZIS)

Band 2

Herausgegeben von
DILEK DIZDAR · ANTON ESCHER
ALFRED HORNUNG · DIETER LAMPING
Zentrum für Interkulturelle Studien (ZIS)
Interdisziplinäre Forschungsplattform
der Johannes Gutenberg-Universität Mainz

MITA BANERJEE
ANDREA BLÄTTER
ANTON ESCHER (Hg.)

Re-Ethnisierung, Repräsentation von Indigenität und gelebte Bikulturalität

Universitätsverlag
WINTER
Heidelberg

Bibliografische Information der Deutschen Nationalbibliothek

Die Deutsche Nationalbibliothek verzeichnet diese Publikation
in der Deutschen Nationalbibliografie;
detaillierte bibliografische Daten sind im Internet
über *http://dnb.d-nb.de* abrufbar.

UMSCHLAGBILD

Foto: Andrea Blätter
Detailaufnahme von der „City to Sea" Brücke am Civic Square in Wellington, NZ
Dieser von dem Maori-Künstler Paratene Matchitt mitgestaltete
Übergangsort kombiniert Elemente von europäischer und Maori-Kultur
und symbolisiert augenfällig die eingegangene Verbindung.

ISBN 978-3-8253-6563-9

Dieses Werk einschließlich aller seiner Teile ist urheberrechtlich geschützt. Jede
Verwertung außerhalb der engen Grenzen des Urheberrechtsgesetzes ist ohne
Zustimmung des Verlages unzulässig und strafbar. Das gilt insbesondere für
Vervielfältigungen, Übersetzungen, Mikroverfilmungen und die Einspeicherung
und Verarbeitung in elektronischen Systemen.

© 2015 Universitätsverlag Winter GmbH Heidelberg

Redaktion: Heike C. Spickermann

Imprimé en Allemagne · Printed in Germany
Druck: Memminger MedienCentrum, 87700 Memmingen

Gedruckt auf umweltfreundlichem, chlorfrei gebleichtem
und alterungsbeständigem Papier

Den Verlag erreichen Sie im Internet unter:
www.winter-verlag.de

Inhaltsverzeichnis

Einführung 7

Entrechtung und Verletzungen

Die *Wilden* und das Völkerrecht
Dieter Dörr 19

Die Heilung der vererbten Seelenwunde – zur Indigenisierung der
nordamerikanischen Psychiatrie
Andrea Blätter 37

Literarische Repräsentationen von Indigenität

Stages of Selfhood: Identitätskonstruktionen im Drama der First Nations
Birgit Däwes 49

Pose, Szene, Drama: Theaterdiskurs und indigene Repräsentation
in den Schriften Gerald Vizenors
Michael Bachmann 59

Fiktionen der Versöhnung? Keri Hulmes Roman *The Bone People* und das
Waitangi-Tribunal
Mita Banerjee und Dieter Dörr 73

Bikulturalität als gemeinsame Zukunft

"We are all New Zealanders now" *Reconciliation, Apology and Reparation*
in Aotearoa / Neuseeland
Michael Schindler und Anton Escher 89

Bikulturalität in der Museumspraxis
Tanja Schubert-McArthur 115

Neue Repräsentationen von Identität

Jugendkultur oder Re-Ethnisierung einer Nomadengesellschaft. Über Fremdwahrnehmungen und aktuelle Identitätskonstruktionen von Tuareg im Niger
Ines Kohl 131

Eine indigene weibliche Heterotopie? Der *Womyn's Sun Dance*
Sabine Lang 141

Die neuen Wilden: Re-Ethnisierung, Wiederaneignung von Tradition
und Inszenierung von Indigenität (Symposium in Mainz, 18.–20. Mai 2012)
Andrea Blätter und Sabine Lang 153

Verzeichnis der Autorinnen und Autoren 159

Einführung

In den Jahrhunderten kolonialer Unterwerfung wurden indigene Kulturen, ihre Traditionen und Geschichten, vielfach die Menschen selbst, vernichtet und ausgelöscht. Was übrig blieb, wurde einem radikalen Anpassungsprozess, der die vollständige Auflösung der indigenen Gemeinschaften zum Ziel hatte, unterworfen. Die Rationalisierung des kulturellen Genozids entsprang der Überzeugung, dass der eigene Lebensstil, die eigene Kultur und die eigene Religion, ebenso wie die eigenen Methoden der Sozialisation den Lebensvorstellungen der indigenen Menschen überlegen wären und dass die indigenen Betroffenen dankbar für das Geschenk der weißen, europäischen Zivilisation sein sollten (FARCA 2011: 100). Die koloniale Politik gegenüber den Indigenen entsprach in diesem Sinne einer vermeintlich wohlmeinenden Mission der ‚Zivilisierung' des Anderen, dessen kulturelles Potential, so wurde nun argumentiert, erst durch die Ausmerzung aller indigener Elemente freigelegt werden konnte. R. H. Pratt, der Gründer der ersten Indian Boarding School (Carlisle Indian School) außerhalb von Reservationen in den USA, formulierte deutlich das Ziel der Politik einer kulturellen Transformation der indigenen Bevölkerung bzw. deren ‚Umerziehung': "Kill the Indian in him, and save the man" (BRUCHAC/SMELCER 2015: 2). Diese stark universalistische Denkweise billigte dem Indigenen zwar Potential zu – er könnte durch einen Prozess der Akkulturierung zum Menschen erzogen werden; dennoch sei dies erst dann möglich, wenn er zuvor seine eigene Kultur – die für den kolonialen Diskurs keine Kultur im eigentlichen Sinne darstellt – hinter sich gelassen hat. Diese Praxis der Kolonisierung indigener Völker nimmt in Siedlergesellschaften wie den USA, Kanada, Australien und Neuseeland unterschiedliche Formen an; gleich sind diesen Bestrebungen das grundsätzliche Vorhaben, die Eigenständigkeit indigener Kulturen ein für alle Mal zu vernichten.

Die Bemühungen, den indigenen Menschen die europäische Kultur aufzuzwingen, erzeugten den Verlust indigener Identität und kollektiver Ethnizität. Die assimilatorischen Anstrengungen der europäischen Eroberer führten vielfach zur Zerstörung von lokalen Gruppen und zur Separation der komplexen Familien. Für die indigene Bevölkerung begann eine leidvolle Geschichte der erzwungenen Hybridität (FARCA 2011: 99). Dadurch kam es zur Einbuße der eigenen Geschichte, der eigenen Ländereien, der eigenen Sprache, der sozialen Beziehungen, des kulturell eigenen Denkens, Fühlens und der Interaktion (SMITH 2012: 29). Noch heute sind Ureinwohner weltweit selbst in ihren eigenen ursprünglichen und in den kolonial zugewiesenen Lebensräumen vielfach diskriminiert und benachteiligt.

Trotz der massiven Bemühungen weißer Kolonisten und weißer Regierungen die indigene Bevölkerung aufzulösen und ihre Traditionen zum Verschwinden zu bringen, haben sich indigene Kulturen weiter überliefert. Für die zurückliegenden Dekaden beobachten wir nicht nur homogenisierende Prozesse einer beschleunigten ökonomischen und kulturellen Globalisierung, sondern auch gegenläufige, reaktive Prozesse der Differenzierung wie die Re-Ethnisierung durch Aneignung von scheinbar verlorengegangenen Traditionen und somit die Neugestaltung von Ethnizität und Indigenität. Der indianische Schriftsteller und Kulturtheoretiker Gerald Vizenor hat dies mit dem Neologismus der "survivance" bezeichnet, dem andauernden und der "dominance" der Siedler in nichts nachstehenden Überleben indigener Kulturen. Vizenor (1998: 15) formuliert folgendermaßen: "For instance, survivance, in the sense of native survivance, is more than survival, more than endurance or mere response; the stories of survivance are an active presence."

Durch die indigene Renaissance, die sich in unterschiedlichen politischen und kulturellen Bewegungen seit den 1970er Jahren artikuliert, sind inzwischen vielerorts indigene Bevölkerungsgruppen, wie ‚ein Phönix aus der Asche' auferstanden bzw. durch kulturelles und politisches Selbstbewusstsein neu erstanden. Indigenität wird im 21. Jahrhundert nicht mehr als Makel erlebt, sondern wird wertvoller Bezugspunkt von Selbstverwirklichung, Stolz und Orientierung. Hierbei wird nicht zuletzt die auch im kolonialen Diskurs viel bemühte Dichotomie zwischen Tradition und Moderne verworfen. Vielmehr betonen indigene Kulturwissenschaftler wie Vizenor gerade das performative Prinzip kultureller Selbstentfaltung, das aus einer ständigen Neuaushandlung überlieferter und neu erfundener Traditionen hervorgeht.

Schließlich trägt die Politik der Weltgemeinschaft dieser Position durch die "Declaration on the Rights of Indigenous Peoples", wie sie von der United Nations General Assembly am 13. September 2007 verabschiedet wurde, Rechnung. Allerdings muss auch hier beachtet werden, was Heiner Bielefeld (1998: 205) feststellt: „Vielmehr war und bleibt der Kampf um Menschenrechte eine politische Auseinandersetzung, in der die religiöse, weltanschauliche bzw. kulturelle ‚Herkunft' der Menschen zwar gewiß eine Rolle spielt, aber weder die politischen Zielvorstellungen noch die Überzeugungskraft normativer Argumente vorab determiniert." Dies bedeutet, dass jede Bevölkerungsgruppe, jede Kultur für ihre Menschenrechte mit geeigneten Strategien zu streiten hat, unabhängig davon, wie machtvoll sich die einzelnen Gruppen gestalten, denn auch die Menschenrechte sind in Abhängigkeit von Kultur zu interpretieren.

Das Ausmaß der Wiederaneignung und Inszenierung vergangener kultureller Elemente und Formen variiert zwischen den Kontinenten und damit zwischen den Staaten erheblich. Deutlich zu bemerken sind aber bei aller regionalen Unterschiedlichkeit die kolonialpolitischen Gemeinsamkeiten der Zustände in den britischen Post-Siedlergesellschaften USA, Kanada, Australien und Neuseeland. Ein Beispiel für solche Gemeinsamkeit aus der jüngeren Geschichte betrifft den Missbrauch von indigenen Kindern, die nach staatlicher Vorgabe fernab ihrer Familien in staatlichen und christlichen Internaten nach viktorianischem Vorbild erzogen werden sollten. In diesen Einrichtungen war körperlichem und seelischem Missbrauch (FARCA 2011: 99) Tür und Tor geöffnet. Indigene in den USA, in Kanada, in Australien und in Neuseeland leiden bis heute unter den Folgen dieser 'lost generation' konnten aber erst in jüngerer Zeit das angetane Unrecht öffentlich machen und, wenn auch nur in einigen Fällen, Entschädigungen einfordern (REGAN 2010). Hierbei ergeben sich für die Diskussion um Versöhnung (*reconciliation*) zentrale Fragen, denn es geht nicht nur um das ökonomische Aufwiegen geschehenen Unrechts, sondern auch um die psychologische Dimension, die jedem historisch erlittenen Trauma innewohnt. Für die indigenen Bevölkerungsgruppen war es in diesem Sinne zunächst die offizielle Entschuldigung (*apology*), die jeder Form von Versöhnung vorausgehen musste. Der australische Premierminister Kevin Rudd entschuldigte sich erst im Jahre 2008 offiziell für die Kolonialpolitik, die zu "Stolen Generations" geführt hatte. Hier ein Auszug aus dem Apology-Transkript:

> We apologise for the laws and policies of successive parliaments and governments that have inflicted profound grief, suffering and loss on these our fellow Australians.
>
> We apologise especially for the removal of Aboriginal and Torres Strait Islander children from their families, their communities and their country.
>
> For the pain, suffering and hurt of these Stolen Generations, their descendants and for their families left behind, we say sorry.
>
> To the mothers and the fathers, the brothers and the sisters, for the breaking up of families and communities, we say sorry.
>
> And for the indignity and degradation thus inflicted on a proud people and a proud culture, we say sorry.
>
> We the Parliament of Australia respectfully request that this apology be received in the spirit in which it is offered as part of the healing of the nation.

Im Vordergrund dieser Entschuldigung steht die Anerkennung der Traumata, wie sie die Aborigines in Australien erlitten haben, Traumata, deren Folgen im kollektiven Bewusstsein bis heute andauern. Die offizielle Entschuldigung ist eine Neuinterpretation der australischen Geschichte. Erst aufgrund dieser historischen Revision, welche die Politik der ‚Zivilisierung' als historisches Unrecht entlarvt, ist eine Politik der Versöhnung zwischen weißen Australiern und Aborigines in der Zukunft möglich.

Trotz unterschiedlicher regionaler, juristischer und politischer Implementierung war in den letzten Jahrhunderten der kulturell homogene Nationalstaat das dominante Modell der politischen Integration ethnisch heterogener Bevölkerungen. Nun regt sich zunehmend Kritik am Modell des Nationalstaates: "[…] nation-building is the cause of historic injustice towards indigenous peoples, not the solution to it. It was precisely in the name of building modern unitary nations that injustices were committed against indigenous peoples, stripping them of their lands, cultures, and self-governing institutions" (KYMLICKA/BASHIR 2008: 15). Die Autoren sehen diese Problematik gewissermaßen in den Prozess der Nationenwerdung eingeschrieben: "More generally, as we've seen when discussing multiculturalism, nation-building carries the endemic risk of assimilating cultural differences, unless constrained by a strong set of minority rights" (KYMLICKA/BASHIR 2008: 15).

Für Prozesse der Umkehrung, der Herstellung von Menschenrechten und dem Gebrauch des Rechts der Selbstbestimmung erfordert die Veröffentlichung und Sichtbarmachung des historischen und aktuellen Unrechts ein hohes Maß an politischem Selbstbewusstsein. "Giving 'voice'" (KYMLICKA/BASHIR 2008: 12) ist dabei ein zentrales Instrument einer Politik der Wiedergutmachung und Versöhnung, welches zunehmend von ethnischen Bevölkerungsgruppen genutzt wird, die eine „Ethnisierung des Politischen" (BÜSCHGES/PFAFF-CZARNECKA 2007) bewirkt haben. Mit dieser soll der Notwendigkeit Nachdruck verliehen werden, ethnische Minderheiten politisch und kulturell stärker einzubeziehen und ihnen mehr Möglichkeiten zur gesellschaftlichen Beteiligung zu geben. Dabei wünschen sich die meisten indigenen Lager nicht die Art der politischen Selbstbestimmung, mit welcher Nationalstaaten über ihre Territorien verfügen, sondern kulturelle und politische Autonomie innerhalb eines Nationalstaates (SISSONS 2005: 127). Sie fordern eine bessere Berücksichtigung der Bedürfnisse und Interessen ethnischer Minderheiten sowie die politische Akzeptanz ihrer Kultur innerhalb der nationalen Gemeinschaft. In manchen Staaten wird zur Verwirklichung von Ethnizität eine bikulturelle Öffentlichkeit gefordert. In ihren Emanzipationsprozessen versuchen sie, die erzwungene Hybridität aufzulösen und ihre Indigenität selbst neu zu definieren, zu repräsentieren und politisch zu leben. Damit gewinnen für unsere Betrachtungen die Begrifflichkeiten von Re-Ethnisierung, Indigenität und Bikulturalität eine zentrale Bedeutung.

Während Ethnisierung die Zuschreibung von ethnischen Merkmalen für eine Gruppe meint, versteht man unter Re-Ethnisierung die erneute Hinwendung und die gegenwärtige Errichtung von Ethnizität, die im historischen Verlauf abhandengekommen ist oder gezielt durch andere Gruppen oder durch koloniale Eroberung vernichtet wurde. Andre Gingrich (2001) macht deutlich, dass Ethnizität das Verhältnis zwischen Gruppen bezeichnet, die sich in kulturell wichtigen Fragen unterscheiden, dass ethnisch, nicht rassisch und nicht völkisch bedeutet, dass Ethnizität vielmehr als ein Beziehungsgeflecht bestimmter Aspekte der beteiligten Kulturen zu sehen ist und dass Ethnizität nach Zeit und nach Umständen variiert und sich verändert. Damit liegt eine Kategorie vor, die sich immer wieder relational dynamisiert und ausgehandelt werden kann. Ethnisierung ist die eigene und von außen zu respektierende Zuschreibung von Ethnizität.

Unter Re-Ethnisierung verstehen wir den durch die Betroffenen selbst vorangetriebenen Prozess der Ethnisierung in Aushandlung mit anderen Gruppen auf allen Ebenen der Lebensverwirklichung. Das Ergebnis des Prozesses der Re-Ethnisierung ist Indigenität. Damit wird Indigenität als die Darstellung einer ethnischen Zugehörigkeit durch Inszenierung, Performation und Repräsentation der betroffenen Bevölkerung selbst in allen Bereichen der Lebenswelt und in allen möglichen Medien begriffen. Unter Bikulturalität wird oftmals die mehrfache kulturelle Sozialisation eines Individuums oder Menschen mit Eltern aus zwei verschiedenen Kulturen (WENZLER-CREMER 2005: 62) verstanden. Im vorliegenden Kontext verstehen wir jedoch darunter die Existenz zweier kultureller Welten an einem Ort, innerhalb einer Nation, die mehr oder weniger gleichberechtigt mit- und nebeneinander, sich gegenseitig respektierend, leben. Dabei werden Konzepte der politischen und ökonomischen Bikulturalität vorangetrieben und umgesetzt.

Defizite in der deutschsprachigen Diskussion und Aufarbeitung kolonialer Vernichtungsstrategien, von Prozessen der Wiedergutmachung und Re-Ethnisierung überraschen insofern, da die deutsche Nachkriegsgeschichte vom Genozid an den Juden, der Shoah nachhaltig beeinflusst wurde (vgl. SLYOMOVICS 2014). Auch das Deutsche Kaiserreich und damit die ältere deutsche Vergangenheit sind nicht frei von kolonialen Vernichtungsmaßnahmen, wie die nahezu vollständige Ausrottung der Herero und Nama in Deutsch-Südwest-Afrika (Namibia) zeigt (JAMFA 2008).

Die wissenschaftliche Auseinandersetzung mit Strategien der Re-Ethnisierung und Wiederaneignung von Traditionen war das Ziel eines interdisziplinären Symposiums an der Johannes Gutenberg-Universität Mainz, auf dem der vorliegende Band basiert. Das Symposium „Neue Wilde? Re-Ethnisierung, Wiederaneignung von Tradition, Inszenierung von Indigenität" fand vom 18.–20. Mai 2012 in Mainz statt. Idee und Konzeption lagen in den Händen von Gerd Becker und Andrea Blätter. Vertreter unterschiedlichster

Disziplinen, darunter Ethnologie, Amerikanistik, Rechtswissenschaft, Theaterwissenschaften, Psychologie, Museologie, Pacific Studies und Geographie, diskutierten Fallbeispiele aus den Regionen Nordafrika, Amerika und Ozeanien. Die Tagung nutzte die Chance, Forschungen zur Indigenität quer zu den Fächern, in denen sie bislang betrieben wird, disziplinär neu aufzustellen und Ansätze aus den unterschiedlichen genannten Fächern zusammenzuführen. Außerdem wurden sinnvolle Innovationen auf begrifflicher, theoretischer, methodischer und repräsentationsstrategischer Ebene diskutiert und erprobt. Gegenstand war die vergleichende Untersuchung von Prozessen der Konstruktion von Identität, wie sie Erstbevölkerungen in ihrem Streben nach Ausgleich und Selbstbestimmung in den postkolonialen Siedlerstaaten Nordafrikas, Amerikas und Ozeaniens derzeit aushandeln. Dabei wurden kulturvergleichend Prozesse der Re-Ethnisierung in Kolumbien, Neuseeland, Nordamerika, Nordafrika sowie Ozeanien vorgestellt und diskutiert. Mit der Präsentation der Einzelstudien wurde ein Vergleich der Vorgänge in unterschiedlichen Weltregionen möglich, wie BLÄTTER/LANG (2013: 197–201) dokumentieren (vgl. den Bericht in diesem Band).

Der vorgelegte Sammelband ist in die thematischen Abschnitte „Entrechtung und Verletzungen", „Literarische Repräsentationen von Indigenität", „Bikulturalität als gemeinsame Zukunft" und „Neue Repräsentationen von Identität" gegliedert. Diese Einteilung bringt in den verschiedenen Abschnitten historische Aspekte, die zu erheblichen Auswirkungen für die indigene Bevölkerung führten, Formen der literarischen Repräsentation und empirische Studien in den angelsächsischen Siedlerstaaten sowie indigene kulturpolitische Strategien zusammen.

Die weltweite Expansion Europas führte bei nahezu allen Eroberungen zu einer Entrechtung der angetroffenen, einheimischen Bevölkerung. Die militärischen und rechtlichen Strategien der eingewanderten Eroberer brachten der indigenen Bevölkerung Verletzungen bei, die heute noch nachwirken und bestehen.

In diesem Zusammenhang zeigt der Medien- und Völkerrechtler *Dieter Dörr* exemplarisch unter dem provokanten Titel „Die *Wilden* und das Völkerrecht" die Stellung der amerikanischen Ureinwohner im Zuge der kolonialen Eroberung Nordamerikas auf. Beispielhaft führt er aus, wie eine kulturell, politisch und zivilisatorisch auf Augenhöhe zu den Siedlern geprägte indigene Gesellschaft Schritt für Schritt mit Hilfe von Verträgen, die konsequent von weißer Seite gebrochen werden, übervorteilt wurde. Die geschlossenen Verträge waren ein zentrales Instrument, um die indianische Bevölkerung ihres Landes zu berauben und um ihre Umsiedlung zu erzwingen. Das Ergebnis war, dass die Indianer aus den Verhandlungen und Auseinandersetzungen als völkerrechtliche Subjekte und als 'domestic dependant Nations' hervorgingen. Trotz der positiven Rechtsprechung wurde ab Mitte des 19. Jahrhunderts ein Vernichtungskrieg gegen die verbleibenden und unabhängigen Prärieindianer geführt. Danach folgt, so erläutert der Autor, eine Politik der erzwungenen Integration, die als 'termination' durch 'relocation' bezeichnet wurde. Erst zu Beginn der 1970er Jahre kam es im Zuge der Politik der Selbstbestimmung durch die Red Power-Bewegung, welche sich unter anderem als American Indian Movement (AIM) institutionalisiert, zu einem neuen Selbstverständnis der Indianer. *Dieter Dörr* macht deutlich, dass Selbstbestimmungsrecht und Autonomie der indigenen Nationen Nordamerikas noch nicht erreicht sind, solange die Bevormundung durch das Bureau of Indian Affairs (BIA) und die durch den Indian Reorganization Act (IRA) beeinflussten Stammesverfassungen weiterhin bestehen.

Die psycho-sozialen Auswirkungen der kolonialen Traumata wurden innerhalb der indigenen Bevölkerung über die Jahrhunderte weitergegeben. Psychopathologische Störungen und ihre gesellschaftlichen Indikatoren findet man bei der indigenen Bevölkerung auf allen Ebenen: hohe Depressions- und Suizidrate, Alkohol- und Substanzmissbrauch, überdurchschnittliche Rate an Verbrechen wie Raub, Vergewaltigung und Mord. Die Psychotherapeutin und Ethnologin *Andrea Blätter* beschreibt unter dem Titel „Die Heilung der vererbten Seelenwunde – zur Indigenisierung der nordamerikanischen Psychiatrie" den modernen konstruktiven Umgang der indigenen Bevölkerung mit ihren Verletzungen. In ihrem Beitrag stellt sie das indigene Konzept der ‚Seelenwunde' vor. Damit werden die Auswirkungen der Kolonialisierung als seelische Verletzung und Ursache des psycho-sozialen Zustandes der indigenen Bevölkerung anerkannt, angenommen und therapierbar. Die Autorin erläutert, wie sich koloniale Traumatisierungen bis heute tradieren und zu der hohen Rate von Suchterkrankungen, Depressionen und Suiziden unter der indigenen Bevölkerung führen. Vor allem geht sie aber auf neue indigene Therapiekonzepte und deren Grundprinzipien ein, die inzwischen erfolgreich zur Anwendung kommen und als "Our Therapy is our Culture" zusammengefasst werden können.

Die intellektuellen Wortführer der indigenen Bevölkerung in den angelsächsischen Siedlergesellschaften melden sich verstärkt mit eigener literarischer Stimme zu Wort, deren formale Ausprägung u.a. auf indigene Traditionen zurückzuführen ist. Seit der indigenen Renaissance der 1970er Jahre nimmt die literarische Produktion in Form von Theaterstücken, Dramen und Romanen sowie philosophischen Überlegungen und theoretischen Zukunftskonzepten zu. Unter dem Titel „Stages of Selfhood: Identitätskonstruktionen im Drama der First Nations" thematisiert die Amerikanistin *Birgit Däwes* kulturelle Hybridisierung und performative Vermischung in der indigenen Prosa und stellt moderne indigene literarische Konzepte eines 'alterNative' und "Urboriginals" vor. *Däwes* formuliert die besonderen Herausforderungen an die Bildung von Identität dieser heterogenen Bevölkerungsgruppe mit dem literarischen Zitat Hayden Taylors "My father is red, my mother white, am I pink?" Im Mittelpunkt ihrer Ausführungen steht der indianische Autor Drew Hayden Taylor, der häusliches und soziales Leben im Stil realistischer Repräsentation mit humoristischer Note beschreibt. Sein ausgeprägter Humor lässt bei den weißen Zuschauern ethnische Etiketten und sie instrumentalisierende Machtspiele nahezu episch erkennen. „Im gemeinsamen Lachen", formuliert die Autorin, „entsteht eine neue, temporäre *community*, die Platz für alle an ihr interessierten Identitäten hat".

Der Theaterwissenschaftler *Michael Bachmann* setzt sich unter dem Titel „Pose, Szene, Drama: Theaterdiskurs und indigene Repräsentation in den Schriften Gerald Vizenors" mit einem der wichtigsten Schriftsteller, Kulturwissenschaftler und theoretischen Vordenker der indigenen Bevölkerung der USA auseinander. Vizenor prägte wichtige theoretische Begriffe wie 'survivance', '*indian*' und 'postindian', die inzwischen in unterschiedlichen Disziplinen diskutiert und weiter entwickelt wurden. Der Autor versucht, die beiden letztgenannten Begriffe im Theaterdiskurs bei Vizenor kritisch zu diskutieren. Der Begriff *indian* bezeichnet für den Kulturwissenschaftler eine Simulation ohne Referenten, die allerdings das Realitätsprinzip nachhaltig angreift, denn reale Menschen und medial konstruierte *indians* lassen sich im Zusammenhang lebensweltlicher Wahrnehmungen nicht trennen. Demgegenüber bezeichnet 'postindian', den an indigener Wirklichkeit gesättigten *american indian*. Vizenor geht es darum, so argumentiert der Verfasser, '*indian*' als 'postindian' neu zu inszenieren. Das Theater wird zum Modell für den kolonialen Überwachungs- und Machtdiskurs und zum Ort der Identitätsfindung der Siedlerkultur. Die Ausführungen von *Michael Bachmann* zeigen G. Vizenor als differenziert argumentierenden und strategisch denkenden Intellektuellen.

Die Amerikanistin *Mita Banerjee* und der Jurist *Dieter Dörr* versuchen in ihrem Beitrag „Fiktionen der Versöhnung? Keri Hulmes Roman *The Bone People* und das Waitangi-Tribunal", die Aspekte der Versöhnung zwischen Māori und Pākehā, zwischen den Ureinwohnern Neuseelands und den weißen Siedlern aufzuzeigen. Das Waitangi-Tribunal und der Roman der neuseeländischen Schriftstellerin Keri Hulme bringen beide Bevölkerungsgruppen an einen Tisch und wollen Strategien und Mittel der Versöhnung aufzeigen. *Banerjee* und *Dörr* gelingt es, die historische Genese, die juristische Konstruktion und die kulturelle Problematik des Vertrages von Waitangi aufzuzeigen sowie die Verknüpfungen der Erzählung, der Figuren und ihrer Handlungen mit dem Waitangi-Tribunal anzusprechen. Die Begriffe der Versöhnung und der Fiktion bleiben offen, so die Verfasser. Sie verweisen abschließend auf die Zukunft Neuseelands und fragen, ob sich die Erwartungen des juristischen (wie *literarischen*) Vertrages zwischen Māori und Pākehā erfüllen werden und eine gemeinsame bikulturelle Zukunft in Neuseeland möglich sein wird.

Weiter fortgeschritten sehen die Kulturgeographen *Michael Schindler* und *Anton Escher* den Prozess der Gestaltung einer bikulturellen Gesellschaft in ihrem Beitrag „'We are all New Zealanders now'. *Reconciliation, Apology and Reparation* in Aotearoa / Neuseeland." Sie skizzieren zunächst die normativen Forderungen für einen Prozess der Wiedergutmachung, der verschiedene Etappen umfassen sollte, um eine zukunftsfähige und gerechte Gesellschaft für alle Angehörigen der neuseeländischen Nation zu ermöglichen. Danach gehen sie auf die Konstruktion des Waitangi-Tribunals ein, das als neutrales Forum die Anklagen der Māori bearbeiten und die Verhandlungen mit der neuseeländischen Regierung (*The Crown*) begleiten soll. Schließlich zeigen die Verfasser am Beispiel des Stammes Ngāi Tahu Effekte und Strategien des Prozesses von *Reconciliation, Apology and Reparation* konkret auf. Dabei wird deutlich, dass der betrachtete Stamm seine Identität als Māori innerhalb der Nation des Staates Neuseeland wiedergefunden hat und durch sein neu gewonnenes ökonomisches Potenzial auch an politischer Stimme gewinnen konnte. Die Feststellung des englischen Beauftragten nach Unterzeichnung des Vertrages von Waitangi "We are one people now" wird durch den Ausdruck "We are all New Zealanders now" abgelöst. Indigenität ist ins ‚Land der langen weißen Wolke' zurückgekehrt.

Die gelebte Praxis von Bikulturalität diskutiert *Tanja Schubert-McArthur* in ihrem Beitrag „Bikulturalität in der Museumspraxis". Sie berichtet über die Repräsentation von Indigenität im Museum Te Papa Tongarewa in Wellington, das ihr als Mitarbeiterin des Nationalmuseums und als teilnehmende Forscherin exzellent bekannt ist. Allein die organisatorische Struktur des Museums ist auf allen Stufen bikulturell aufgestellt, wie sich bereits auf Direktorenebene zeigt. An ausgewählten Ausstellungsbeispielen und prozessualen Inszenierungen macht sie deutlich, dass das Konzept der Bikulturalität die Partizipation der Māori ermöglicht, aber gleichzeitig die hegemoniale Stellung der Pākehā spiegelt. Die Ausführungen der Autorin zeigen, dass die teilweise Umkehrung der politischen Machtverhältnisse in der alltäglichen Museumspraxis dem Druck der öffentlichen Mehrheitsmeinung nur bedingt bzw. nicht standhält. Zudem erläutert sie den Bedeutungswandel der Institution Museum, da inzwischen Artefakte und Einrichtungen des Museums bei zeremoniellen Anlässen eingesetzt werden und dadurch religiöse Bedeutung erhalten. *Tanja Schubert-McArthur* sieht im bikulturellen Konzept des Museums einen Ort der Dekolonisation und *reconciliation*. Damit praktiziert die neuseeländische Gesellschaft einen postkolonialen einzigartigen bikulturellen Weg.

Die indigene Bevölkerung, insbesondere deren Jugend, hat sich auch jenseits von staatlichen Programmen und offiziellen Strategien vielfach emanzipiert. Diese Emanzipation zeigt sich in politischer und kultureller Dimension. Die Ethnologin *Ines Kohl* behandelt in ihrem Beitrag „Jugendkultur oder Re-Ethnisierung einer Nomadengesellschaft? Über Fremdwahrnehmungen und aktuelle Identitätskonstruktionen der Tuareg im Niger" historische und aktuelle Fragen der Tuareg-Bewegung. Sie zeigt, wie globale politische Interessen und ökologische Krisen zu den aktuellen Identitätskonstruktionen der jungen Tuareg im Kampf um Ressourcen und hegemoniale Vorherrschaft beitragen. Die Autorin spricht sogar von einer neuen Elite, die nichts mehr mit den herkömmlichen Familien-, Clan- und Stammesoberhäuptern sowie den religiösen Anführern zu tun hat, sondern von transnationalen Akteuren, Führern der Rebellion, Gitarristen und NGO-Aktivistinnen repräsentiert wird. Damit ist Re-Ethnisierung nicht als Weg zurück zu überwundenen Lebensformen zu begreifen, sondern es ist die selbstbewusste Definition als Tuareg, die sich ins Zentrum der globalen Welt, ihrer Welt stellt.

Eine lebendige indigene Kultur ist naturgemäß im ständigen Wandel begriffen und wird immer wieder neu ausgeformt und interpretiert. Dies zeigt eindrucksvoll der Beitrag der Anthropologin *Sabine Lang*, in dem sie unter dem Titel „Eine indigene weibliche Heterotopie? Der Womyn's Sun Dance" von ihrer einzigartigen Feldforschung über einen 'All Women's Sun Dance' berichtet und zeigt, wie ein traditioneller 'sacred space' in einen modernen (Gender-) Zusammenhang gebracht wird. Mitte der 1980er Jahre kam es in einem der Lakota-Reservate zu einem Eklat als zwei offen lesbische Frauen an der Zeremonie des Sonnentanzes teilnehmen wollten. Daraufhin rief eine von ihnen 1987 einen ausschließlich ‚weiblichen' Sonnentanz ins Leben. *Sabine Lang*, die wiederholt an dieser Zeremonie teilgenommen hat, erörtert die Neuinterpretation des Sonnentanzes nicht nur als eine Foucault'sche indigene weibliche Heterotopie, sondern auch die indigenen Einstellungen gegenüber Weiblichkeit und Homosexualität. Hervorragend wird bei ihrer Arbeit deutlich, dass Re-Ethnisierung auch Neuinterpretation und Umdeutung bedeuten kann.

Die dargelegten juristischen, psychologischen, literaturwissenschaftlichen, geographischen und ethnologischen Studien zeigen die Strategien und den Trend indigener Bevölkerungsgruppen weltweit, ihre Traditionen neu zu beleben, anders neu zu erfinden und zur Verwirklichung ihrer Lebensziele sowie zur Gestaltung ihres alltäglichen Lebens einzusetzen. Dazu besinnen sie sich ihrer kulturellen Werte, die ihnen Indigenität und damit eine unverwechselbare Differenz zur (post)modernen, globalisierten Welt der Industrienationen verleihen.

Mainz/Hamburg, September 2015
Mita Banerjee / Andrea Blätter / Anton Escher

Literatur

Apology to Australia's Indigenous peoples (13. Feb. 2008). Australian Government. Transkript: http://www.australia.gov.au/about-australia/our-country/our-people/apology-to-australias-indigenous-people [30.3.2015].

ARCHULETA, MARGARET L., BRENDA J. CHILD und K. TSIAMINA LOMAWAIMA (Hgg.) (^{1}2000): *Away from Home: American Indian Boarding School Experiences 1879–2000*. Phoenix, AZ: Heard Museum.

BASHIR, BASHIR und WILL KYMLICKA (2008): Introduction: Struggles for Inclusion and Reconciliation in Modern Democracies. In DIES. (Hgg.): *The politics of reconciliation in multicultural societies*. Oxford: University Press, 1–24.

BIELEFELD, HEINER (1998): *Philosophie der Menschenrechte. Grundlagen eines weltweiten Freiheitsethos*. Darmstadt: Primus

BLÄTTER, ANDREA und SABINE LANG (2013): Die neuen Wilden: Re-Ethnisierung, Wiederaneignung von Tradition und Inszenierung von Indigenität. Symposium in Mainz, 18.–20.5.2012. *EthnoScripts* 15/1:197–201.

BRUCHAC, JOSEPH und JOHN SMELCER (2015): The Boarding School Experience in American Indian Literature. http://www.graphicclassics.com/pgs/American%20Indian%20Boarding-%20Schools.pdf [31.3.2015].

BÜSCHGES, CHRISTIAN und JOANNA PFAFF-CZARNECKA (Hgg.) (2007): *Die Ethnisierung des Politischen. Identitätspolitiken in Lateinamerika, Asien und den USA*. Frankfurt a.M.: Campus Verlag (Historische Politikforschung 12).

FARCA, PAULA ANCA (2011): *Identity in Place. Contemporary Indigenous Fiction by Women Writers in the United States, Canada, Australia, and New Zealand*. New York u.a.: Peter Lang (Postcolonial Studies 12).

GIBNAY, MARK, RHODA E. HOWARD-HASSMANN, JEAN-MARC COICAUD und NIKLAUS STEINER (Hgg.) (2008): *The Age of Apology. Facing Up to the Past*. Philadelphia: University of Pennsylvania Press.

GINGRICH, ANDRE (2001): Ethnizität für die Praxis. In KARL R. WERNHART und WERNER ZIPS (Hgg.): *Ethnohistorie. Rekonstruktion und Kulturkritik. Eine Einführung*. Wien: Promedia, 99–111.

JAMFA, LÉONARD (2008): Germany Faces Colonial History in Namibia: A Very Ambignous "I am sorry". In MARK GIBNAY, RHODA E. HOWARD-HASSMANN, JEAN-MARC COICAUD und NIKLAUS STEINER (Hgg.): *The Age of Apology. Facing Up to the Past*. Philadelphia: University of Pennsylvania Press, 202–215.

REGAN, PAULETTE (2010): *Unsettling the Settler Within. Indian Residential Schools, Truth Telling, and Reconciliation in Canada*. Vancouver: UBC Press.

SISSONS, JEFFREY (2005): *First Peoples. Indigenous Cultures and their Futures*. London: Reaction Books (Focus on Contemporary Issues).

SLYOMOVICS, SUSAN (2014): *How to Accept German Reparations*. Philadelphia: University of Pennsylvania Press.

SMITH, LINDA TUHIWAI (^{2}2012): *Decolonizing Methologies: Research and Indigenous Peoples*. London: Zed Books.

TOMASELLI, KEYAN G. (Hg.) (2012): *Cultural Tourism and Identity. Rethinking Indigeneity*. Leiden: Brill.

United Nations: Declaration on the Rights of Indigenous Peoples. Illustriert und hg. von MICHEL STREICH. Crows Nest: Allen & Unwin, 2009.

VIZENOR, GERALD (1998): *Fugitive Poses: Native American Indian Scenes of Absence and Presence*. Lincoln: University of Nebraska Press.

WENZLER-CREMER, HILDEGARD (2005): *Bikulturelle Sozialisation als Herausforderung und Chance. Eine qualitative Studie über Identitätskonstruktionen und Lebensentwürfe am Beispiel junger deutsch-indonesischer Frauen. https://www.freidok.uni-freiburg.de/data/2267* (Diss. Freiburg i.Br.).

WILSON, STACEY-ANN (2012): *Politics of Identity in Small Plural Societies. Guyana, the Fiji Islands, and Trinidad and Tobago.* New York: Pallgrave Macmillan.

ENTRECHTUNG UND VERLETZUNGEN

Die *Wilden* und das Völkerrecht

Dieter Dörr

Einleitung

Der Titel meines Beitrages[1] ist bewusst provokant gewählt, um einen Mythos aufzugreifen, der in der Vergangenheit immer wieder dazu diente, die Rechte der Indianernationen zu negieren. So bezeichnete Chief Justice Marshall die Indianer in der ersten Entscheidung der sog. Marshall-Trilogie[2] als grimmige Wilde, deren Beschäftigung Krieg sei und deren Lebensunterhalt hauptsächlich aus den Wäldern stamme. Aber macht es denn überhaupt Sinn, sich am Beispiel der nordamerikanischen Indianer mit der Frage zu befassen, welche Stellung die sog. Wilden im Völkerrecht hatten und haben? Sind denn die indigenen Völker, wie die verschiedenen Indianer in Nordamerika, denn jemals als Nationen angesehen worden, die Träger von Rechten sein können? Wurden sie denn während der Eroberung des nordamerikanischen Kontinents nicht als Barbaren betrachtet, deren Land von den ‚Entdeckern' in Besitz genommen werden durfte?

Aber vielleicht ist die Frage doch von Bedeutung. Immerhin sprechen die vielen Verträge, die die Europäer und später die USA mit außereuropäischen Gemeinwesen geschlossen haben, gegen die Rechtlosigkeit der sog. Wilden. Sie sind aber bei vielen Völkerrechtlern[3] weitgehend unbekannt. Es scheint den Juristen manchmal ebenso schwerzufallen, die historischen Fakten gebührend zu berücksichtigen, wie den Historikern, die einschlägigen juristischen Fragestellungen und Bewertungen zu beachten. Vielmehr gehen die meisten davon aus, dass jedenfalls bis zum Ende des 19. Jahrhunderts die Lehre vom freien Okkupationsrecht galt, die von John Stuart Mill (1867: 153 ff., 168) wie folgt formuliert wurde: "Barbariens have no right as a nation".

War diese Lehre wirklich Grundlage der völkerrechtlichen Praxis? Beruhte sie nicht auf falschen Vorstellungen über die indigenen Völker in Nordamerika, die zunächst als ‚Edle Wilde' angesehen wurden, die der Wirklichkeit in keiner Weise entsprachen. So wurden die Irokesen, die sich selbst als Völker des Langhauses (*Haudenosaunee*) bezeichneten und schon im 16. Jahrhundert einen Bund von fünf und später sechs Nationen aufgebaut hatten, von Benjamin Franklin 1751 als Vorbild für eine zu schaffende Union der englischen Kolonien, die später mit der Gründung der Vereinigten Staaten verwirklicht wird, angeführt. Daher nehmen die Irokesen noch heute für sich in Anspruch, mit ihrer ungeschriebenen Verfassung die Freiheitsrechte und die Gewaltenteilung lange vor den Vereinigten Staaten und den Europäern verwirklicht zu haben und eines der ältesten Kulturvölker der Erde zu sein.

---

[1] Der Beitrag beruht auf den Abhandlungen „Der schwierige Weg zur Autonomie – Indianernationen in Nordamerika zwischen 'termination' und 'self-determination'" 927 ff. und „Die indigenen Völker Nordamerikas und das Selbstbestimmungsrecht" 211 ff.
[2] Graham's Lessee v. M'Intosh, 8 Wheaton 543 (1823).
[3] Vgl. etwa GREWE (1984: 638 ff.), der die Existenz solcher Verträge zwar beiläufig erwähnt, aber ihren Inhalt vollständig verfehlt, wenn er ausführt, durch solche Verträge seien lediglich Eigentumsrechte, aber niemals Souveränitätsrechte übertragen worden.

Das Bild vom nomadisierenden, edlen Wilden scheint allenfalls bei oberflächlicher Betrachtung für die Prärieindianer zuzutreffen. Aber auch die Kultur der Prärieindianer ist erst nach und durch die europäische Einwanderung entstanden. Die Jägerstämme, wie die Cheyenne oder die Lakotas (Sioux) lebten in hochentwickelten Gemeinwesen mit föderalen Organisationsstrukturen.

Die ursprüngliche Staatenpraxis in Nordamerika

Die Praxis der europäischen Staaten und der USA, mit außereuropäischen Gemeinwesen Verträge zu schließen, steht zu der Lehre vom schrankenlosen Okkupationsrecht und von der Rechtlosigkeit der sogenannten Wilden von Anfang an in einem unauflöslichen Widerspruch. Die europäischen Staaten behandelten zu Beginn der Besiedlung Nordamerikas die indianischen Gemeinwesen als voll souveräne Nationen, weil die durchaus effektiv organisierten indianischen Föderationen an der Ostküste, mit denen die englischen Siedler zunächst in Kontakt traten, eine ernst zu nehmende militärische Bedrohung darstellten. In dem lange währenden Konflikt zwischen England und Frankreich bildete die Irokesenföderation den dritten Machtfaktor. So bezeichnete König Ludwig XIV. die Irokesenföderation als den gefährlichsten Gegner Frankreichs in der neuen Welt (FREDERICI 1969: 364 f.). In Nordamerika lebten zur Zeit, als die ersten Siedler an der Ostküste eintrafen und als die Engländer ab 1607 in Jamestown die erste ständige Kolonie gründeten, nach den neuen Forschungsergebnissen ca. sieben bis zehn Millionen Indianer, die in ca. 500 unterschiedlichen Gemeinwesen organisiert waren (WILSON 1998: 18 ff., m.w.N.).

Allerdings erlitten die mächtigen, heute nahezu vollständig vergessenen Föderationen – nur deren Namen leben in den Orten und Regionen fort – an der Ostküste dramatische Bevölkerungsverluste, die vor allem durch die eingeschleppten Zivilisationskrankheiten wie Masern und Pocken bedingt waren. Oft starben innerhalb weniger Jahres nach der Kontaktaufnahme bis zu 80% der Bevölkerung. Dies war eine Tragödie unvorstellbaren Ausmaßes, die in der Geschichte ihresgleichen sucht. Trotzdem blieben die Indianernationen, insbesondere die Irokesenföderation, ein bedeutender Machtfaktor. Erst nach dem Sieg der Engländer über die Franzosen im siebenjährigen Krieg, der in Nordamerika als "french and indian war"[4] bezeichnet wird, begannen sich die Verhältnisse langsam zu ändern.

Die Irokesenföderation hatte ihre Stellung als dritter Machtfaktor verloren, da diese durch den englisch-französischen Gegensatz bedingt war. Allerdings kam es bei den Stämmen im alten Nordwesten unter dem Einfluss des Visionärs Neolin vom Volk der Delawaren zu einer auch religiös motivierten Erneuerungsbewegung, die darauf hinauslief, zu den indianischen Werten und der ursprünglichen Lebensweise zurückzukehren und das Land gemeinsam gegen die expandierenden Kolonien zu verteidigen. Bei Tausenden von Senecas (eine der sechs Irokesennationen), Delawares, Ottawas und Chippewas sowie zahlreichen anderen Stämmen fiel diese Botschaft auf fruchtbaren Boden. Der nachfolgende Aufstand von 18 vorher meist mit den Franzosen verbündeten indianischen Nationen unter Pontiac, bei dem die Engländer auf ausdrücklichen Befehl des

---

[4] Vgl. zur Rolle der Indianer in diesem Krieg JENNINGS (1988).

Oberkommandierenden Lord Jeffrey Amherst gegen die Indianer mit Pocken verseuchte Decken einsetzten, dauerte teilweise bis 1766. In den nachfolgenden Friedensverträgen vom September 1764 in Detroit und 1766 in Oswego mussten die indianischen Stämme so etwas wie eine britische Oberhoheit anerkennen, indem sie König Georg III. als ihren Vater und nicht mehr als ihren Bruder bezeichneten (WILSON 1998: 126 ff.).

Unter dem Eindruck dieser kriegerischen Auseinandersetzungen, die für die englische Krone auch sehr kostspielig waren, verkündete der englische König Georg III. bereits 1763 in seiner Royal Proclamation, dass die Indianer ein uneingeschränktes Recht auf das von ihnen bewohnte Land besäßen. Dieses Land dürfe nur von der Krone mit voller Zustimmung der Indianer erworben werden. Der Kamm der Appalachen wurde zur Grenzlinie zwischen den indianischen Gebieten und den englischen Kolonien erklärt. Die Royal Proclamation stieß auf den erbitterten Widerstand der auf Expansion ausgerichteten Kolonien und wird nicht zu Unrecht als eine wichtige Ursache für die Entfremdung zwischen den Kolonien und dem Mutterland angesehen. (WILSON 1998: 127 f.)

Schon während und erst recht nach dem Unabhängigkeitskrieg übernahmen die Vereinigten Staaten die Praxis des Vertragsschließens. Die indianischen Stämme und Nationen stellten wegen des britisch-amerikanischen Gegensatzes, der über den Unabhängigkeitskrieg hinaus fortdauerte, weiterhin einen nicht unwichtigen Machtfaktor dar.

Nach dem Unabhängigkeitskrieg kam es im damaligen Nordwesten in Folge der anhaltenden Expansion zu einer langwierigen kriegerischen Auseinandersetzung zwischen den USA und den dortigen verbündeten indianischen Stämmen und Nationen, dem Krieg um die Ohio-Grenze, der von 1789 bis 1795 dauerte. Trotz großer militärischer Erfolge zu Beginn endete der Ohio-Krieg mit einer Niederlage der verbündeten indianischen Stämme und Nationen. Der nachfolgende Friedensvertrag zwischen den USA und den unterschiedlichen indianischen Gemeinwesen diente dazu, die Grenzen neu festzulegen und deutlich nach Westen zu verschieben. Die Vereinigten Staaten erhielten von den verbündeten Stämmen ein Gebiet von rund 25 000 Quadratmeilen, also etwas mehr als der Staat Westvirginia umfasste.[5]

Allerdings lebte der Bündnisgedanke bei den Stämmen und Nationen im damaligen Nordwesten fort. Tecumseh, die wohl politisch bedeutsamste Persönlichkeit der Indianer in Nordamerika, versuchte nach 1795 mit Hilfe seines Bruders Tenskwatawa, allgemein als der ‚Prophet' bekannt, ein allgemeines Bündnis aller großen Indianernationen zustande zu bringen. Seine Idee bestand darin, mit Unterstützung der Engländer die Vereinigten Staaten der ‚Erdgeborenen' (seine Bezeichnung für Indianer) zu errichten. Er ging davon aus, dass dies angesichts des fortbestehenden Spannungsverhältnisses zwischen England und den USA und eines ab 1807 erkennbar heraufziehenden Krieges die letzte Chance sei, das Land und die Unabhängigkeit der Indianer zu retten. Ab 1808 nahm die Föderation Gestalt an.

Die Entscheidung darüber, ob seine visionäre Idee verwirklicht werden könnte, fiel kurze Zeit später im Krieg von 1812, der in den USA manchmal auch als zweiter Unabhängigkeitskrieg bezeichnet wird. Am Beginn des Krieges stand der Versuch der Ame-

---

[5] Vgl. Greenville Treaty zwischen den USA und den Wyandots, Delewares, Shawanoes, Ottawas, Chippewas, Potawatonies, Miamis, Eel Rivers, Wea's, Kickapoos, Piankashaws und Kiaskaskias vom 3. August 1795, 52 CTS 437.

rikaner, in Oberkanada einzumarschieren und – wenn möglich – ganz Kanada vom ‚Joch der britischen Krone zu befreien'. Trotz eines Stärkeverhältnisses von zwölf zu eins gelang es dem militärischen Oberbefehlshaber Oberkanadas Issak Brock und Tecumseh aufgrund ihrer herausragenden Fähigkeiten, die erste amerikanische Invasionsarmee mit ca. 2500 regulären Soldaten unter Brigadegeneral William Hull aufzuhalten, in Detroit einzuschließen und am 16. August 1812 zur Kapitulation zu zwingen. Weitere Erfolge schlossen sich an, die in England als hervorragendster Erfolg mit den geringsten Mitteln, von denen die Geschichte weiß, gefeiert wurden. Brock wurde in London zum Ritter ernannt, sollte dies aber nie mehr erfahren, da er in einer erfolgreichen Schlacht fiel. Sein unfähiger Nachfolger Procter machte alle Pläne Tecumsehs zunichte. Am 10. September 1813 fand das für den Nordwesten entscheidende Gefecht nicht auf Land, sondern zwischen den beiden Flotten auf dem Eriesee statt, das zu Gunsten der Amerikaner ausging. Beim Rückzug der Engländer, dem sich Tecumseh nur widerwillig anschloss, kam es in Kanada am Thames River am 5. Oktober zur Schlacht. Die britischen Truppen verließen schon nach wenigen Minuten fluchtartig das Schlachtfeld mit dem unfähigen Procter an der Spitze, während die Indianer bis zum Einbruch der Dunkelheit den zahlenmäßig weit überlegenen Amerikanern heldenhaft Widerstand leisteten. Tecumseh wurde in dieser Schlacht getötet; sein Leichnam wurde nie gefunden. (TUCKER 1956: 242 ff.)

Mit Tecumsehs Tod war der Traum von einem eigenen Reich der verbündeten Indianerstämme zu Ende. Sein großer Gegenspieler, der amerikanische Oberkommandierende William Henry Harrisson, der im Jahr 1841 Präsident wurde, aber schon 31 Tage nach der Amtseinführung starb, schrieb am 7. August 1811 an den amerikanischen Verteidigungsminister über Tecumseh: „Die unverbrüchliche Treue und Achtung, die Tecumsehs Anhänger ihm beweisen, ist tatsächlich erstaunlich, und sie ist mehr als alles andere der Beweis dafür, dass er einer jener ungewöhnlichen Genies ist, die zu Zeiten auftauchen, um Revolutionen hervorzurufen und die bestehende Ordnung niederzureißen. Wenn er nicht in der Nachbarschaft der Vereinigten Staaten lebte, würde er vielleicht der Gründer eines Reiches werden, das an Ruhm mit Mexiko oder Peru wetteifern könnte" (TUCKER 1956: 348 f.). Was Tecumseh zusammen mit Brock erreicht hatte, war, dass Oberkanada der britischen Krone erhalten blieb, obwohl der Verlust 1812 schon fast als beschlossene Sache erschien.

Die Vormachtstellung der USA und die Lehre von den inländischen abhängigen Nationen

Die Umsiedlungspolitik unter Präsident Jackson

Durch den Friedensvertrag von Gent wurde die Vormachtstellung der USA gegenüber den indianischen Gemeinwesen begründet. Sie bedeuteten seit dieser Zeit keine ernsthafte militärische Bedrohung mehr für die USA. Dies änderte aber nichts daran, dass die USA mit diesen Gemeinwesen weiter durch Verträge wie mit anderen Staaten verkehrten. Die Verträge wurden aber nunmehr dazu eingesetzt, indianische Landrechte zu löschen, und ganze Stämme umzusiedeln. Es begann das Zeitalter der sogenannten

Removal Policy. Diese Politik wurde vor allem durch den sogenannten Grenzer-Präsidenten Andrew Jackson (Präsident von 1829–1837) mit unerbittlicher Härte und Grausamkeit verfolgt. Ihr lag die Idee zugrunde, dass die ‚zivilisierten Weißen' mit den ‚wilden Indianern' nicht friedlich zusammenleben könnten. Daher müssten alle Indianer aus dem Gebiet östlich des Mississippi zwangsumgesiedelt und in das sogenannte Indian Territory verbracht werden, ein Gebiet, das die heutigen Staaten Kansas und Oklahoma umfasste.

Im Mai 1830 verabschiedete der Kongress den Indian Removal Act, der diese Politik umsetzte. Damit wurden nicht nur die kläglichen Reste der unter Tecumseh verbündeten und bis 1814 noch mächtigen Stämme des alten Nordwestens, sondern pikanterweise in erster Linie diejenigen indianischen Gemeinwesen Opfer der Removal Policy, die von den USA selbst als die "Five Civilized Tribes" bezeichnet wurden. Betroffen waren die hochentwickelten und der europäischen Lebensweise angepassten südlichen Stämme, nämlich die mächtige Creek-Konföderation im heutigen Alabama und Georgia, die Chickasaw und Choctaw in Mississippi und Louisiana, die Cherokee im Westen North Carolinas, im östlichen Tennessee und in Teilen Georgias sowie die Seminole in Florida. Teilweise wurden den genannten Stämmen mit militärischem Druck Verträge aufgezwungen, bei anderen setzte man sich über die bestehenden Verträge einfach hinweg. Trauriger Höhepunkt dieser Vertreibungs- und Zwangsumsiedlungsaktion war der Trail of Tears der Cherokee ins heutige Oklahoma, bei dem mindestens ein Drittel der Cherokee, einem Gemeinwesen mit hochentwickelter Landwirtschaft, beachtlichem Wohlstand und einem ausgeklügelten Regierungssystem, ums Leben kamen. Die Cherokee riefen gegen das heraufziehende Unrecht den US-Supreme Court an, der in den beiden Entscheidungen "Cherokee Nation v. Georgia" und "Worcester v. Georgia" den Status der Indianernationen einer Klärung zuzuführen versuchte.

Lediglich die Seminole in Florida setzten sich gegen die drohende Zwangsumsiedlung militärisch zur Wehr. In den drei Seminolenkriegen, die bis 1858 andauerten, gelang es den US-amerikanischen Truppen trotz ungeheurem Einsatz an Geld und Material nicht, den Widerstand der Seminole, die sich in die Everglades in Florida zurückzogen, zu brechen. Auch nach dem Tod ihres legendären Häuptlings Osceola, der bei Verhandlungen unter weißer Flagge widerrechtlich gefangen genommen wurde und kurze Zeit später im Gefängnis starb, setzten sie den Guerillakrieg fort. Die Nachfahren der Seminole, die bis zum Schluss erfolgreich Widerstand leisteten, leben weiterhin in Florida in Reservaten am Rande der Everglades und haben es durch Spielcasinos zu einem beachtlichen Wohlstand gebracht. Sie sind noch heute stolz darauf, nie einen Friedensvertrag mit den USA geschlossen zu haben und nie militärisch besiegt worden zu sein.

Die Rechtsprechung des US-Supreme Court

Der US-Supreme Court hat in den Jahren 1823–1832 in drei wichtigen Entscheidungen[6] zum Status der indianischen Gemeinwesen und deren Verhältnis zu den USA Stellung

---

[6] Graham's Lessee v. M'Intosh, 8 Wheaton 543 (1823); Cherokee Nation v. Georgia, 5 Peters 1 (1831); Worcester v. Georgia, 5 Peters 512 (1932).

genommen. Diese Entscheidungen sind jeweils von Chief Justice Marshall abgefasst. Er gestand in den beiden späteren Entscheidungen[7] den Indianern ein eigenes Recht auf ihr Land zu und bezeichnete die indianischen Gemeinwesen als *domestic dependant nations*, also inländische, abhängige Nationen. Die einzelnen Begriffe werden in den Entscheidungen "Cherokee Nation versus Georgia" 1831 und "Worcester versus Georgia" 1832 näher erläutert.

Die indianischen Nationen und Stämme sind nach Ansicht Marshalls Nationen und bilden besondere von anderen getrennte politische Einheiten. Alle europäischen Staaten und die Vereinigten Staaten hätten die indianischen Stämme und Nationen seit der Besiedlung Nordamerikas als Staaten behandelt. Zahlreiche Verträge würden sie als Völker anerkennen, die in der Lage seien, kriegerische und friedliche Beziehungen zu unterhalten. Dies bedeutet ein bemerkenswertes Abrücken von der ersten Entscheidung, in der er die Indianer noch als grimmige Wilde bezeichnet, deren Beschäftigung Krieg sei.

Allerdings sei das Territorium einer Indianernation bzw. eines Indianerstamms kein Ausland gegenüber den Vereinigten Staaten. Dies folge aus dem Entdeckungsrecht, das von allen europäischen Staaten anerkannt sei und in den Verträgen zwischen diesen Staaten gebilligt werde. Dieses Entdeckungsrecht, das Marshall bereits in der ersten Entscheidung[8] bemüht, gebe den USA als Entdeckerstaat im Verhältnis zu allen anderen europäischen Staaten einen exklusiven Titel, das entdeckte Land von den Indianern zu erwerben. Allerdings hat das Entdeckungsrecht nach den Vorgaben der ersten Entscheidung von 1823[9] eine wesentlich weitergehende Bedeutung. Danach steht den Indianern nur ein Besitzrecht an ihrem Land zu, wohingegen die USA über ein umfassendes Aneignungsrecht verfügen. Dieses Aneignungsrecht ist nach Maßgabe der ersten Entscheidung nicht von einer Zustimmung der Indianer abhängig (ROBERTSON 2005: 110–113). Dagegen dürfen nach den Vorgaben der Entscheidungen von 1831 und 1832 die Indianer lediglich über ihr Land nicht nach Belieben verfügen, sondern dieses ausschließlich den USA übertragen. Ihre Zustimmung zum Landerwerb der USA ist also notwendig. Das Entdeckungsrecht wird also in diesen beiden Entscheidungen eingeschränkt und dient nur noch dazu, das Verhältnis der USA zu den anderen europäischen Mächten zu klären und den USA diesen gegenüber ein ausschließliches Recht auf Vertragsbeziehungen zu den Indianernationen einzuräumen (ROBERTSON 2005: 133/134). Dies wird häufig verkannt.

Schließlich seien die indianischen Gemeinwesen auch abhängig von den Vereinigten Staaten. Dies würden sie in den meisten Verträgen selbst anerkennen, da sie sich unter den Schutz der Vereinigten Staaten begeben hätten. Zudem stünden die indianischen Gemeinwesen mittlerweile in einem Stadium der Unmündigkeit. Ihre Beziehungen zu den Vereinigten Staaten glichen denen eines Mündels zu seinem Vormund. In diesem Zusammenhang erkennt man unschwer die Zivilisationsidee, die ein großer Teil der Völkerrechtslehre, insbesondere VATTEL, im 18. und 19. Jahrhundert vertrat (vgl. LA PRADEL 1916: 1–16; 18; 81; 208 f.).

---

[7] Cherokee Nation v. Georgia, 5 Peters 1 (1831); Worcester v. Georgia, 5 Peters 512 (1932).
[8] Graham's Lessee v. M'Intosh, 8 Wheaton 543 (1823).
[9] Graham's Lessee v. M'Intosh, 8 Wheaton 543 (1823).

Allerdings hat Richter Marshall die Bedeutung der Aussage, dass es sich bei den indianischen Gemeinwesen um abhängige Nationen handle, in der dritten Entscheidung[10] wesentlich eingeschränkt. Hier stellt er ausdrücklich fest, dass sich an der Unabhängigkeit und dem Recht der indianischen Gemeinwesen auf Selbstregierung bzw. Selbstbestimmung nichts dadurch ändere, dass sich die Indianer in den Verträgen zunächst unter den Schutz Großbritanniens, und dann unter den Schutz der USA begeben hätten. Nach einem anerkannten Grundsatz des Völkerrechts verliere eine schwächere Macht ihre Unabhängigkeit und ihr Recht auf Selbstregierung nicht dadurch, dass sie sich mit einer stärkeren Macht verbünde und ihren Schutz in Anspruch nehme.

Damit wird vor allem in der zweiten Grundsatzentscheidung die Völkerrechtsfähigkeit der indianischen Gemeinwesen, der sogenannten Wilden, ausdrücklich bejaht. Präsident Jackson war über die zweite Cherokee-Entscheidung entsetzt und beschloss, sie zu ignorieren. Er soll sie mit den Worten kommentiert haben: „Nun gut, Marshall hat seine Entscheidung getroffen. Dann soll er auch sehen, wie er sie durchsetzt."

Einerseits wird also den indianischen Gemeinwesen die Völkerrechtssubjektivität ausdrücklich zuerkannt. Diese unterliegt andererseits aber besonderen Beschränkungen. Die Beziehungen zwischen den Vereinigten Staaten und den indianischen Gemeinwesen weisen also nach Ansicht des US-Supreme Court sowohl innerstaatliche als auch völkerrechtliche Elemente auf.

Die Stellung der Vereinigten Staaten als Treuhänder der Indianer mit Gesetzgebungsbefugnissen, also ihre Vormundschaftsstellung, wurde von dem US-Supreme Court niemals in Frage gestellt. Demnach deutete und deutet der US-Supreme Court auch heute noch die Beziehung zwischen den USA und den Indianernationen als eine Gemengelage von Völkerrecht und innerstaatlichem Recht.

Es bleibt aber festzuhalten, dass die Staatenpraxis in Nordamerika bis zur ersten Hälfte des 19. Jahrhunderts die Völkerrechtsfähigkeit der indigenen Völker belegt. Mit ihrer Vertragspraxis haben die Europäer zum Ausdruck gebracht, dass sie die indianischen Gemeinwesen als willens und in der Lage ansahen, ihre vertraglichen Verpflichtungen zu erfüllen. Diese Einschätzung war auch durchaus zutreffend, da in Nordamerika die Indianernationen den Grundsatz pacta sunt servanda wesentlich genauer eingehalten haben als die angeblich zivilisierten Europäer und US-Amerikaner, die sich – um es zurückhaltend auszudrücken – nicht gerade durch Vertragstreue auszeichneten.

Der Vernichtungskrieg gegen die Prärieindianer

Nach der Removal Policy drängten die Siedler immer schneller in die Gebiete westlich des Mississippi, die man für immer den ‚unzivilisierten' Indianern vorbehalten wollte. Die Grenzlinie wurde in der Folgezeit daher weiter nach Westen verschoben, den verschiedenen Stämmen wurden ständig weitere Verträge aufgenötigt, in denen sie solange Land abtraten, bis nichts mehr abzutreten war. Der Widerstand einzelner Stämme, selbst wenn er darauf gerichtet war, die Einhaltung gerade geschlossener Verträge zu gewährleisten, wurde mit allen Mitteln gebrochen. Im Jahr 1851 wurden schließlich in einem

---

[10] Worcester v. Georgia, 5 Peters 512 (1932).

umfassenden Vertrag[11] mit zahlreichen Indianerstämmen des mittleren und fernen Westens die einzelnen Stammesgebiete genau festgelegt und auch die Grenzen zu den USA beschrieben. Landrechte traten die Indianer an die USA nicht ab. Sie gestatteten lediglich den Bau von Forts, Handelsposten und Strassen in ihrem Territorium.

Als aber im heutigen Colorado Gold gefunden wurde, strömten Tausende Siedler ins Indianerland. Der Vernichtungskrieg gegen die letzten unabhängigen Prärieindianer begann mit dem Massaker von Sand Creek (1864) in Colorado. Das Massaker führte zu Rachefeldzügen der mit den Southern Cheyenne verbündeten Northern Cheyenne, Arapaho und Lakota (Sioux) und gab den USA wiederum einen Grund, im Jahr 1865 auch eine Invasion in das Gebiet der nördlichen Prärieindianer vorzunehmen. Diese Powder River Invasion in das Land zwischen den Black Hills und den Bighorn Mountains, an der drei Kolonnen der amerikanischen Armee beteiligt waren, erwies sich für die amerikanische Armee als Fiasko. Die Lakota unter der Führung von Sitting Bull, Red Cloud und Hump und die Cheyenne unter Dull Knife, Little Wolf und Roman Nose griffen die Truppen auf ihren Mustangs an, die viel schneller und wendiger als die Soldatenpferde waren, und waren im Nu wieder verschwunden. Nur ihre weit überlegene Bewaffnung bewahrte die Truppen vor schwersten Verlusten.

Im Jahr 1866 nahmen die amerikanischen Truppen nach erfolglosen Friedensverhandlungen – die Lakota weigerten sich, das Powder-River-Gebiet abzutreten oder Wegerechte durch dieses Gebiet einzuräumen – eine weitere Invasion in das Powder-River-Gebiet vor. Sie errichteten zwei Forts im Powder-River-Gebiet, dem wichtigsten Jagdgebiet der Lakota und Northern Cheyenne, um den Weg nach Montana durch das Powder-River-Gebiet, den Bozeman Trail, gewaltsam durchzusetzen. Den Lakota – bei uns meist als Sioux bezeichnet – und den mit ihnen verbündeten Northern Cheyenne und Arapaho gelang es, sich in einem erbitterten Guerillakrieg, in dem der junge Crazy Horse als militärischer Stratege der Indianer eine entscheidende Rolle spielte, erfolgreich zur Wehr zu setzen. Eine ganze Einheit der Besatzung von Fort Phil Kearny unter dem Befehl von Captain Fetterman wurde von Crazy Horse in einen Hinterhalt gelockt und vollständig vernichtet. Am Ende des Red Cloud's War mussten die USA 1868 einen Vertrag mit der Sioux-Nation (Lakota) schließen, der – wie es der US-Supreme Court in seiner berühmten Entscheidung "United States v. Sioux Nation"[12] im Jahr 1980 ausdrückte – alle Forderungen der Sioux anerkannte und in dem es den USA nicht gelang, auch nur eines ihrer Kriegsziele durchzusetzen.

Dieser Vertrag ist noch heute Gegenstand zahlreicher Kontroversen. Er gestand den Lakota ein bestimmtes Gebiet als Reservat und ein außerhalb dieses Reservats liegendes „unabgetretenes Indianerland" zu, das auch das gesamte Powder River Land umfasste. Schließlich wurde festgelegt, dass der Vertrag nur mit Zustimmung von drei Fünfteln aller erwachsenen Lakota geändert werden dürfe. Eine solche Änderung ist bis heute nicht erfolgt. Die in dem Vertrag versprochenen Unterstützungsleistungen (Lieferung von Waren, landwirtschaftlichen Gütern usw.) blieben in der Folgezeit meist aus oder verschwanden auf dem Weg ins Indianerland in dunklen Kanälen (Indian Ring, zu dem auch höchste Regierungskreise gehörten).

---

[11] Treaty of Fort Laramy vom 17. September 1851, 11 Stat. 749.
[12] United States v. Sioux-Nation of Indians, 100 S.C.R. 2716 (1980) at 2723 f.

Der erstaunliche Erfolg der Lakota war allerdings nicht von langer Dauer, weil im Herzen des Reservats der Lakota-Nation, in den Black Hills, bei einer widerrechtlichen Expedition des Siebten Kavallerieregiments unter Colonel Custer, der im Bürgerkrieg den Generalstitel erhalten hatte, Gold entdeckt wurde und daher die Siedler in dieses Land drängten. Nachdem die Lakota sich weigerten, einer Abtretung ihres Gebietes zuzustimmen, wurde ihnen am 9. Dezember 1875 vom Kommissar für indianische Angelegenheiten ein Ultimatum bis Ende Januar 1876 gesetzt, sämtliche unabgetretenen Gebiete zu verlassen und zu den im Reservat befindlichen Agenturen zu kommen. Andernfalls würden sie als Feinde der USA behandelt. Präsident Grant hatte dem erst nach langen Beratungen zugestimmt, weil er wusste, dass es sich um einen klaren Vertragsbruch handelte. Wahrscheinlich erfuhren die meisten außerhalb der Agenturen lebenden und jagenden Lakota niemals etwas von diesem Ultimatum.

Bereits im März 1876 begann die Invasion verschiedener amerikanischer Truppen in das Indianergebiet. Drei Armeen sollten die Lakota, Cheyenne und Arapaho einkreisen und besiegen. Am 17. März 1876 griff die Vorhut von General Crook ein Dorf der Northern Cheyenne an, die an einem Seitenarm des Powder River ihr Winterlager aufgeschlagen hatten. Obwohl die Indianer völlig überrascht waren, gelang es ihnen den Angriff zurückzuschlagen. Die Lakota, Cheyenne und Arapaho versuchten unter der Führung von Sitting Bull und dem genialen militärischen Taktiker Crazy Horse ihr letztes großes Jagdgebiet, das Powder River Land, zu verteidigen. Crazy Horse gelang es am 17. Juni 1876, die modern bewaffnete und zahlenmäßig mindestens gleich starke erste Invasionsarmee am Rosebud River zu schlagen und zum Rückzug zu zwingen. Dies ist umso erstaunlicher, weil die Amerikaner von dem in Indianerkriegen erfahrenen General Crook geführt wurden.

Nach diesem Sieg zogen die verbündeten Indianer zum Little Bighorn River. Colonel Custer griff mit dem Siebten Kavallerieregiment, einer Elitetruppe der amerikanischen Armee, das Lager der Lakota, Cheyenne und Arapaho am 25. Juni 1876 an. Er teilte seine Siebte Kavallerie in drei Einheiten. Der von Süden angreifende Teil unter Leutnant Reno wurde zurückgeschlagen und musste sich nach schweren Verlusten mit der Nachhut auf einem Hügel verschanzen. Die von Custer geführte Hauptstreitmacht mit 221 Soldaten wurde von den Lakota und Cheyenne vollständig aufgerieben. Nach der Niederlage Custers wurde den Lakota ihr unabgetretenes Gebiet und die Black Hills gesetzlich aberkannt. Grundlage für das Vorgehen, den Indianern mittels Gesetz ihr Land zu entziehen, bildete das Gesetz vom 3. März 1871, das es ausdrücklich verbot, für die Zukunft mit den Indian Nations and Tribes innerhalb des Territoriums der Vereinigten Staaten Verträge wie mit souveränen Nationen zu schließen.

Jeder weitere militärische Widerstand wurde mit Entschiedenheit gebrochen, was angesichts der zahlenmäßigen und waffentechnischen Überlegenheit der amerikanischen Truppen und der vom Militär schon vorher gezielt geförderten und weitgehend schon erfolgten Ausrottung der Büffel als Nahrungsgrundlage der Prärieställe keine größeren Schwierigkeiten mehr machte. Der bis zum Ende des Krieges ungeschlagene Crazy Horse wurde kurz nach seiner Kapitulation 1877 – seine ca. 800 Gefolgsleute waren dem Verhungern nahe – in Fort Robinson von einem Soldaten ermordet. Sitting Bull gelang es, sich mit zunächst mehreren Tausend Getreuen nach Kanada durchzuschlagen. Dort lebten die Geflohenen unter erbärmlichen Verhältnissen. Nachdem viele Lakota sich schon vorher in die USA absetzten, kehrte Sitting Bull mit den letzten

Getreuen erst 1881 in die USA zurück und lebte im Reservat bei der Standing Rock Agentur im heutigen North Dakota.

Nachdem es 1889/1890 zu immer größerer Unzufriedenheit in den Lakotareservaten kam, wurde er von Indianerpolizisten, die ihn im Auftrag der Armeeführung verhaften sollten, im Dezember 1890 kurz vor dem Massaker von Wounded Knee erschossen. Manches spricht dafür, dass es sich um keinen Unglücksfall, sondern um einen geplanten und gezielten Mord handelte.

Für die Lakota selbst erlosch der Traum, als unabhängiges Volk nach ihren eigenen Regeln leben zu können, am 29. Dezember 1890 in Wounded Knee. Wie viele andere Prärieindianer schlossen sich immer mehr Lakota zu dieser Zeit der Geistertanzbewegung an. Sie versprachen sich davon, die alten Zeiten zurückbringen zu können. Auf Seiten der Reservatsverwaltungen in South Dakota fürchtete man einen drohenden Aufstand und forderte Truppen an. Das neu aufgestellte Siebte Kavallerieregiment, jene Elitetruppe, die unter Führung Custers in der oft nach ihm bezeichneten Schlacht 1876 von den Lakota nahezu vollständig vernichtet wurde, umzingelte eine große Gruppe von ca. 400 Geistertänzern, darunter viele Frauen und Kinder und brachte ringsherum neue Schnellfeuerkanonen in Stellung. Anschließend durchsuchten Soldaten das Lager nach Waffen. Es kam zwischen einem Soldaten und einem Indianer zu einem Handgemenge. Bei dem Handgemenge löste sich ein Schuss, der niemand traf. Daraufhin begann ein schreckliches, geradezu unvorstellbares Gemetzel, das lange Zeit in zynischer Weise als "Battle of Wounded Knee" bezeichnet wurde.

Black Elk, einer der letzten großen Seher und Heiler der Lakota, der als junger Mann Augenzeuge der Vorgänge war, hat dies mit folgenden Worten beschrieben: „Wenn ich jetzt von diesem hohen Berge meines Alters auf mein langes Leben zurückschaue, dann sehe ich die hingemetzelten Frauen und Kinder in Haufen liegen und längs der vielgekrümmten Schlucht verstreut, so deutlich, als erblicke ich sie noch mit jungen Augen. Und ich begreife, dass noch etwas anderes im blutigen Schlamm gestorben und vom Schneesturm begraben worden ist. Der Traum eines Volkes starb dort. Es war ein schöner Traum […] Der Ring des Volkes ist zerbrochen und zerfallen. Es gibt keine Mitte mehr, und der heilige Baum ist tot."[13]

Auf der Grundlage der Cherokee-Entscheidungen scheint allerdings nur schwer erklärbar, wie der US-Supreme Court die Praxis, Verträge durch Gesetz abzuändern oder gar aufzuheben, anerkennen konnte. Grundlage dafür bildete einmal die Treuhandthese, die nach Auffassung des US-Supreme Court dem Kongress die Macht gibt, zum Besten der Indianer für diese Gesetze zu erlassen. Zum anderen ging der US-Supreme Court unter Berufung auf die Political Question-Doktrin davon aus, dass er nicht befugt sei, die Vereinbarkeit solcher Gesetze mit Verträgen zu überprüfen.[14] Der US-Supreme Court hat allerdings in seiner späteren Rechtsprechung den Spielraum für den Gesetzgeber ein Stück eingeschränkt und prüft heute zumindest, ob der Kongress tatsächlich eine Verwaltung zum Besten der Indianer vornimmt.[15]

---

[13] Vgl. BLACK ELK (Schwarzer Hirsch): Ich rufe mein Volk, Bornheim: Lamuv 1982, 250.
[14] Vgl. Lone Wolf v. Hitchcock, 23 S.C.R. 216 (1903).
[15] So bereits Shoshone Tribe v. United States, 54 S.C.R. 244 (1937) at 253: „Raub ist keine Verwaltung".

Die Politik der erzwungenen Integration

Die Indianerpolitik Ende des 19. und Anfang des 20. Jahrhunderts ging davon aus, dass man im Interesse der Zivilisation alles Unzivilisierte, und d.h. damit alles Indianische bei den Ureinwohnern beseitigen müsse. Sie stand unter dem Motto: "Kill the Indian to save the man".

Ein maßgeblicher Schritt dazu war der General Allotment Act von 1887, auch als Dawes Act bezeichnet, der das Stammesland auflöste, allen Stammesfamilien jeweils 160 Acker Land zuerkannte und das verbleibende Reservatsland zum Verkauf anbot. Dies war kein gut gemeintes Assimilationsprogramm; vielmehr sollte den verbliebenen Stämmen große Teile ihres Landes entzogen werden. Mit diesem Gesetz einher gingen die Verbote, indianische religiöse Praktiken auszuüben. Kinder wurden ihren indianischen Eltern weggenommen und in Missionsschulen verbracht. Dort herrschte ein striktes und mit drakonischen Strafen durchgesetztes Verbot, sich auf indianische Art zu kleiden oder untereinander indianisch zu sprechen.

Die Ergebnisse dieser Politik waren niederschmetternd, die Armut in den Reservaten nahm nicht ab, sondern zu, der Alkoholismus hielt in großem Stil Einzug in die Reservate. Viele Indianer waren innerhalb kürzester Zeit sowohl körperlich als auch seelisch zerbrochen. Das zugeteilte Land ging meist schnell verloren. Oft traten die Indianer unter dubiosen Umständen ihr Land in Verträgen ab, die sie nicht verstanden.

New Deal und Termination

Roosevelt und der "New Deal"

Daher wurde unter Präsident Franklin D. Roosevelt die Indianerpolitik 1934 wiederum geändert. Er schlug auch den Indianerstämmen einen New Deal vor. Es kam auf seine Initiative zur Verabschiedung des Indian Reorganization Act, der die indianische Selbstverwaltung wiederherstellen und das zerstückelte Land der Stämme zusammenfassen sollte. Allerdings wurden die ursprünglichen Absichten des Initiators dieses Gesetzes und späteren Commissioners of Indian Affairs John Collier, der an der indianischen Kultur und Geschichte sehr interessiert war, bereits im Gesetzgebungsverfahren wesentlich verwässert und relativiert. Die im Gesetz schließlich vorgesehene Selbstverwaltung beruhte auf Stammesverfassungen, die nach dem Muster der US-Bundesverfassung ergingen und nicht den Traditionen der entsprechenden Stämme entsprachen. Gerade die ersten Wahlen wurden teilweise in einer Weise durchgeführt, die kaum mit demokratischen Vorstellungen in Einklang zu bringen sind. Daher wurden die Stammesregierungen von vielen traditionellen Indianern als Marionetten der US-Regierung angesehen. Dieses Misstrauen gegen die Stammesregierungen und die ‚oktroyierten' Stammesverfassungen besteht zu einem nicht unerheblichen Teil bis heute fort.

Zudem benötigten die Stammesregierungen für zahlreiche Verträge, Programme und sonstige Maßnahmen die Zustimmung des Bureau of Indian Affairs; sie wurden weiterhin zum Teil als unmündig behandelt. Schließlich sahen und sehen die Reservate im Inneren weiterhin wie Flickenteppiche aus; die besten Ländereien gehören weißen

Amerikanern, die sie nach Maßgabe des General Allotment Acts vorher erworben haben, oder sind langfristig an weiße Farmer verpachtet.

'Termination' und 'relocation'

Nach dem Ende des 2. Weltkriegs wurde die Indianerpolitik erneut grundlegend geändert. Diese Politik ist unter dem Namen "Termination" berühmt und berüchtigt geworden. Im mehrheitlich konservativen Kongress ging es teilweise um die in den Reservaten liegenden Bodenschätze und auch die Landwirtschaft, die in einigen Reservaten im Zeitalter des New Deal unter Roosevelt ganz erstaunliche Fortschritte gemacht hatte. Obwohl der Politik ein neuer Name, nämlich "Termination", gegeben wurde, ging es eigentlich um die Rückkehr zur Politik einer erzwungenen Integration, wie sie schon dem Dawes Act von 1887 zugrunde gelegen hatte. In der House Concurrent Resolution 108, die im August 1953 angenommen wurde, erklärte der Kongress, dass es sein Ziel sei, die Native Americans (also die Indianer) in den Genuss der gleichen Gesetze und der gleichen Vorrechte und Verantwortlichkeiten wie jeden anderen Bürger der Vereinigten Staaten zu bringen, indem man sie von allen Bundesüberwachungen und Kontrollen befreien würde.

Was dies bedeutete, machte der Kongress einige Tage später klar, indem er das Public Law 280 annahm, was die Kontrolle der Einzelstaaten – mit wenigen Ausnahmen – in fünf Bundesstaaten auf die Indianer erstreckte und die anderen Einzelstaaten ermächtigte, gleichlautende Gesetze für sich selber zu erlassen. Dies führte dazu, dass allein von 1954 bis 1960 fünfzehn anerkannte Stämme mit Reservationen ‚beendet' wurden, meist ohne deren Zustimmung.

Die Termination-Politik führte zu einer erschreckenden Verarmung der Indianer und zu weiteren Landverlusten, was besonders am Beispiel der Klamath für alle deutlich wurde. Als eine Senatskommission das Gebiet der Klamath-Indianer 1969 besuchte, musste sie berichten, dass die Beendigung der Klamath-Reservation in Oregon zu einer extremen sozialen Entwurzelung und Verarmung aller Stammesmitglieder geführt hatte. Zudem stellte sich heraus, dass die Indianer, die man dazu bewegen wollte, von ihren Stammesgebieten in die Städte umzusiedeln und wie die weißen Amerikaner zu leben, sehr schnell aufgaben und meist als gebrochene Menschen zurückkamen. Erneut wurden Indianerkinder gegen ihren Willen in Schulen weit außerhalb der ursprünglichen Stammesgebiete verbracht, das Sprechen der eigenen Sprachen verboten und alle indianischen Sitten und Gebräuche unterbunden.

Es war eine Zeit der häufig betrunkenen Stadtindianer ohne Hoffnung und Perspektive. Wie schlimm diese Zeit sich auf die Indianer in den amerikanischen Großstädten auswirkte, beleuchtet, dass die durchschnittliche Lebensdauer unter den Indianern in Minneapolis (einer der Großstädte mit dem größten Indianeranteil) 1955 gerade 37 Jahre betrug, gegenüber 68 Jahren für einen normalen Einwohner der Stadt. Es war zu Beginn der 60er Jahre überhaupt nicht mehr zu übersehen, dass die Beendigungs- und Umsiedlungspolitik zu einem Zustand bei den Indianern geführt hatte, der nur als Katastrophe bezeichnet werden konnte.

Die Politik der Selbstbestimmung

Die "red power"-Bewegung und ihre Folgen

Daher wurde die Politik erneut umgestaltet, was aber erstmals auch darauf beruhte, dass die Indianer begannen, sich selbst politisch zu organisieren und ihre Rechte einzufordern. Der Prozess, der schließlich zur Politik der Selbstbestimmung – Self-Determination Policy – führte, war und ist aber ein langwieriger und langsamer. Er begann mit der Wahl von John F. Kennedy zum Präsidenten, der bei vielen Indianern die Hoffnung auf mehr Verständnis mit sich brachte. Da aber die Entwicklung nur schleppend und zögerlich voranging, entstand die Red Power-Bewegung (American Indian Movement – AIM), die ihren Ausgangspunkt bei den Stadtindianern hatte. Die zornigen jungen Leute verbündeten sich mit den traditionellen Indianern in den Reservaten.

Besonders schlimme Zustände herrschten im Pine Ridge-Reservat in South-Dakota, dessen Stammesregierung unter Dick Wilson als überaus korrupt galt. Die Stammesregierung begann traditionelle Indianer und die Aktivisten der Red Power-Bewegung mit heimlicher Unterstützung des FBI zu unterdrücken, es kam zu Mordanschlägen und Gewalttaten. Daraufhin besetzten am 27. Februar 1973 die Aktivisten der Red Power-Bewegung und die traditionellen Indianer den geschichtsträchtigen Ort Wounded Knee, der im Pine Ridge-Reservat liegt.

Es war ungeheuer, welche weltweite Medienaufmerksamkeit diese Besetzung von Wounded Knee nach sich zog. Die Führer der Bewegung wie Russel Means, Leonard Crow Dog, Dennis Banks, Clyde und Ray Bellecourt und der traditionelle ‚Medizinmann' Frank Fools Crow (MAILS 1991/1996), ein Neffe des berühmten Black Elk, wurden in Amerika und Europa bekannt. Wounded Knee wurde 71 Tage lang von schwerbewaffneten und teilweise mit Panzerfahrzeugen ausgerüsteten FBI-Marshalls und Agenten belagert, zwei Besetzer von Wounded Knee wurden erschossen, ein FBI-Agent schwer verwundet.

Obwohl nach dieser Besetzung zahlreiche Führer der Red Power-Bewegung, die von Präsident Richard Nixon als kommunistisch angesehen wurden, verhaftet wurden und eine der bekanntesten Persönlichkeiten des Lakota-Widerstands, nämlich Leonard Peltier noch heute aufgrund eines skandalösen Prozesses in Haft ist, hatte sie durchaus Konsequenzen. Immerhin machten die Vorgänge im Umfeld von Wounded Knee klar, was die Indianer keinesfalls wollten, nämlich 'termination'. Bereits 1970 erklärte Präsident Nixon daher in einer Botschaft an den Kongress, dass die Termination Policy moralisch und vom Zustand des Rechts her gesehen unakzeptabel sei, vor allem auch deshalb, weil sie in der Praxis schlechte Resultate mit sich bringe.

1975 kam es dann zu dem bedeutsamen Indian Self-Determination and Educational Assistance Act, der allen Stämmen erlaubte, wenn sie dies wünschten, mit der Regierung zu vereinbaren, die sie betreffenden Unterstützungsprogramme selbst zu verwalten. Diese begrenzten Veränderungen sind allerdings weit von den Vorstellungen entfernt, die die Traditionalisten und die Red Power-Bewegung mit Autonomie, Freiheit und Wiedergeburt ihrer Nationen verbanden. Immerhin stellt die neue Politik eine halbwegs praktikable Alternative zur Termination-Politik dar; man sollte aber, auch um falsche Vorstellungen zu vermeiden, besser von Selbstverwaltung (*self-administration*) als von Selbstbestimmung (*self-determination*) sprechen.

Das Selbstverwaltungsrecht und das Recht auf Selbstbestimmung

Die neue Politik der USA wird zunehmend in einen Zusammenhang mit dem Selbstbestimmungsrecht der Völker gebracht wird, wie es in Art. 1 des UN-Paktes über bürgerliche und politische Rechte niedergelegt ist. Schon Präsident Richard Nixon erklärte 1972, dass das Selbstbestimmungsrecht den Schlüssel für die künftigen Beziehungen zwischen den Indianerstämmen und der US-Regierung darstelle. Später sprach Präsident Ronald Reagan davon, dass zwischen der US-Regierung und den Indianerstämmen eine Regierung zu Regierung Beziehung (*government-to-government-relationship*) weiterhin bestehe und aufrechterhalten werden müsse.

Noch bemerkenswerter ist, dass Präsident Bill Clinton eine große Zahl indianischer Stammesvertreter 1994 offiziell ins Weiße Haus einlud und bei seiner Ansprache darauf hinwies, dass es das erste Prinzip seiner Regierung sei, die indianischen Werte, Religionen, Identitäten und die Souveränität der Stämme anzuerkennen und er den Willen betonte, dass seine Regierungsvertreter vollständige Partner der Stammesnationen werden. Er werde die Stammesregierungen mit dem gleichen Respekt behandeln, wie die Regierungen der Einzelstaaten. Das Justizministerium gab dazu ein Memorandum heraus und betonte, dass die Regierungspolitik auf dem Selbstbestimmungsrecht der Indianerstämme gründe (ANAYA 1996: 144, Fn. 29).

Diese erfreulichen Ansätze haben unter Präsident George W. Bush ein jähes Ende erfahren. Die Unterstützungsprogramme für die Indianer wurden reduziert, einen besonderen Respekt für das Selbstbestimmungsrecht der Indianer und der kulturellen Eigenständigkeit der Stämme konnte man diesem Präsidenten wahrlich nicht nachsagen.

Allerdings gibt es unter dem neuen Präsidenten Barack Obama deutliche Signale für eine Stärkung der indianischen Selbstbestimmung. Die Unterstützungsprogramme sind ganz erheblich ausgeweitet worden, wichtige Regierungsämter wurden mit Indianern besetzt. Es sieht so aus, als würden sich diese positiven Entwicklungen in der zweiten Amtszeit fortsetzen.

Von besonders großer Bedeutung für das Selbstbestimmungsrecht der Indianer ist die schon länger zurückliegende Stellungnahme der amerikanischen Delegation zum Helsinki-Schlussdokument. Dort wird betont, dass der Status der indianischen Stämme und Organisationen von besonderer Natur sei. Dies habe zur Folge, dass die Indianerrechte sowohl unter das Prinzip VII (dort geht es um Minderheitenschutz) als auch unter Prinzip VIII fallen, das ausdrücklich das Selbstbestimmungsrecht der Völker zum Gegenstand hat. Die amerikanische Delegation hebt hervor, dass die Indianerstämme eben nicht bloße Minderheiten, sondern auch Völker im Sinne des Selbstbestimmungsrechts seien (COLE 2009: 502 f. m.w.N.).

Es ist schwierig, eine klare Abgrenzung zu den Minderheiten und dem Minderheitenschutz des Art. 27 des UN-Paktes über bürgerliche und politische Rechte zu finden. Richtig dürfte die Antwort sein, dass eine Gruppe sowohl eine Minderheit als auch ein Volk im Sinne des Selbstbestimmungsrechts sein kann. Dies bedeutet aber keineswegs, dass jede Minderheit ein Volk im Sinne des Selbstbestimmungsrechts darstellt. Entscheidend ist, dass die Indianerstämme ganz sicherlich die ursprünglichen Bewohner des jeweiligen Landes sind, eine eigene Geschichte aufweisen, sich durch eigene Sprache und Religion auszeichnen und von den USA selbst stets als Völker und Nationen angesehen und behandelt wurden und auch noch werden.

Daher steht ihnen das Selbstbestimmungsrecht in seiner defensiven Form durchaus zur Seite; die USA sind im Hinblick auf das von ihnen anerkannte Recht auf Selbstbestimmung nicht mehr vollständig frei, die Beziehung zu den Indianerstämmen zu gestalten. Das sogenannte defensive Recht auf Selbstbestimmung gibt den betroffenen Völkern zwar keine Berechtigung zur Sezession, zur Gründung eines eigenen Staates, aber den Anspruch auf weitreichende Autonomie, so sie dies wünschen. Soweit und solange die USA dieses Recht auf Autonomie beachten und ausbauen, besteht auch keine Gefahr, dass das Selbstbestimmungsrecht in seiner defensiven Form in ein offensives Selbstbestimmungsrecht umschlägt, also über ein Sezessionsrecht diskutiert werden muss.

Eine weitere Anerkennung hat das Selbstbestimmungsrecht durch die UN Declaration on the Rights of Indigenous Peoples erfahren, die die UN-Generalversammlung nach über einem Jahrzehnt Verhandlungen im September 2007 angenommen hat und die inzwischen von den USA – nach vorheriger Ablehnung – ausdrücklich anerkannt wurde. Diese ist zwar als Deklaration zunächst unverbindlich, aber für die Entstehung und Feststellung von Völkergewohnheitsrecht von weitreichender Wirkung.[16]

Ausblick

Für den Außenstehenden stellt sich die Situation zunächst einmal so dar, dass das vom Völkerrecht gewährleistete Selbstbestimmungsrecht der Indianernationen in den USA nunmehr in weitem Umfang verwirklicht und die Zeit der rechtlosen ‚Wilden' endgültig vorbei ist. Allerdings wäre dies ein vorschnelles Urteil. Es berücksichtigt nämlich nicht, dass die bestehende Selbstverwaltung der Indianerstämme zum größten Teil immer noch auf dem Indian Reorganization Act von 1936 beruht.

Die Stammesverfassungen folgen daher weitgehend einem einheitlichen Muster. Sie entsprechen den europäischen Vorstellungen von Selbstverwaltung, nehmen auf die gewachsenen, ganz unterschiedlichen Strukturen in den verschiedenen Indianernationen kaum Rücksicht.

Es wird daher von großem Interesse sein, wie die USA das Konzept der Self-Determination unter Präsident Obama, auf dem große indianische Hoffnungen ruhen, fortentwickeln. Im Wahlkampf haben sich viele Indianer für Obama engagiert. Obama hat seinerseits das Indian Country im ersten und im zweiten Präsidentenwahlkampf bereist und viele Erwartungen geweckt. Schon unter Präsident Clinton ist den Stämmen die Möglichkeit einer erweiterten Selbstverwaltung eröffnet worden. Man spricht insoweit vom Selbstregierungsprojekt, das seit einigen Jahren als Modell besteht.

Von diesem Selbstregierungsprojekt können die Stämme durch Abschluss entsprechender Vereinbarungen mit der Regierung der Vereinigten Staaten Gebrauch machen. Die entsprechenden Vereinbarungen sollen dazu führen, dass sich alle Beziehungen

---

[16] Vgl. zu Inhalt und Bedeutung dieser Deklaration COLE, 306 ff.

zwischen den jeweiligen Stämmen und der Bundesregierung auf einer Regierung zu Regierung Beziehung gründen.

Noch wichtiger ist aber, dass den Indianerstämmen in Zukunft ermöglicht wird, die Art ihrer politischen Autonomie selbst zu gestalten. Dabei muss der Grad der Autonomie selbstverständlich auf die konkrete Situation des jeweiligen Stammes Rücksicht nehmen.

Von entscheidender Bedeutung ist aus meiner Sicht, dass im Hinblick auf die im Selbstbestimmungsrecht verankerte Autonomie überkommene Strukturen in Zukunft beseitigt werden, etwa die weiterhin bestehenden, aus dem Vormundschaftsdenken begründeten besonderen Befugnisse des Bureau of Indian Affairs (BIA).

Außerdem sind die Stammesverfassungen, soweit sie auf dem Indian Reorganization Act beruhen und in enger Kooperation mit dem BIA entstanden sind, zur Diskussion zu stellen. Es muss Sache der jeweiligen Indianerstämme und Nationen selber sein, darüber zu entscheiden, welche Art von Stammesverfassungen sie wählen.

Diese Reformen sind aus meiner Sicht auch deshalb notwendig, weil die tatsächliche Situation in vielen Reservaten weiterhin erschreckend ist. Vielleicht ist aber die Hoffnung nicht ganz unberechtigt, dass die USA doch noch ihre ‚rote Seele' wiederentdecken und sich ganz allgemein die Erkenntnis durchsetzt, dass es schon vor Kolumbus auch in Nordamerika Völker mit einer beeindruckenden eigenen Geschichte und einem, dies kann ich aus eigener Erfahrung sagen, interessanten Weltbild gegeben hat und auch noch gibt.

Literatur

ANAYA, S. JAMES (1996): Indigenous Peoples in International Law. New York/Oxford.
COLE, MARK D. (2009): *Das Selbstbestimmungsrecht indigener Völker*. Berlin: Duncker & Humblot.
DÖRR, DIETER (2001): Der schwierige Weg zur Autonomie – Indianernationen in Nordamerika zwischen 'termination' und 'self-determination'. In DERS., UDO FINK, CHRISTIAN HILLGRUBER, BERNHARD KEMPEN und DIETRICH MURSWIEK (Hgg.): *Die Macht des Geistes. Festschrift für Hartmut Schiedermair*. Heidelberg: C. F. Müller.
DERS. (2010): Die indigenen Völker Nordamerikas und das Selbstbestimmungsrecht. In MARTIN HOCHHUTH (Hg.): *Nachdenken über Staat und Recht. Kolloquium zum 60. Geburtstag von Dietrich Murswiek*. Berlin: Duncker & Humblot.
GREWE, WILHELM G. (1984): *Epochen der Völkerrechtsgeschichte*. Baden-Baden: Nomos.
FREDERICI, GEORG (1969): *Der Charakter der Entdeckung und Eroberung Amerikas durch die Europäer*. Neudruck der Ausgaben 1925–1936, Bd. II, Osnabrück: Otto Zeller Verlag.
JENNINGS, FRANCIS (1988): *Empire of Fortune: Crowns, Colonies and Tribes in the Seven Years War in America*. New York: W. W. Norton.
MAILS, THOMAS E. (1991): *Fools Crow – Wisdom and Power*. Tulsa: Council Oak Books.
DERS. (1996): *Das Leben des Fools Crow*. Frankfurt a.M: Fischer Verlag.
MILL, JOHN STUART (1867): A few words on non-intervention. In DERS.: *Dissertations and Discussions, Political and Historical*. Bd. III, London.
ROBERTSON, LINDSAY (2005): *Conquest by Law, How the Discovery of America Disposssessed Indigenous Peoples of Their Lands*. Oxford: Oxford University Press.

TUCKER, GLENN (1956): *Tecumseh*. Aus dem Amerik. übertragen von Fritz Steuben, Bremen: Schünemann, 242 ff.
VATTEL, EMER DE [1758]: *Le droit des gens ou principes de la loi naturelle appliqué à la conduite et aux affaires des Nations et des Souverains*. Hg. von ALBERT GEOUFFRE DE LA PRADEL. Bd. I, Washington 1916.
WILSON, JAMES (1998): *The Earth shall Weep, A History of Native America*. London: Picador.

Quellentexte

Franklin, Benjamin: Brief an Mr. Parker vom 20. März 1751, abgedruckt in HENRY C. DENNIS: *The American Indian 1492–1976*. Dobbs Ferry 1977, 14.

Die Heilung der vererbten Seelenwunde –
zur Indigenisierung der nordamerikanischen Psychiatrie

Andrea Blätter

Die psycho-soziale Situation der indigenen Bevölkerung Nordamerikas ist prekär. Traumata der Kolonialisierung wurden über Jahrhunderte weitergegeben. Die Heilung dieser vererbten Seelenwunde wird durch eine neue Generation indigener Wissenschaftler versucht, die Kultur als Therapie einsetzen und damit zu einer Indigenisierung der psychiatrischen Versorgung beitragen. In diesem Beitrag werden grundlegende Prinzipien dieser Therapieformen geschildert. Insbesondere wird auf die Identifikationsproblematik der multi-ethnischen Mischbevölkerung des urbanen Milieus eingegangen.

Die hier für Nordamerika beispielhaft geschilderten Verhältnisse, Prozesse und Entwicklungen dürften mit denen in anderen Weltgegenden vergleichbar sein, in denen indigene Bevölkerungen durch koloniale Machtverschiebungen zu Minderheiten in ihrem eigenen Land geworden sind. Da in Nordamerika die Situation der indigenen Bevölkerung besonders gut dokumentiert ist, lassen sich hier Entwicklungstendenzen über längere Zeiträume nachvollziehen, die auch für beispielsweise australische Aborigines, neuseeländische Māori, europäische Sinti und Roma und viele andere relevant sind. Bei den ethnischen Minderheiten Chinas und der ehemaligen UdSSR dürften vergleichbare Verhältnisse und Entwicklungen für die nähere Zukunft zu erwarten sein.

Die psycho-soziale Situation der indigenen Bevölkerung Nordamerikas

Nordamerikanische Ureinwohner sind die am stärksten wachsende, aber auch die ärmste Bevölkerungsgruppe der USA und Kanadas. Ihre psycho-soziale Situation ist häufig problematisch. Ihre Lebensbedingungen sind die einer ‚Vierten Welt', d.h. inmitten einer reichen Industrienation gleichen sie denen der Dritten Welt. Die Wohnraumversorgung ist unzureichend, die Arbeitslosenrate ist hoch und der Gesundheitsstatus niedrig. Indigene laufen deutlich häufiger Gefahr, Gewaltopfer zu werden oder anderen traumatisierenden Umständen ausgesetzt zu werden, als andere Bevölkerungssegmente. Es gibt eine besonders hohe Inhaftierungsrate und viele Kriegsveteranen (Vietnam, Irak, Afghanistan) unter ihnen. Aufgrund dieser Umstände ist die allgemeine Lebenserwartung gering.

Psychopathologische Störungen haben eine hohe Prävalenzrate. In einigen Regionen wird von Raten für Depressivität von 70–80% der gesamten indigenen Bevölkerung berichtet (O'NELL 1996: 5, MANSON/SHORE/BLOOM 1985). Auch Alkohol- und Substanzmissbrauch, ein weiterer Bereich psychopathologischer Störungen, ist überdurchschnittlich stark vertreten (WALDRAM 2004: 164; MAY 1999; BARKER/KRAMER 1996, BEAUVAIS 1998; FRENCH 2000). Insbesondere der Konsum von 'crystal meth' (Methylamphetamin), ist aktuell besorgniserregend. Verbreitet in der armen Erwachsenenbevölkerung führt diese aus leicht zugänglichen Haushaltschemikalien herzustellende

Substanz schnell zu schwerwiegenden physiologischen Läsionen und psychischen Störungen (FREESE ET AL. 2000; CHO/MELEGA 2002).

Auch Gewaltverbrechen wie Raub, Vergewaltigung und Mord sowie Unfälle treten deutlich häufiger auf als bei weißen Amerikanern. Inhaftierungen sind deutlich zahlreicher als bei anderen Bevölkerungsgruppen (BACHMAN 1992). Die Selbstmordraten sind besonders hoch (BAGLEY/KHUMAR 1990; DOUCLAS/MANSON 1994).

Trotz des offensichtlichen Bedarfs gibt es eine deutliche Unterversorgung mit medizinischen, psychologischen und sozialen Angeboten in den meisten indianischen Gemeinden. Auch erreichen herkömmliche Therapieansätze indigene Klienten in der Regel nicht. Es gibt hohe Abbrecherquoten, die Ansätze führen häufig nicht zum Erfolg. Diese Bevölkerungsgruppe gilt vielfach als therapieresistent und es besteht bei den Betroffenen oft ein grundlegendes Misstrauen gegenüber angloamerikanischen Institutionen, die lange am Missbrauch der Uramerikaner beteiligt waren (BEALS ET AL. 2005).

Erklärungsansätze Weiß/Rot

Herkömmliche Erklärungen von weißen Wissenschaftlern zur Ätiologie der gehäuften psycho-sozialen Störungen beziehen sich auf Modelle von Akkulturationsstress, Anomie und sozialer Desorganisation (WALDRAM 2004: 143 ff.; MAIL 1989; WESTERMEYER/BAKER 1986). Diese Modelle erklären die hohe Rate an Psychopathologien durch Akkulturationsstress und Identitätsverlust, durch den Mangel an effektiven normativen Strukturen und durch fehlende Integrations- und Aufstiegsmöglichkeiten in einer weißen Dominanzkultur. Vor allem bei unfreiwilliger Akkulturation kommt es gehäuft zu Stress-Reaktionen wie Angst, Depression, Gefühl der Marginalität und Entfremdung, zu psychosomatischen Beschwerden und Identitätsverlust. Akkulturationsstress kann also die physiologische, psychische und soziale Gesundheit erheblich reduzieren (WILLIAMS/BERRY 1991: 634). Andere Erklärungsmodelle stellen erlernte Bewältigungsstrategien in den Fokus (WALDRAM 2004: 47 ff.; LEVY/KUNITZ 1974; KUNITZ/LEVY 2000; EDGERTON 1992; SAVISHINSKY 1991). Selten nur wird eine Beziehung zwischen Geschichte, Tradition und den aktuellen Problemen thematisiert. Tatsächlich scheint aber die Wurzel vieler heutiger Probleme nordamerikanischer Indianer und anderer indigener Völker weit in der Geschichte zu liegen.

Nach einer langen Zeit der Dekulturation gibt es, inspiriert von den afroamerikanischen Emanzipationsbewegungen seit den 1970er Jahren, erste rote Emanzipationsbewegungen und seit den 1980er Jahren auch eine erste Generation von akademisch ausgebildeten Indigenen, die es geschafft hat, den Anforderungen einer (westlichen) akademischen Karriere zu entsprechen und gleichzeitig ihre spezifische indianische Identität und Kultur aufrecht zu erhalten. Zu diesen gehören unter anderem Eduardo Duran, Psychiater mit Pueblo-Vorfahren, der bereits in den 1980er Jahren über eine postkoloniale Psychiatrie publizierte, Maria Brave Heart-Yellowhorse, die als indigene Traumatherapeutin arbeitet und Joseph Gone, der an der University of Michigan die Möglichkeiten der traditionellen indigenen Kulturen untersucht, gegen Abhängigkeitserkrankungen vorzugehen.

Aus diesem Personenkreis kommt fundamentale Kritik am westlichen Wissenschafts-, Medizin- und Psychiatriebetrieb. Ihnen ist es wichtig, „die neo-koloniale Subversion von einheimischem Denken und einheimischer Praktik zu vermeiden" (GONE 2010, Übersetzung, A.B.), und sie bedauern, dass die meisten staatlichen „Interventionsprogramme nur darauf abzielen, Individuen in vorgeschriebene weiße Mittelklassenrolle und -normen einzupassen" (DURAN/DURAN 1995: 103, Übersetzung, A.B.). Die Kritik bezieht sich vor allem auf politische Belange und die sogenannte Objektivierung der Wissenschaft wird als Weiterführung von hegemonialer Struktur und sozialer Kontrolle kritisiert:

> [...] their so-called objectification of science is nothing but ongoing social control and hegemony [...] [P]sychological thought as an offshoot of medicine has been gestating since the Middle Ages and continues to be implicated in an ongoing system of social control as it was during the heydays of the papacy. (DURAN/DURAN 1995: 7)

Von indigener Seite kommt auch eine eigene Erklärung für die Häufung indigener Psychopathologien. Dabei wird auf die intergenerational weitergegebene Traumatisierung und internalisierte Unterdrückung hingewiesen, denn nordamerikanische Indianer waren Opfer eines der systematischsten Ausrottungsversuche der Weltgeschichte und nach mehr als fünfhundert Jahren der Zerstörung, Unterdrückung und Dekulturation ist die Traumatisierung in der heutigen Generation von Ureinwohnern immer noch präsent und generiert eine andauernde internalisierte Unterdrückung.

Internalisierte Unterdrückung und die vererbte Seelenwunde

Dabei geht es um eine über Generationen weitergegebene psychische Läsion, die Opfer von Kriegsverbrechen, Vertreibung, Entwürdigung und Dekulturation unbewußt weitergeben. Duran beschreibt das folgendermaßen:

> Wenn ein Trauma nicht innerhalb eines Lebens bewältigt werden kann, ist es unvorstellbar, dass die Betroffenen keine dysfunktionalen Verhaltensweisen entwickeln, die dann das Lernumfeld ihrer Nachkommen werden. Die Kinder wachsen mit Angst, Wut, Gefahr und Trauer als normalem emotionalem Umfeld auf und so ist es kein Wunder, wenn in diesen Familiensystemen dann Probleme auftreten. (DURAN/DURAN 1995: 31, Übersetzung, A.B.)

In Bezug auf internalisierte Unterdrückung wird eine weitere alarmierende psychologische Dynamik beschrieben, die unterdrückte Menschen weltweit betreffen kann:

> Sobald ein Individuum oder eine Gruppe Opfer genozidaler Angriffe geworden ist, kommt es zu psychologischen Reaktionen. Mit der Hilflosigkeit des Opfers entsteht Verzweiflung und die Psyche reagiert als Gegenmaßname mit der Internalisierung von dem, was ihr als absolute Macht erscheint – der Macht der Unterdrücker. (DURAN/DURAN 1995: 31, Übersetzung, A.B.)

Diese Identifikation mit dem Täter ist der Beginn einer grundlegenden internalisierten Unterdrückung. Ein Großteil der häuslichen Gewalt in indigenen Gemeinden kann als Ausdruck von Wut gegenüber Schwächeren und Hilflosen aufgefasst werden, als Erinnerung an den selbst erlebten Missbrauch. Die Wut richtet sich eigentlich gegen den selbst erlebten Unterdrücker, aber eine Katharsis gegenüber der eigentlichen Ursache wäre zu gefährlich und würde zu prompter Vergeltung führen. Deshalb ist es sicherer, die Wut an hilflosen Familienmitgliedern auszuleben, die gleichzeitig den verhassten, weil hilflos ausgelieferten Teil des Täters, der gleichzeitig Opfer war und ist, abbilden.

Die Aggression dient dabei einem doppelten Zweck. Täter finden eine momentane Entlastung und können gleichzeitig den Anteil von sich zerstören, der an die eigene Hilflosigkeit, Hoffnungslosigkeit und Demütigung erinnert. Täter greifen also die eigene Projektion in nahen Angehörigen an (DURAN/DURAN 1995: 29/30). An diesem Punkt ist der Selbstwert von Täter und Opfer oder der ganzen Gruppe so verzweifelt tief gesunken, dass er Selbsthass gleichkommt. Dieser Selbsthass kann dann internalisiert oder externalisiert werden, oder beides.

Bei Internalisierung häufen sich Suizide, Depression, Alkoholismus, Substanzmissbrauch. Bei Externalisierung häufen sich Gewalttaten. Nordamerikanische Indianer haben die höchsten Raten für Gewaltkriminalität in ganz Nordamerika, die Mord- und Selbstmordraten liegen fast beim Doppelten des allgemeinen Durchschnitts.

Bei der weitaus häufigeren Internalisierung der unerwünschten Affekte kommt es massenhaft zu Depressivität bis hin zum Suizid. In ihren Studien zur Depressivität bei den Flathead fand Theresa O'Nell (1996; 2004) heraus, dass die Verluste durch die Kolonisation immer noch integraler Teil der heutigen Weltanschauung sind und dass in diesem Zusammenhang Depressionen nicht als egozentrischer Schmerz, sondern als legitime und realistische Wahrnehmung betrachtet werden.

Dabei herrscht die Auffassung, dass das erlittene Unrecht und der große Verlust nicht in Vergessenheit geraten dürfen. O'Nell konstatiert: Flathead "discipline their hearts to remember their pain and yet to transcend it" (O'NELL 1996: 177). Auch wenn ihr depressives Verhalten klinische Ausmaße mit Schlaflosigkeit, Weinen und Appetitverlust annimmt, wird das Verhalten als normaler, erwachsener Ausdruck von 'Indianness' betrachtet.

Ein wesentliches Hindernis bei der Heilung der vererbten Seelenwunde war bisher eine fehlende Anerkennung des Unrechts und eine offizielle Entschuldigung. Bis 2009 gab es keine offizielle Entschuldigung oder auch nur eine Anerkennung des Genozids, für den Missbrauch, die Vertreibung und jahrhundertelange Dekulturation, Entwertung, und erzwungene Assimilation an die angloamerikanische Kultur.

Indigene Psychotherapie und Re-Ethnisierung in der Psychiatrie

Diese Entschuldigung mag der erste Schritt zu einer Heilung der beschriebenen Seelenwunde sein, weitere Schritte sind von Angehörigen der überlebenden indianischen Nationen, wie Duran, Yellowhorse und Gone, selbst initiiert worden. Sie haben eigene Programme zur Bekämpfung von Suizid, Depressionen, Alkoholismus und häuslicher Gewalt bei ihren Stammesmitgliedern entwickelt und damit zur Schließung der Seelenwunde beigetragen.

Für sie ist es dabei zunächst wichtig, die indigenen Epistemologien als gleichberechtigt ernst zu nehmen. Gefordert wird ein "Befreiungsdiskurs der Hybridität", in dem die unterschiedlichen Epistemologien harmonisch und gleichberechtigt interagieren können (DURAN 2006: 13).

Diese Vorstellungen von zwei Weltbildern, die ohne Hierarchie koexistieren können, wird als Schlüssel zu Dekolonisation und zu einem befreienden Heilungsprozess angesehen (DURAN 2006: 14). Epistemologische Hybridität bedeutet dabei die Fähigkeit, Wirklichkeit und Wahrheit auf mehr als eine Weise wahrnehmen zu können. Sie bedeutet letztendlich auch, darauf zu verzichten, eine fremde Epistemologie mit westlichen Validierungsinstrumenten und positivistischem Empirismus zu beurteilen. Vielmehr ist es entscheidend, die aktuelle Weltanschauung des Klienten als grundlegende Wahrheit zu akzeptieren und wertzuschätzen, einfach weil sie für den Anderen wahr ist.

Duran erläutert:

> If the psychiatric profession does only validate empirically tested therapies from the perspective of Western logical positivistic para-objectivity, Western supremacy is perpetuated in the guise of scientific objectivity. This is perceived as a very subtle and clever type of neo-colonialism that further alienates people and groups. (DURAN 2006: 14)

Durch die angestrebte Dekolonisierung sollen chronische Probleme wie häusliche Gewalt, Abhängigkeitserkrankungen und Depressivität in Zukunft vermieden werden. Bemerkenswert ist, dass der angestrebte Dekolonisierungsprozess nicht nur für indigene Amerikaner empfohlen wird, sondern auch für andere farbige Menschen. Selbst manche Weiße mögen sich vielleicht der kollektiven Konsumgesellschaft gern mit einem entsprechenden Befreiungsakt entziehen (DURAN 2006: 14).

Ein konkreter erster Schritt zu dieser dekolonisierenden Befreiung ist die Ablösung von einer pathologisierenden, psychiatrischen Rhetorik und die alternative Verwendung einer Rhetorik, die dem Klienten erlaubt, eine Beziehung zwischen Störung und Lebenswelt herzustellen. So wird statt des pathologisierenden psychiatrischen Fachterminus „posttraumatische Belastungsstörung (PTBS)" der Begriff der „Seelenwunde" verwendet.

Duran hat Leitlinien für eine archetypische Konsultation zusammengestellt, die helfen, sich auf indigenes Denken einzustellen (DURAN 1984: 72). Für die erfolgreiche Therapie ist es danach notwendig, geographische Kenntnisse über den jeweiligen Lebensraum zu erwerben, weil in indigener Sicht die Umwelt ein integraler Teil der Psyche (Seele) ist. Notwendig für eine erfolgreiche Kommunikation sind außerdem Kenntnisse über die besondere soziale Hierarchie der ethnischen Gruppe. Auch der historische Hintergrund ist von entscheidender Bedeutung, denn ohne ein angemessenes geschichtliches Verständnis operieren TherapeutInnen in einem Vakuum und setzen die andauernde neokoloniale Unterdrückung weiter fort (DURAN/DURAN 1995: 1).

Unverzichtbar sind darüber hinaus Kenntnisse der jeweiligen mythischen Traditionen, weil diese im Therapieprozess bedeutsam werden. Allgemein werden in diesen neuen ethnisierten Ansätzen häufig Mythen und Methaphern verwendet, die dem kulturellen Hintergrund entsprechen. Damit können subtil traditionelle Rollenmodelle transportiert, Perspektivwechsel und Neuorientierungen nahegelegt werden.

Wichtiges Merkmal dieser neuen indigenen Heilungsansätze ist ihre Kommunalität, die im Gegensatz zu den größtenteils individuellen Therapieansätzen westlicher Psychotherapie steht. Ganze Dorfgemeinschaften oder Stämme nehmen gemeinsam an Programmen gegen Drogenmissbrauch, Selbstmord und häusliche Gewalt teil (JANELLE ET AL. 2009: 108; LAFROMBOISE/LEWIS 2008: 343; BRAVE HEART 1998; GUILLORY ET AL. 1988). Dabei wird besonderer Wert auf die Integration von Jugendlichen gelegt, die in Initiationsritualen in die alten Traditionen eingeführt werden. Eine wichtige Devise dabei lautet "Our Culture is our Treatment" (Gone auf seiner Internetseite: *http://www-personal.umich.edu/~jgone/research.html*).

Die Rückkehr zur traditionellen Kultur wird als bestmögliche Therapie wahrgenommen. Zur Behandlung werden deshalb u.a. gemeinschaftsstärkende Wildernesscamps und reinigende Schwitzhüttenrituale durchgeführt. So soll eine Heilung herbeigeführt werden, die über Symptomfreiheit hinausgeht, und darüber hinaus oder stattdessen einen Prozess des inneren Wachstums und der psychologischen Reife ermöglicht, eine Aussöhnung mit dem Schicksal erlaubt, den eigenen Weg finden lässt und hilft, in Harmonie mit sich und der Umwelt zu kommen.

In den indigenen Weltmodellen existiert keine Trennung zwischen Spiritualität und unbewusstem psychischen Erleben. Alle Therapieansätze sind deshalb spirituell angelegt. Häufig werden schamanistische Metaphern verwendet, um mit dem Problem in Kontakt zu kommen. Beispielsweise kann internalisierte Unterdrückung als Vampirbiss verstanden oder Alkoholismus wie ein böser Geist behandelt werden (DURAN 2005: 93). Allianzen mit Schutzgeistern sind in traditionellen indianischen Religionen üblich und spirituelle Visionen und Träume gelten als bedeutungsvoll, identitätsbildend und zukunftsweisend. Diese Mittel werden deshalb auch in aktuellen Therapieansätzen fruchtbar eingesetzt.

Ein besonderes Prinzip kann als Adorzismus statt Exorzismus beschrieben werden. Während die Volksmedizin monotheistischer Religionen häufig Behandlungsansätze benutzt, um Instanzen auszutreiben, die als böse oder satanisch aufgefasst werden (Exorzismus), beinhalten Therapien in Gesellschaften mit polytheistischen Religionen häufig Verträge mit übernatürlichen Wesenheiten oder Kräften, die zum gegenseitigen Nutzen, manchmal in lebenslangen, immer wieder erneuerten Allianzen, abgeschlossen werden (Adorzismus). Adorzismus kann psychoanalytisch als archaische Praktik aufgefasst werden, die auf die Integration abgespaltener Anteile abzielt, statt sie auszutreiben oder zu verleugnen (FELICI-BACH 2006: 133).

Das wichtigste Mittel zur Heilung ist der Traum und die Traumarbeit. Träume werden mit der Welt der Geister assoziiert. Durch sie kann persönliche Energie und Kraft erworben und neue Orientierung und Sinn gewonnen werden. Heil-Suchende träumen oder halluzinieren von machtvollen Wesenheiten, die wohlwollend und fürsorglich sein können oder auch (zunächst) dämonisch und furchterregend erscheinen. In der Therapie wird der Träumer dann dazu angeregt, Kontakt mit diesen imaginierten Wesenheiten aufzunehmen. Dazu gehört meistens die Frage nach dem Anliegen des Dämons (unbewußte Instanz) und nach seinen Vorlieben. Mit der Konfrontation mit dem Dämon und der bewussten Kontaktaufnahme wird erreicht, dass unbewusstes Material ins Bewusstsein gelangt, wenn auch zunächst in symbolisch verschlüsselter Form. Die Verantwortung für das eigene Leid wird dann nicht mehr auf Dämonen (unbewusste Prozesse) abgedrängt, sondern der Heilsuchende übernimmt immer mehr Verantwortung für seinen Entwicklungsprozess.

Entsprechend den großen Kraftträumen ist es traditionell üblich gewesen, Visionen u.a. auch durch halluzinogene Pflanzen (Pflanzen der Götter/Entheogene) hervorzurufen. Geradezu klassisch ist hier das Beispiel der Native American Church (NAC), einer pan-indianischen Religionsgemeinschaft, die mehr oder weniger mit christlichen Elementen vermischt, eine eigene Glaubensform entwickelt hat. Das heilige Sakrament der NAC ist der stark halluzinogene Peyotekaktus (Lophophora williamsii), welcher während der gemeinsamen Sitzungen verzehrt wird. Unter der sachkundigen Führung des Peyotechiefs und seiner Assistenten machen die Ritualteilnehmer dabei tiefgründige spirituelle Erfahrungen und diese Erfahrungen wirken heilend.

Die Treffen der NAC dauern jeweils eine ganze Nacht und bis zum nächsten Nachmittag. In den Zeremonien singen die Teilnehmer zusammen und nehmen ihr Sakrament, um sich selbst zu heilen und durch die Vermittlung des Hilfsgeistes Peyote ihrem Schöpfer näher zu sein. Der Peyote-Rausch ist nicht notwendig angenehm. Er beginnt häufig mit Übelkeit und Erbrechen und die Rausch-Erlebnisse mögen in existentielle Sphären führen, von denen aus der bisherige Lebensweg recht kritisch beurteilt wird. Letztendlich vermittelt der traditionelle Heilungsweg des Peyotismus aber Heilung, Lebenssinn und Zuversicht, Halt, Unterstützung und Versöhnung. Die Mitgliedschaft in der NAC gilt als wirksame Therapie gegen Alkoholismus, Drogensucht, häusliche Gewalt etc. und genießt trotz des inkludierten Drogengebrauchs Anerkennung bei der American Medical Association und legalen Status in den USA.

Die dabei verwendeten Symbole, Mythen und Rituale erlauben einen kunstgerechten Umgang und eine subtile Führung durch die verwirrenden und unberechenbaren Tiefen des halluzinogenen Erlebens, die auf Teilnehmende einen derartig nachhaltigen und unvergesslichen Eindruck machen können, dass tief greifende Veränderungen, hin zu einem abstinenten, friedfertigen und familienorientierten Leben eintreten.

Indigene traditionelle Therapieansätze können aber nicht alle Uramerikaner erreichen. Schätzungsweise 60–70% indigene Amerikaner leben in städtischen Ballungsräumen. Dort haben sie häufig seit mehreren Generationen kaum noch Kontakt zu traditionellem, kulturellem Wissen, sie haben in der Regel eine gemischt-ethnische Herkunft und entsprechend komplexe Identitätskonstruktionen (HARTMANN/GONE 2012: 4; CASTOR ET AL. 2006; HOUSE ET AL. 2006).

In städtischen Gemeinden werden traditionelle Heilungselemente häufig zusammen mit kognitiven Therapieelementen verwendet. So beschreiben Heilbron und Guttman (2000) kognitiv orientierte Gruppentherapien, die mit Gebeten beginnen und enden, in denen heilige Pflanzen für Räucherungen eingesetzt werden und in denen Adlerfedern herumgereicht werden, um anzuzeigen, wer gerade das Wort hat. Auch Standardtherapien gegen PTBS werden entsprechend durch Schwitzhüttenzeremonien, Powwows und Unterweisungen durch traditionelle Respektspersonen ergänzt (SCURFIELD 1995).

Viele der in denen Städten lebenden gemischt-ethnischen Klienten haben großes Interesse daran, traditionelles kulturelles Wissen zu erwerben und erleben diese Kenntnisse als wesentlichen Teil ihres Heilungsprozesses (HARTMANN/GONE 2012: 15). Die Vermittlung dieses Wissens wird traditionell von älteren Respektspersonen (Elders) erwartet, die in der Lage sind, dieses Wissen zu vermitteln und ihre Gemeinde zu beraten und zu führen.

Allerdings fühlen sich die multi-ethnischen Teilnehmer in urbanen Gruppen oft unterschiedlichen Traditionen zugehörig oder ihnen fehlt, häufiger noch, die Erfahrung, um einen vertrauenswürdigen indigenen Heiler von einem Betrüger unterscheiden zu können. In Therapiesitzungen werden intime Details der einzelnen Biographie offengelegt und Teilnehmende befürchten erneuten Missbrauch durch inkompetente Scharlatane. Tatsächlich ist nicht auszuschließen, dass 'Wannabes', die vorgeben, zu sein, was sie gar nicht sind, als traditionelle Heiler in Erscheinung treten. Auch ist die Frage nach der Authentizität mancher traditioneller Heiler und Wissender durchaus berechtigt. Schließlich kann keine Zertifizierung die Befugnis oder Echtheit von traditionellen indigenen Heilkundigen belegen.

Indigenisierungen in der Psychiatrie bleiben, wie in allen anderen zu beobachtenden Bereichen von Wiederaneignung stets Neukonstruktionen, weil die jeweiligen traditionellen Kulturen und ihre Übermittler inzwischen über mehrere Generationen so nachhaltig zerstört worden sind, dass häufig nur ethnologische Klassiker die Rekonstruktion der alten Kultur noch ermöglichen können.

Dennoch sind diese Neukonstruktionen von Tradition oft authentische Weiterentwicklungen, wie sie von jeder lebendigen Kultur zu erwarten sind. Die selbstbewusste Forderung nach gleichberechtigter Anerkennung der eigenen ethnischen Erkenntnistheorien als Teil dieser Konstrukte zeugt dabei vor allem von der Abgrenzung zur als neokolonial empfundenen übermächtigen, hochtechnisierten globalisierten ‚weißen' Einheitskultur.

Literatur

BACHMAN, RONET (1992): *Death and violence on the reservation: Homicide, family violence and suicide in American Indian populations.* New York: Auburn House.

BAGLEY, CHRISTOPHER, MICHAEL WOOD und HELDA KHUMAR (1990): Suicide and careless death in young males: Ecological study on an Aboriginal population in Canada. *Canadian Journal of Community Mental Health* 9(1): 127–142.

BARKER, JUDITH C. und B. JOSEA KRAMER (1996): Alcohol consumption among older urban American Indians. *Journal of Studies on Alcohol* 57(2): 119–124.

BEALS JANETTE, SPERO M. MANSON, NANCY R. WHITESELL, PAUL SPICER, DOUGLAS K. NOVINS und CHRISTINA M. MITCHELL (2005): Prevalence of DSM-IV disorders and attendant helpseeking in 2 American Indian reservation populations. *Arch Gen Psychiatry* 62(1): 99–108.

BEAUVAIS, FRED (1998): American Indians and alcohol. *Alcohol Health and Research* 22(4): 253–259.

BRAVE HEART, MARIA Y.H. (1998): The return to the sacred path: Healing the historical trauma and historical unresolved grief response among the Lakota through a psychoeducational group intervention. *Smith College Studies in Social Works* 68(3): 287–305.

BRAVE HEART, MARIA Y.H. (2003): The historical trauma response among Natives and its relationship with substance abuse: A Lakota illustration. *J Psychoact Drugs* 35(1): 7–13.

CASTOR, MEI L., MICHAEL S. SMYSER, MAILE M. TAUALII, ALICE N. PARK, SHELLEY A. LAWSON und RALPH A. FORQUERA (2006): A nationwide population-based study identifying health disparities between American Indians/Alaska Natives and the general populations living in select urban counties. *American Journal of Public Health* 96(8): 1478–1484.

CHO, ARTHUR K. und WILLIAM P. MELEGA (2002): Patterns of methamphetamine abuse and their consequences. *Journal Addict Dis.* 21(1): 21–34.

DUCLOS, C.W. und S.M. MANSON (Hgg.) (1994): *Calling from the rim: Suicidal behavior among American Indian and Alaska Native adolescents.* Boulder, CO: University of Colorado Press (American Indian and Alaska Native Mental Health Research 4).

DURAN, EDUARDO (1984): *Archetypal Consultation: A Service Delivery Model for Native Americans*. New York State u.a.: Peter Lang (American University Studies 8[2]).
DURAN, EDUARDO und BONNIE DURAN (1995): *Native American postcolonial psychology*. Albany: State University of New York Press.
DURAN, EDUARDO (2006): *Healing the Soul Wound: Counseling with American Indians and Other Native Peoples*. New York u.a.: Teachers College Press.
EDGERTON, ROBERT B. (1992): *Sick societies: challenging the myth of primitive harmony*. New York: Free Press.
FELICI-BACH, HENRIETTE (2006): Die therapeutische Arbeit mit einem Mediator im ethnopsychiatrischen Setting – eine Herausforderung an unsere klinische „Weltanschauung". In ERNESTINE WOHLFAHRT und MANFRED ZAUMSEIL (Hgg.): *Transkulturelle Psychiatrie – Interkulturelle Psychotherapie*. Heidelberg: Springer, 128–136.
FREESE, T.E., J. OBERT, A. DICKOW, J. COHEN und R.H. LORD (2000): Methamphetamine abuse: Issues for special populations. *J Psychoact Drugs*, Apr-Jun; 32(2): 177–182.
FRENCH, LAURENCE A. (2000): *Addictions and Native Americans*. Westport, CT.: Praeger. [UCLA Integrated Substance Abuse Programs, UCLA/Matrix Coordinating Center for the CSAT Methamphetamine Treatment Project, Los Angeles, California, USA.]
GONE JOSEPH P. (2008): "So I Can Be Like a Whiteman": The Cultural Psychology of Space and Place in American Indian Mental Health. *Cult & Psychol* 14(3): 369–399.
DERS. (2009): A community-based treatment for Native American historical trauma: prospects for evidence-based practice. *J of Consult Clin Psychol* 77(4): 751–762.
DERS. (2010): Psychotherapy and traditional healing for American Indians: Exploring the prospects for therapeutic integration. *The Counseling Psychologist* 38(2): 166–235. http://gonetowar.com/wp-content/uploads/2013/11/tx_paradigms.pdf [30.6.2015].
GONE, JOSEPH P. und LAURENCE J. KIRMAYER (2010): On the Wisdom of Considering Culture and Context in Psychopathology. In THEODORE MILLON, ROBERT F. KRUEGER und ERIK SIMONSEN (Hgg.): *Contemporary directions in psychopathology: Scientific foundations of the DSM-V and ICD-11*. New York/London: Guilford Press, 72–96.
GONE, JOSEPH P. und PATRICK E. CALF LOOKING (2011): American Indian culture as substance abuse treatment: pursuing evidence for a local intervention. *J Psychoact Drugs* 43(4): 291–296.
GONE JOSEPH P. (2011): The red road to wellness: cultural reclamation in a Native First Nations community treatment center. *Am J Community Psychol* 47(1–2): 187–202.
GONE JOSEPH P. und JOSEPH E. TRIMBLE (2012): American Indian and Alaska Native mental health: diverse perspectives on enduring disparities. *Annu Rev Clin Psychol* 8: 131–160.
GUILLORY, BONNIE, ELVIN WILLIE und EDUARDO F. DURAN (1988): Analysis of a community organizing case study: Alkali Lake. *J Rural Comm Psychol* 9(1): 27–36.
HARTMANN, WILLIAM E. und JOSEPH GONE (2012): Incorporating Traditional Healing Into an Urban American Indian Health Organization: A Case Study of Community Member Perspectives. *J Couns Psychol* 59(4): 542–554. http://www-personal.umich.edu/~jgone/images/UIHO.pdf.
HEILBRON, CARRIE L. und MARY A.J. GUTTMAN (2000): Traditional Healing Methods with First Nations Women in Group Counseling. *Can J Couns* 34(1): 3–13.
HOUSE, LAURA E., ARLENE R. STIFFMAN und EDDIE BROWN (2006): Unraveling Cultural Threads: A Qualitative Study of Culture and Ethnic Identity Among Urban Southwestern American Indian Youth Parents and Elders. *J Child Fam Stud* 15(4): 393–407.
JANELLE, ALAIN, ARLENE LALIBERTÉ und ULRIC OTTAWA (2009): Promoting traditions: an evaluation of a wilderness activity among First Nations of Canada. *Australas Psychiatry* 17(1): 108–111.

KUNITZ, STEPHEN J. und JEROLD E. LEVY (1994): *Drinking-Careers: A Twenty-Five Year Study of Three Navajo Populations.* New Haven: Yale University Press.

KUNITZ, STEPHEN J. und JEROLD E. LEVY (2000): *Drinking, Conduct Disorder, and Social Change: Navajo Experiences.* New York: Oxford University Press.

LAFROMBOISE, TERESA D. und HAYES A. LEWIS (2008): The Zuni Life Skills Development Program: a school/community-based suicide prevention intervention. *Suicide Life Threat Behav.* June (38): 343–353.

LEVY, JEROLD E. und STEPHEN J. KUNITZ (1974): *Indian Drinking: Navajo Practices and Anglo-American Theories.* New York: Wiley.

MAIL, PATRICIA D. (1989): American Indians, stress, and alcohol. *J Am Indian Alask Native Ment Health Res* 3(2): 7–26.

MANSON, SPERO, JAMES H. SHORE und JOSEPH D. BLOOM (1985): The Depressive Experience in American Indian Communities: A Challenge for Psychiatric Theory and Diagnosis. In ARTHUR KLEINMAN und BYRON GOOD (Hgg.): *Culture and depression.* Berkeley/Los Angeles: UC Press, 331–368.

MAY, PHILIP A. (1999): The Epidemiology of Alcohol Abuse among American Indians: The Mythical and Real Properties. In DUANE CHAMPAGNE (Hg.): *Contemporary Native American cultural issues.* Walnut Creek, CA: AltaMira Press, 227–244 (Contemporary Native American communities 3).

O'NELL, THERESA D. (1996): *Disciplined hearts. History, identity and depression in an American Indian community.* Berkeley: UC Press.

DIES. (2004): Culture and Pathology: Flathead Loneliness Revisited. *Culture, Medicine and Psychiatry.* Vol 28, Issue 2. 221–230.

SAVISHINSKY, JOEL S. (1991): The Ambiguities of Alcohol: Deviance, Drinking and Meaning in a Canadian Native Community. *Anthropologica* 33(1/2): 81–98.

SCURFIELD, R. M. (1995): Healing the warrior: Admission of two American Indian war-veteran cohort groups to a specialized inpatient PTSD unit. *American Indian and Alaska Native Mental Health Research* 8(3): 1–22.

WALDRAM, JAMES B. (2004): *Revenge of the Windigo: The Construction of the Mind and Mental Health of North American Aboriginal Peoples.* Toronto: University of Toronto Press.

WESTERMEYER, JOSEPH J. und JOAN M. BAKER (³1986): Alcoholism and the American Indian. In NADA J. ESTES und M. EDITH HEINEMANN (Hgg.): *Alcoholism: Development, Consequences and Interventions.* St. Louis MO: Mosby, 173–282.

WILLIAMS, CAROLYN L. und J.W. BERRY (1991): Primary prevention of acculturative stress among refugees. Application of psychological theory and practice. *Am Psychol* 46(6): 632–641.

LITERARISCHE REPRÄSENTATIONEN VON INDIGENITÄT

Stages of Selfhood: Identitätskonstruktionen im Drama der First Nations

Birgit Däwes

1.

Als 1988 Tomson Highways Theaterstück *The Rez Sisters* als offizieller Beitrag Kanadas beim renommierten Edinburgh Fringe Festival aufgeführt wurde, rückte eine Kunstform ins Licht der internationalen Öffentlichkeit, von der bis dahin nicht einmal das interessierteste Theaterpublikum Notiz genommen hatte. Dabei ist die Dramentradition nordamerikanischer Ureinwohner/innen eine der ältesten Kunstformen des Kontinents: von den Kachina-Tänzen der Hopi zu den gemeinschaftsbildenden *potlatches* der Nordwestküste, und von den Initiationsdramen der Makah zu den historischen Aufführungen des seit 1948 bestehenden Six Nations Forest Theatre in Ontario hat sich das Genre gegen alle Kolonialisierung und Unterdrückung immer wieder durchgesetzt und neu erfunden. Während jedoch Romane, Autobiographien, Lyrik und Kurzgeschichten von indigen-nordamerikanischen Autorinnen und Autoren bereits seit den 1970er Jahren[1] fester Bestandteil des literarischen Kanons sind, wurden Drama und Theater von der Kritik wie der Forschung bis ins frühe 20. Jahrhundert fast vollständig vernachlässigt. Erst seit 1999 sind 9 Anthologien mit Theaterstücken kanadischer und US-amerikanischer Dramatiker/innen erschienen; es gibt allerdings erst seit 2007 auch drei wissenschaftliche Monographien, die sich des Themas systematisch annehmen (DÄWES 2007; BECK 2007; STANLAKE 2010).

Einer der Hauptgründe für die gegenwärtige Unterrepräsentation in der Forschung liegt in einer zweifachen terminologischen Diffusion: zum einen werden Theater und Drama indigener Autorinnen und Autoren allenfalls als traditionelle Varianten rituellen Handelns erfasst und in die Gebiete der Anthropologie oder Religionswissenschaften verschoben. Zum anderen kursieren unter dem Begriff 'American Indian Drama' über 600 Theaterstücke über Indianer, derer sich die Kritik seit über hundert Jahren in großer Ausführlichkeit annimmt. Wenn man zum Beispiel im Library of Congress-Katalog unter der Kategorie 'Indians of North America-Drama' sucht, findet man 87 Einträge, aber nur 19 davon beziehen sich wirklich auf Theaterstücke von indigenen Autorinnen und Autoren. Die große Mehrheit hingegen betrifft Theaterstücke, die stereotypische Zerrfiguren und kontrollierbare Klischees des 'Indian' präsentieren, vor allem der jungfräulich-exotischen Prinzessin, des edlen Wilden (und Letzten seiner Art), oder des dämonischen Kriegers – wie in James Nelson Barkers *The Indian Princess; or, La Belle Sauvage* (1808) oder John Augustus Stones *Metamora, or The Last of the Wampanoags* (1829).

Die Funktion der *indians*[2] in diesen Stücken deckt sich mit dem, was Homi Bhabha als "colonial mimicry" bezeichnet – die "double articulation" oder "complex strategy of

---

[1] Leslie Marmon Silkos *Ceremony* (1977) zum Beispiel war einer der vier meistunterrichteten Romane an amerikanischen Schulen und Universitäten der 1990er Jahre.

[2] Mit der kursivierten Schreibweise folge ich Gerald Vizenor, der *indians* in Abgrenzung zu

reform, regulation, and discipline, which 'appropriates' the Other as it visualizes power" (86). Diese Praxis sicherte der europäisch-amerikanischen Mehrheit nicht nur die Kontrolle über die Repräsentation ("image control"), sie half auch, historische Schuld zu verschleiern und sich, im Gegensatz zu einem klar unterlegenen Anderen, einer gestärkten kollektiven Identität zu vergewissern. Von der Boston Tea Party 1773 bis zur Marktstrategie des deutschen Blues-Sängers und „Isar-Indianers" Willy Michl also hat sich das, was Philip J. Deloria "Playing Indian" nennt, als substanzielles Element westlicher Selbstinszenierung fest im kulturellen Wissen etabliert. Der Ort des Indigenen auf US-amerikanischen und kanadischen Bühnen wurde damit vollständig von weißen Simulationen überschrieben.

Erst mit der Bürgerrechtsbewegung der 1960er und 70er Jahre, durch welche die politische Situation ethnischer Minderheiten in Nordamerika stärker in den Vordergrund rückte, änderte sich das Bild im öffentlichen Bewusstsein.[3] Nicht zuletzt durch eine beachtliche staatliche Förderung durch den Canada Council for the Arts entstand, ganz anders als in den USA, eine regelrechte Welle von Theater- und Institutionsgründungen, die das Genre nachhaltig beeinflussten.[4] Sowohl Native Earth Performing Arts, das erfolgreichste First Nations-Theater Kanadas, als auch De-Ba-Jeh-Mu-Jig, eine reservatsbasierte Theatergruppe in Ontario, prägen seit 30 Jahren durchgehend die indigene

---

lebenden Menschen definiert: der *indian* ist "a simulation with no referent and with the absence of natives; indians are the other, the names of sacrifice and victimry" (27).

[3] In Kanada war es vor allem George Ryga, ein nicht-indigener Dramatiker ukrainischer Abstammung, der mit seinem Stück *The Ecstasy of Rita Joe* (1967) zum ersten Mal die Stereotype von romantisierten oder dämonisierten Wilden durch einen realistischen Blick auf die Ausbeutung der First Nations ersetzte.

[4] 1974 wurde in Toronto die Association for Native Development in the Performing and Visual Arts gegründet, die mit ihrer Native Theatre School die erste exklusiv indigene Ausbildungsstätte für Dramenkomposition, Schauspiel, Regie und Produktion beherbergte. Eine ihrer ersten international aufgeführten Produktionen war George Kennys Stück *October Stranger* (1977), das in innovativer Form die Identitätsfindung eines jungen Schriftstellers zwischen der Tradition der Ojibway, dem politischen Aktivismus des American Indian Movement und der Anpassung an städtische Lebensräume nachzeichnet. 1982 folgte die Gründung einer Theatergruppe, die über die Jahre gesehen zur erfolgreichsten in ganz Kanada wurde und die Toronto endgültig zu einem der Zentren des indigen-kanadischen Theaters machte: Native Earth Performing Arts (NEPA). Diese Gruppe blickt in ihrer 25-jährigen Geschichte nicht nur auf ein eigenes alljährlich stattfindendes Festival (Weesageechak Begins to Dance) und eine rekordverdächtige Anzahl auch international erfolgreicher Produktionen zurück, sondern sie brachte mit Monique Mojica (Kuna/Rappahannock), Tomson Highway (Cree), Daniel David Moses (Delaware), Drew Hayden Taylor (Ojibway) und Yvette Nolan (Algonquin) die berühmtesten Autorinnen und Autoren des Genres hervor. Personell eng mit dieser Gruppe verwoben ist auch De-Ba-Jeh-Mu-Jig ('Debaj', nach dem Ojibway-Begriff für ‚Geschichtenerzähler'), eine Theatertruppe, die zwei Jahre nach NEPA auf Manitoulin Island, Ontario in einem völlig anderen (ländlichen und reservatsbasierten) Umfeld gegründet wurde. Beide Gruppen zusammen sind am Erfolg des zeitgenössischen indigenen Dramas in Kanada nicht unerheblich beteiligt: So wurde Highways *The Rez Sisters*, in dem sich sieben auf einem fiktionalen Reservat lebende Cree- und Ojibway-Frauen anlässlich einer Reise zur größten Bingo-Veranstaltung aller Zeiten mit allerlei Problemen von alltäglichen bis hin zu existentiellen Ausmaßen konfrontiert sehen, von Debaj entwickelt und von NEPA uraufgeführt, bevor es seine internationale Erfolgstournee antrat.

kanadische Kulturlandschaft. Der Anishinaabe-Schriftsteller Drew Hayden Taylor bringt diese Entwicklung folgendermaßen auf den Punkt:

> If in 1986 there was one working Native playwright in all of Canada, today at least three dozen playwrights of aboriginal descent are being produced and published. If that rate of increase continues, by the year 2020 it is conceivable that everybody in Canada will be a Native playwright. ("Alive and Well": 256)

2.

Für ein Aufbrechen der Stereotype, die das westliche Bild des ‚Indianers' seit Jahrhunderten prägen, eignet sich das Medium des Theaters natürlich besonders gut, denn kulturelle Identität ist immer performativ. Bereits in den 50er Jahren des vergangenen Jahrhunderts schreibt Erving Goffman: "[t]he self, then, as a performed character, is […] a dramatic effect arising diffusely from a scene that is presented" (252/253). Gerade im Hinblick auf kulturelle Differenz, die in älteren Identitätsmodellen als essentielle, ontologische Kategorie gesehen wurde, lässt sich eine dichotome Unterscheidung zwischen dem Selbst und dem Anderen nicht mehr halten. Besonders Judith Butler hat durch ihr Argument, dass Gender immer performativ konstruiert ist, den Weg für neue Identitätskonzepte geebnet, die in den Bereichen der Postcolonial und Ethnic Studies aufgegriffen wurden. Identität ist keine fixierte Kategorie, sie befindet sich im Gegenteil dauerhaft im Entstehungsprozess und wird immer aufs Neue relational und dialogisch ausgehandelt.

Für die Gattung der Autobiographie stellen Sidonie Smith und Julia Watson fest:

> The autobiographical subject is also inescapably in dialogue with the culturally marked differences that inflect models of identity […]. And she is in dialogue with multiple and disparate addressees and audiences. In effect, autobiographical telling is performative; it enacts the 'self' that it claims has given rise to an 'I'. And that 'I' is neither unified nor stable – it is fragmented, provisional, multiple, in process. (9)

Die Bühne und die Inszenierung dienen also nicht nur als Metaphern für die Beschreibung zeitgenössischer Identität, sie bieten auch tatsächlich den Raum und die Infrastruktur, um diese Identitäten auszudefinieren, zu vermitteln und politisch zu nutzen. Gerade bei den First Nations, deren Kategorisierung vor allem durch das biologische Theorem des 'blood quantum' erfolgte, wird auf der Bühne genetische Bestimmung durch selbstrepräsentierte Wahlmöglichkeiten und Affiliationen ersetzt – und damit als politische Handlungs- und Verhandlungskompetenz nutzbar. Die Zerrbilder ‚Edler Wilder' werden als solche bloßgestellt; gleichzeitig bezeugen die zeitgenössischen Theaterstücke die Dynamik und Vitalität indigener kultureller Traditionen. Durch die Nutzung physischer und rhetorischer Repräsentationsräume lässt sich Subjektivität in dialogischen Prozessen ganz im Sinne von Bakhtins dialogischer Heteroglossie, als "multiplicity of social voices and a wide variety of their links and interrelationships (always more or less dialogized)" (263) verhandeln.

3.

Einer der bekanntesten und erfolgreichsten Autoren indigener Theaterkultur ist Drew Hayden Taylor, der sich selbst als "blue-eyed Ojibway" bezeichnet. In den mittlerweile über 70 professionellen und weltweit erfolgreichen Produktionen seiner Theaterstücke befasst er sich immer wieder mit Fragen kultureller Identität in einer zunehmend globalisierten Welt, vor allem natürlich aus Sicht der kanadischen Ureinwohner. Besonders anhand seiner Komödien kann man einen wunderbaren Kurs in *political correctness* absolvieren: da der Begriff des ‚Indianers' vor allem auf Kolumbus' navigatorische Fehlleistung verweist, die Termini 'indigenous' oder 'Native American' aber ebenfalls zunehmend umstritten sind, empfiehlt Taylor das Akronym NAFNIP, um allseits auf der sicheren Seite zu sein: "a Native Aboriginal First Nations Indigenous Person." Oder, wie er selbst seine Identität konzeptualisiert: "I've often tried to be philosophical about the whole thing. I have both white and red blood in me, I guess that makes me pink" ("Pretty": 436).

Alle Theaterstücke von Drew Hayden Taylor setzen sich humorvoll mit den verschiedenen Facetten kultureller Identität auseinander. *alterNatives* zum Beispiel, das 1999 in Kincardine, ON erstaufgeführt wurde, dreht sich um Angel, einen 24jährigen Science-Fiction-Autor indigener Herkunft, dessen Partnerin Colleen, eine jüdische Professorin für Native Literature, eine Dinnerparty in ihrem Apartment in Toronto veranstaltet. Die beiden eingeladenen Paare sind Colleens Freunde Dale und Michelle sowie Bobby und Yvonne, zwei frühere Freunde Angels. Ähnlich wie in Edward Albees *Who's Afraid of Virginia Woolf* oder Yasmina Rezas *Gott des Gemetzels* wird die Konstellation der häuslichen Feier zum Mikrokosmos politischer Konflikte. Dabei wird Ethnizität vor allem als ein Instrumentarium persönlicher Machtinteressen entlarvt: statt eines Fundaments für persönliche Identifikation fungiert es als politisches Passepartout, in dessen Rahmen Subjekte auf- oder abgewertet werden können.

Die beiden nicht-indigenen Frauen Colleen und Michelle sind dabei sichtbar daran interessiert, ihren Männern Leitlinien vorzugeben, nach denen diese sich zu richten haben – vornehmlich, um damit von eigenen Problemen abzulenken. Während die jüdisch-kanadische Colleen versucht, Angel zu einem großen indigenen Schriftsteller zu formen, um ihre eigene Position als Literaturwissenschaftlerin zu stärken, überzeugt die dem Alkohol etwas zu sehr zugetane Michelle Dale vom Vegetariertum, stellt ihn als "recovering carnivore" vor (28) und duldet keinen Widerspruch. Der dramatische Höhepunkt am Ende des ersten Aktes besteht daher in ihrer Schockreaktion, als sie Zeugin wird, wie Dale ein Stück des von Angel gekochten Elchbratens probiert. In der dialogischen Offenlegung dieser Hierarchien werden immer wieder ethnische Argumente bemüht, die andere Konfliktlinien verdecken: So wehrt sich Michelle dagegen, als Weiße eingestuft zu werden: "I'm not white. I'm Celtic" (111), und Angel lässt durch Stichelei erkennen, dass Colleen sich mit ihm nur wegen seiner Herkunft schmückt, wenn er sie nach ihrer Weinpräferenz fragt:

> ANGEL: Red or white?
> COLLEEN: I'll start off with a red.
> ANGEL: That can be said of so many things in your life. (12)

Das Etikett der ethnischen Zugehörigkeit scheint für Angel kaum eine Bedeutung zu haben; er verwendet es allenfalls ironisch, um sich aus unangenehmen Situationen herauszuwinden. Als Colleen ihn beispielsweise eifersüchtig nach seinem Verhältnis zu Yvonne befragt, funktioniert er sein kulturelles Erbe zur Vermeidungsstrategie um:

> COLLEEN: Do you have a history with her [Yvonne]?
> ANGEL: That's a difficult question to answer considering Native people tend to view history differently than non-Natives.
> COLLEEN: Stop these silly word games. I want to know if there's anything here I should worry about?
> ANGEL: Global warming? (91)

Im Gegensatz zu dieser nur gelegentlichen Invokation seiner Herkunft inszeniert sich Angels Jugendfreund Bobby betont in der Rolle des titelstiftenden *alterNative* Warrior, als authentisch-traditioneller Nationalist, der zynisch gegen jeden kolonialen Diskurs opponiert. In Anspielung auf die historische Ausbeutungspraxis, die das Verhältnis zwischen Europäern und First Nations nachhaltig prägte, eröffnet er den Dialog mit den Worten "So who do I have to sign a treaty with to get a drink around here?" (44) – worauf eine beklemmende Stille entsteht. Fast jede Alltagsfrage wird von ihm historisch und politisch umgedeutet: Als Michelle ihn fragt, wie er hergekommen sei (zu Colleens Apartment), antwortet er: "According to rumours, across the Bering Land bridge" (58). Als der Streit eskaliert und Michelle ankündigt, sie werde nun nach Hause gehen, fragt er "Home?! To Europe?" (121). Sein aggressiver Separatismus und die Umdeutung jedes individuellen Sprechakts in kollektive historische Verantwortung werden jedoch perforiert, wenn er zugibt, dass er sich vor allem durch Nietzsche und Sartre beeinflusst sieht. Angel wirft Bobby schließlich vor, dass er die Rolle des kulturellen Puristen ausnutzt, um andere Menschen bloßzustellen:

> You like taking advantage of people's good will, especially white people. [...] These stupid little games of yours to make fun of people. That's why I left. [...] Too many people get hurt. (130/131)

Fast um diese These zu illustrieren, verweist Yvonne auf die Machtstrukturen, die auch innerhalb der Native Community existieren. Sie erzählt, dass sie beim Schreiben ihrer Magisterarbeit vor allem auf Widerstand aus ihrem eigenen Reservat stößt, weil sie sich weigert, historische Tatsachen und Ambivalenzen ihrer eigenen Kultur zu verschweigen:

> In their hurry to recapture the old days of our Grandfathers [sic] and grandmothers, these people are being very selective about which traditions they choose to follow, often excluding many ancient practices that would not be considered politically correct in today's society [...] Centuries ago there were arranged marriages, frequent intertribal warfare, slavery, and in some cases, rumours of cannibalism. These are not even mentioned at Pow wows or Elder's conferences. It's as if they didn't exist. It's become a form of cultural hypocrisy. (76)

Dass es sich bei ethnischer Identität letztendlich um eine performative Kategorie handelt, deren Diskurse ebenso konstruiert sein können wie die von außen auferlegten

Stereotype, zeigt schließlich das Ende des zweiten Aktes. Hier konfrontiert Angel Bobby mit einem Jugendstreich, den die beiden vor langer Zeit ein paar Anthropologen der Universität spielten. Als die Akademiker für Feldforschung auf ihr Reservat kamen, machten sich die damals Elfjährigen den Spaß, ihnen selbsterfundene Geschichten als "traditional Ojibway legends" zu verkaufen. Das Buch, das aus diesem Scherz hervorging, wird jedoch bereits in seiner siebten Auflage an kanadischen Universitäten als authentisches kulturelles Material gelehrt. Während Bobby diese Entwicklung eher amüsant findet, sieht Angel sie als Paradebeispiel für die Verblendung, die mit dem Glauben an eine authentische, essenzielle Kultur einhergeht. Statt sich daher primär über eine ethnische Gruppe zu definieren – und damit Grenzen zwischen Menschen weiter zu verfestigen – entwickelt er eine Ethik des Dialogs, die den Austausch und die Gemeinsamkeiten mit dem Anderen hervorhebt. Es ist daher auch kein Zufall, dass am Ende des Stücks, wenn alle kollektiv konstruierten Identitätsmarker entwertet sind, Dale und Angel übrigbleiben, die über ihr gemeinsames Interesse an Science-Fiction beim Elchbraten Freundschaft schließen.

alterNatives ist Drew Hayden Taylors offensivstes Theaterstück: nirgends sonst in seinem Werk werden die Machtspiele, die sich hinter Berufungen auf ethnische Identität verbergen, derart schonungslos offengelegt wie hier. So zeigt das Stück eindeutig, dass die Konventionen der *political correctness* und die Moden der Selbstidentifikation vor allem der Verschleierung des Bedürfnisses dienen, den jeweils anderen zu kontrollieren und sich ihm überlegen zu fühlen. Jerry Wasserman formuliert diesen Effekt so: "the imagined community becomes a destructive one, the performance of ethnicity [is] revealed as a form of Native minstrelsy that traps the performer in a double-bind" (168). Die einzigen Hoffnungsträger sind diejenigen, die sich selbst und kulturelle Zugehörigkeiten nicht zu ernstnehmen und stattdessen immer den Respekt vor den Gefühlen anderer über Definitionen kultureller Authentizität stellen. Identität ist ein performativer Prozess, der dialogisch ausgehandelt wird: so führt das Stück uns in wechselnden Allianzen mikrokosmische *communities* von Frauen (Michelle und Colleen), Vegetariern (Michelle und Dale), Akademikern (Colleen und Yvonne) oder Star-Trek-Fans (Angel und Dale) vor, die jeweils situativ, kontextuell und dynamisch immer neu konstruiert werden können.

Eine ähnliche Politik verfolgt Taylor mit einer neueren Komödie, *The Berlin Blues*, die 2007 in Los Angeles uraufgeführt wurde. In dem Otter Lake-Reservat in Kanada hängt der Hausfrieden zwischen Andrew und seiner Freundin Angie schief, weil er sich nicht durchringen kann, sich mit ihr zu verloben und sie seine Geduld mit ihrem Fitnesswahn strapaziert. Auch zwischen der Beauftragten für Wirtschaftsentwicklung, Donalda, und ihrer Jugendliebe Trailer häufen sich die Konflikte, weil er sie gegen ihren Willen zurückgewinnen will. Erneut werden augenzwinkernd historische Themen der First Nations in die privaten Gespräche eingebracht: Als Trailer Donalda fragt, ob er sie nicht doch für immer glücklich machen dürfe, antwortet sie in Analogie zu anderen Dingen, die nie eintreten werden: "Let's see, the Hell Freezing Over office is downstairs in the Land Claims Settlement department" (2).

Diese Situation betritt nun der dramatische Konflikt in Gestalt einer Geschäftsdelegation aus Berlin, die auf das Otter Lake-Reservat kommt, um es nach deutscher Gründlichkeit in einen indianischen Themenpark umzuwandeln – inklusive Medizin-Riesenrad, einem Laser-Traumfänger und *Dances with Wolves – The Musical*. Die beiden Hauptfiguren, Reinhart Reinholz und Birgit Heinze, erfüllen alle Erwartungen an deutsche Reservatstouristen: "They speak with an obvious German accent" (8), erscheinen 17 Minuten zu früh zum Termin (8) und teilen ein tiefes, durch Karl May ausgelöstes Bedürfnis, ‚Indianer' zu spielen. Birgit Heinze bekennt:

> Ever since I was a young girl I have loved Native people. I read all the old Winnetou and Shatterhand stories. I even joined one of the clubs that dressed up like Indians and held their own pow wows. I made my own buckskin dress, if you can believe it. (33)

Die auf dem Reservat ansässigen Ojibway nehmen die Vorschläge für eine 164 Millionen Dollar-Investition zunächst interessiert entgegen: angesichts einer 30-prozentigen Arbeitslosenquote scheinen die Angebote der Gewinnbeteiligung und Vollbeschäftigung zu verlocken. Obwohl Angie, eine der Hauptfiguren, vor dem Ausverkauf ihrer Kultur warnt und das Projekt zu sabotieren versucht, führt OjibwayWorld innerhalb eines Jahres zu fundamentalen Änderungen des Reservatslebens: "Characters now dress in Reverse," heißt es zu Beginn des 2. Aktes: "Trailer, Donalda, and Andrew are not better dressed while Reinhart dresses more casually with the odd bit of Otter Lake/ Native appeal" (42). Kurz vor der Eröffnung jedoch geht alles schief: die aus Las Vegas eingeflogenen Darsteller für das ‚Der-mit-dem-Wolf-tanzt-Musical' streiken für höheres Gehalt; die Laserstrahlen des 44 Meter hohen "Medicine Ferris Wheel" töten massenhaft hindurchfliegende Seemöwen, und die 163 eigens für die Show eingeflogenen Bisons brechen aus ihrem Gehege aus und trampeln OjibwayWorld in Grund und Boden.

Die Bewohner sehen diese Entwicklung gelassen und nutzen die Ereignisse, um alte Freundschaften wieder aufleben zu lassen, beziehungsweise – in Andrews und Angies Fall – um zu heiraten. Reinhart Reinholz beschließt, sich auf dem Reservat anzusiedeln, um seine Liebe für alles Indianische in einer authentischeren Umgebung auszuleben. Birgit Heinze hingegen verlässt entrüstet das Reservat, um sich mit Aussicht auf eine erhebliche Versicherungssumme ihrem alternativen "Plan M&M" zu widmen:

> The Mohawk Mini-Golf and Marineworld. I'm sure they will be more receptive. I tried to bring civilization and prosperity to this community, but perhaps I was ahead of my time. You weren't ready for OjibwayWorld. Fine. I shall leave you as I found you. (76)

Neben der alternativen Geschichtsfantasie, dass die Kolonialisten die Neue Welt wieder verlassen, endet Taylors Komödie mit Versöhnungen zwischen allen zerstrittenen Paaren. Während zunächst die deutsche Indianerbegeisterung satirisch aufs Korn genommen wird, dient der kulturelle Kontakt letztlich jedoch der Überwindung intrakommunaler Konflikte und – wie in *alterNatives* – geht es um den Respekt für die Ansichten und Perspektiven des anderen. Andrew akzeptiert Angies Begeisterung für "Anishinaabe Aerobics – Anishinaabics" (55), und Donalda willigt ein, Trailer unter ihrem Dach zu beherbergen. Der Schlüssel zu interkultureller Verständigung liegt, wie beide Komödien sowohl strukturell als auch durch ihre Dialoge zeigen, in der Fähigkeit, bereits in kleinsten sozialen Konstellationen die Andersartigkeit des Anderen zu akzeptieren. Wo nicht einmal ein Ehepaar sich in der Lage zeigt, auf die Konstruktion politischer Ausgrenzungskategorien zu verzichten, hat globaler Friede kaum eine Chance.

4.

Es gibt unter den hunderten zeitgenössischer Theaterstücke von indigen-nordamerikanischen Autorinnen und Autoren zahlreiche Facetten, kulturelle Identität auf die Bühne zu bringen. Anders als die Stücke Tomson Highways, Gerald Vizenors oder Marie Clements', die mit Musik, Tanz, Medien, Magic Realism sowie experimentellen und metadramatischen Formen arbeiten, folgt Drew Hayden Taylors Stil der Tradition des *kitchen sink realism*, in welcher politische Themen auf einer Kammerspielfläche von Alltagssituationen und Familienkonstellationen mikrokosmisch verhandelt werden. Der Humor steht bei ihm im Vordergrund, wie er selbst schreibt:

> I try to show the humour in our lives, the craziness that sometimes happens, and the sudden twists and turns that can happen to people who happen to be Native. Everybody's welcome. (*Buz'Gem Blues* 8)

Da die meisten Zuschauer seiner vor allem in Städten wie Toronto, Vancouver, New York und Los Angeles aufgeführten Stücke nicht-indigener Abstammung sind, wird der Humor zur Einladung, sich nicht nur ethnischer Etiketten selbst bewusst zu werden, sondern vor allem der Machtspiele, in denen diese instrumentalisiert werden. Im gemeinsamen Lachen entsteht eine neue, temporäre *community*, die Platz für alle an ihr interessierten Identitäten hat.

Literatur

BAKHTIN, MIKHAIL M.: Discourse in the Novel. *The Dialogic Imagination: Four Essays.* Hg. von MICHAEL HOLQUIST. Austin: U of Texas P, 1981, 259–422.
BECK, GÜNTER U. (2007): *Defending Dreamer's Rock: Geschichte, Geschichtsbewusstsein und Geschichtskultur im Native Drama der USA und Kanadas.* Trier: WVT (CDE Studies 14).
BHABHA, HOMI K. (1994): *The Location of Culture.* London/New York: Routledge.
BUTLER, JUDITH (1993): *Bodies that matter: on the discursive limits of 'Sex'.* New York: Routledge.
DÄWES, BIRGIT (2007): *Native North American Theater in a Global Age: Sites of Identity Construction and Transdifference.* Heidelberg: Winter.
DÄWES, BIRGIT (Hg.) (2013): *Indigenous North American Drama: a Multivocal History.* Albany: SUNYPress.
DELORIA, PHILIP J. (1998): *Playing Indian.* New Haven: Yale UP.
GOFFMAN, ERVING (1959): *The Presentation of Self in Everyday Life.* New York: Doubleday.
HIGHWAY, TOMSON (1988): *The Rez Sisters.* Saskatoon: Fifth House.
SMITH, SIDONIE und JULIA WATSON (Hgg.) (2002): Introduction. *Interfaces: Women, Autobiography, Image, Performance.* Ann Arbor: U of Michigan P, 1–46.
STANLAKE, CHRISTY LEE (2010): *Native American Drama: A Critical Perspective.* Cambridge: Cambridge UPress.
TAYLOR, DREW HAYDEN (1998): Pretty Like a White Boy: The Adventures of a Blue Eyed Ojibway. In DANIEL DAVID MOSES und TERRY GOLDIE (Hgg.): *An Anthology of Canadian Native Literature in English.* Toronto: Oxford UP, 436–439.
DERS. (1999): *alterNatives.* Burnaby, British Columbia: Talonbooks.

DERS. (2000): Alive and Well: Native Theatre in Canada. In HANAY GEIOGAMAH und JAYE T. DARBY (Hgg.): *American Indian Theater in Performance: A Reader*. Los Angeles: UCLA American Indian Studies Center, 256–264.

DERS. (2002): *The Buz'Gem Blues*. Burnaby, British Columbia: Talonbooks.

DERS. (2008): *The Berlin Blues*. Burnaby, British Columbia: Talonbooks.

WASSERMAN, JERRY (2002): Where is Here Now? Living the Border in the New Canadian Drama. In MARC MAUFORT und FRANCA BELLARSI (Hgg.): *Crucible of Cultures: Anglophone Drama at the Dawn of a New Millennium*. Brüssel: Peter Lang, 163–173 (Dramaturgies 4).

VIZENOR, GERALD (1998): *Fugitive poses: Native American Indian Scenes of Absence and Presence*. Lincoln: U of Nebraska P.

Pose, Szene, Drama: Theaterdiskurs und indigene Repräsentation in den Schriften Gerald Vizenors

Michael Bachmann

1.

Der amerikanische Schriftsteller und Kulturwissenschaftler Gerald Vizenor, der sich als "crossblood" mit u.a. französischen und Anishinaabe-Vorfahren bezeichnet sowie eingetragenes Mitglied der White Earth Reservation in Minnesota ist, hat in zahlreichen Arbeiten seit den 1970er Jahren eine Reihe einflussreicher Neologismen vorgeschlagen, die weit über das Feld der sogenannten Native American Studies hinaus Anwendung finden.[1] Neben "terminal creeds", "manifest manners" und "survivance" ist am wohl bekanntesten das von Vizenor – im Gegensatz zur üblichen Rechtschreibung – klein und kursiv gesetzte '*indian*' mit seinem Komplementärbegriff 'postindian'. Während diese Begriffe, auch wegen ihrer relativen Offenheit bei Vizenor, zahlreiche Definitionsversuche nach sich gezogen haben (vgl. etwa MADSEN 2009: 30–42; MILES 2011), bleibt der Stellenwert, den vornehmlich westlich geprägte Theaterbegriffe – z.B. Tragödie, Drama, Szene, Pose und nicht zuletzt ‚Theater' selbst – in den Schriften Vizenors einnehmen, weitgehend unberücksichtigt, auch dort, wo Vizenors Rede von "theaters [...] of native identity" (VIZENOR/LEE 1999: 153) aufgegriffen wird (vgl. z.B. LYONS 2010: 97–99).[2] Der vorliegende Beitrag unternimmt eine kritische Diskussion des Theaterdiskurses bei Vizenor mit Blick auf Fragen der indigenen Repräsentation, wie sie in den Begriffen '*indian*' und 'postindian' verhandelt werden.

Die spezifische Schreibweise von '*indian*' weist auf die Differenz zwischen der (künstlerischen, wissenschaftlichen, journalistischen etc.) Repräsentation indigener Menschen und den auf diese Weise Repräsentierten hin: den auch mit den Begriffen ‚indigen' oder dem englischen 'native' nicht zu fassenden realen Menschen, die Vizenor dennoch *Natives* nennt. Wie er in Anlehnung an Jean Baudrillard schreibt, handelt es sich beim '*indian*' um eine Simulation ohne Referenten, d.h. die Darstellung der indigenen Menschen Amerikas als ‚Indianer' – bekanntermaßen eine auf Kolumbus zurückgehende Fehlbezeichnung – ist keine ‚Abbildung' ihrer realen Existenzen (vgl. VIZENOR 1998: 14–16; 27/28). Baudrillard versteht Simulation „als Gegenkraft zur Repräsentation", insofern letztere „ein Prinzip der Äquivalenz zwischen Zeichen und Realem" voraussetze, während es sich bei der Simulation um „die Umkehrung und de[n] Tod jeder Referenz" handle (BAUDRILLARD 1978: 14). Wenn ich trotzdem von

---

[1] Einführend zu den kulturtheoretischen, journalistischen und künstlerischen Arbeiten Gerald Vizenors – dabei handelt es sich um Kategorien, die bei ihm oft ineinander fließen – vgl. insbesondere BLAESER 1996 und MADSEN 2009. Zu Vizenors (Auto-)Biographie vgl. sein eigenes Buch *Interior Landscapes: Autobiographical Myths and Metaphors* (1990) und MADSEN 2009, 3–18.

[2] Es liegen jedoch Studien vor, die Vizenors Arbeit als Dramatiker bzw. Drehbuchautor untersuchen und in diesem Kontext etwa die Begriffe '*indian*' und 'postindian' auf Drama und Theater anwenden (vgl. DÄWES 2007: 360–376; MADSEN 2009: 92–116).

der *Repräsentation* indigener Menschen spreche, dann um dem Missverständnis vorzubeugen, dass die von Baudrillard so genannte ‚Agonie des Realen' in die Geschichtslosigkeit eines freien Spiels von Simulationen münde. Obwohl oder gerade weil die Repräsentation als Darstellung immer schon von der Wirklichkeit getrennt ist, die sie darstellt, beeinflusst sie die Wahrnehmung dieser abwesenden und als different von ihr gedachten Wirklichkeit ebenso wie das tatsächliche Handeln realer Menschen in dieser Wirklichkeit. „Jemand, der eine Krankheit simuliert, erzeugt an sich einige Symptome dieser Krankheit", schreibt Baudrillard, „Ist ein Simulant, also jemand der ‚wahre' Symptome produziert, krank oder nicht?" (BAUDRILLARD 1978: 10; vgl. VIZENOR 1998: 27/28). Da die Simulation das Realitätsprinzip nachhaltig angreift, lassen sich reale Menschen und konstruierte '*indians*' nicht einfach trennen.

Hier gewinnt der Begriff des 'postindian' an Interesse, der im Kontext der Native American Studies darauf verweist, dass sich Simulationen nicht einfach wegziehen lassen, um einer ‚authentischen' Repräsentation des Indigenen oder gar der (unvermittelt niemals zu habenden) Wirklichkeit zu weichen. Vizenor schreibt:

> The postindian arises from the earlier inventions of the tribes only to contravene the absence of the real with theatrical performances; the theater of tribal consciousness is the recreation of the real, not the absence of the real in the simulations of dominance. (VIZENOR 1994: 5)

Während der '*indian*' substanzlos sei, insofern er nicht auf die Wirklichkeit indigener Menschen verweise, sondern deren Abwesenheit verdecke, sei der 'postindian' an indigener Wirklichkeit gesättigt. Es handelt sich dabei aber keineswegs um einen Gegensatz von Inszenierung und Realität, sondern um die Verschiebung von Machtverhältnissen. In Vizenors Begrifflichkeit ist der '*indian*' die mit Kolumbus einsetzende koloniale Erfindung, der bis heute die Unterdrückung des Indigenen ("simulations of dominance") eingeschrieben bleibt. Der 'postindian' kommt ‚nach' dieser Erfindung und versucht, die koloniale "dominance" durch indigene "survivance" zu ersetzen; ein Neologismus, der für Vizenor mehr und anderes meint als Überleben: "the stories of survivance are an active presence" (VIZENOR 1998: 15). Aus zwei Gründen ist diese ‚aktive Präsenz' nicht einfach jenseits der Repräsentation zu denken: Erstens entsteht sie innerhalb des von der kolonialen Erfindung gesetzten Rahmens '*indian*', gegen den sie sich freilich richtet: "a new tribal presence in the very ruins of the representations of invented Indians" (VIZENOR 1994: 3); zweitens ist sie der Effekt einer Inszenierung, als "*recreation* of the real" (VIZENOR 1994: 5; meine Hervorhebung), die nicht die Wiederherstellung einer dem '*indian*' vorausgehenden und essentialistisch gedachten Indigenität meint, sondern die Performanz einer Indigenität, die aus den "simulations of dominance" befreit wäre.

Die oben zitierte Passage aus *Manifest Manners* (1994) illustriert dies – Vizenors Stil entsprechend eher kursorisch – an einer konkreten Theatersituation, die von dem Lakota Schauspieler und Schriftsteller Luther Standing Bear in *My People the Sioux* (1928) geschildert wird. Standing Bear sieht den berühmten Häuptling Sitting Bull in einem Theater in Philadelphia vor fast ausschließlich weißem Publikum. Während Sitting Bull auf Lakota davon spricht, dass er auf dem Weg nach Washington sei, um den Präsidenten der Vereinigten Staaten zu treffen und ihm zu sagen, dass er sich eine

„weiße" Erziehung für die Kinder der „Indianer" wünsche, weil es keine Büffel und kein Wild mehr gäbe, gibt der englische Übersetzer Sitting Bulls Rede als Bericht über die Schlacht am Little Big Horn wieder. Er behauptet fälschlicherweise, dass Sitting Bull der „Indianer" gewesen sei, der General Custer getötet habe, und bietet dem Publikum an, diesem Mann die Hand zu schütteln. Standing Bear kommentiert:

> The whole audience got in line, as they really believed what the white man had told them. It made me wonder what sort of people the whites were, anyway. Perhaps they were glad to have Custer killed, and were really pleased to shake hands with the man who had killed him! (STANDING BEAR [1928] 2006: 185/186)

Später wird Sitting Bull von Standing Bear im Hotel besucht, doch weil der Übersetzer anwesend ist, gibt es keinen Austausch über die Lügen, die dieser auf der Bühne verbreitet. Das ist die Situation, auf die Vizenor Bezug nimmt, wenn er davon spricht, dass sich der 'postindian' aus den Erfindungen der Stämme erhebe, um der Abwesenheit des Realen mit Theateraufführungen (*theatrical performances*) zu widersprechen (vgl. VIZENOR 1994: 5). Die ‚Präsenz' des Indigenen ergibt sich demnach nicht aus einer Rückkehr zu vermeintlichen Wurzeln, sondern aus dem Bruch zwischen zwei Repräsentationen, die paradoxerweise zugleich ablaufen und Indigenität unterschiedlich in Szene setzen: Auf der einen Seite steht die fremdbestimmte Inszenierung des '*indian*', der sowohl als ‚großer Kämpfer' als auch – wegen der theatralen Rahmung – als ‚gezähmter Wilder' dargestellt wird und in diesem Vorgang der Ästhetisierung (d.h. in der Transposition auf die Bühne) bereits sein reales Verschwinden vorwegzunehmen scheint. Auf der anderen Seite steht die selbstbestimmte Inszenierung des 'postindian', die gegen den Mythos des Verschwindens die "survivance" indigener Kultur sowohl im Wandel als auch in der Fortdauer – z.B. der von Sitting Bull gesprochenen Sprache – öffentlich aus- und aufführt. Sieht das vornehmlich weiße Publikum in Philadelphia vor allem den '*indian*', erkennt Standing Bear den 'postindian' und macht diesen für die Nachwelt lesbar; mehr noch: Indem er den Bruch zwischen den parallel laufenden Inszenierungen exponiert, gewinnt er selbst eine ‚postindianische' Position der Dominanz über das ‚belogene' Publikum, wie sie sich in seiner ironischen Erzählhaltung ausdrückt.[3]

In diesem Beispiel stellt sich Theater – mit der Ästhetisierung des '*indian*' – als paradigmatischer Ort kolonialer Wahrnehmungsmuster und Machtstrukturen, aber auch als sprichwörtliche Bühne dar, auf der eine ‚postindianische' Identität konstruiert werden kann.[4] Dadurch sind zwei gegenläufige Bewegungen an einem Ort ineinander gebunden, die sich mit Vizenor zum einen als "dominance" und "absence of the real" sowie zum anderen als "survivance" und "recreation of the real" bezeichnen lassen. Diese Ambivalenz entspricht dem, was Shannon Jackson den „flexiblen Essentialismus" von Theater genannt hat: dass in Diskursen über Theater die ‚Gefahr', die von dieser Kunstform und kulturellen Praxis angeblich ausgeht, sowohl damit begründet wird, dass

---

[3] Die hier skizzierte Möglichkeit ambivalenter Verschiebungen, Aneignungen und Enteignungen von Handlungsmacht (*agency*) im Kontakt verschiedener Kulturen – wie zwischen Sitting Bull und seinem vorwiegend angloamerikanischen Publikum – untersucht der Theaterwissenschaftler Christopher Balme am Beispiel ‚pazifischer Performances' (vgl. BALME 2007).

[4] Zu Theater und Drama als Ort indigener Identitätskonstruktionen vgl. auch den Beitrag von Däwes in diesem Band.

Theater der Ort des Künstlichen sei als auch damit, dass es reale Körper versammle (vgl. JACKSON 2003). Wie ich im Folgenden argumentieren möchte, entfalten sich der Mehrwert und das kritische Potential des Theaterdiskurses bei Vizenor gerade im Oszillieren zwischen verschiedenen Positionierungen von Theater. Ich zeige dies zunächst an Vizenors Aufsatzsammlung *Fugitive Poses*: *Native American Indian Scenes of Absence and Presence* (1998) bevor ich – in einem zweiten Schritt – an der US-amerikanischen Theatergeschichte des 19. Jahrhunderts die versuchte Enteignung von Indigenität skizziere, die den Rahmen für Vizenors Diskussion des 'postindian' bildet. Insbesondere gehe ich dabei, am Beispiel von John Augustus Stones *Metamora*; *or, the Last of the Wampanoags* (1829), auf die Gattung des sogenannten *Indian play* ein. Diese ist nicht nur als paradigmatischer Produktionsort des *'indian'* von Interesse, sondern – mit Blick auf Vizenors Theaterdiskurs – aufgrund der Reibungen und Brüche, die bei dieser Produktion als einem performativen Akt der Identitätsfindung (für die Siedlerkultur) bzw. -zuschreibung (für die indigene Bevölkerung) eine Möglichkeit alternativer ‚Identitätstheater' eröffnen.

2.

Bereits für den Titel von *Fugitive Poses*: *Native American Indian Scenes of Absence and Presence* greift Vizenor auf zwei Begriffe zurück, die einen historischen Bezug zu Theater und theatralen Praktiken besitzen: Erstens Szene (*scene*), das im Englischen stärker noch als im Deutschen zugleich auf die Bühne und die sich dort abspielende Handlung oder Situation zwischen Akteuren verweist (KOTTMAN 2008: 10/11) – und zweitens der Begriff Pose. Wird dieser heute und auch bei Vizenor vorwiegend mit dem Medium Photographie assoziiert (vgl. VIZENOR 1998: 145–165), findet er sich als *posa* in tanztheoretischen Traktaten seit dem 15. Jahrhundert, wo er einen Moment des Innehaltens in der Bewegung bedeutet (HUSCHKA 2000: 245–255). In jüngerer Zeit sind aus theater- bzw. tanzwissenschaftlicher Perspektive sowohl Pose als auch Szene als Schlüsselbegriffe interdisziplinärer Studien vorgeschlagen worden (vgl. Kottmann 2008, BRANDL-RISI ET AL. [Hg.] 2012). Zu diesen Begriffen treten im weiteren Verlauf von Vizenors Aufsatzsammlung Tragödie, Drama, Dramatis Personae und ‚Theater' selbst hinzu.

Es entspricht der begriffsgeschichtlichen Komplexität von Theater zwischen metaphorischem Modell, rhetorischem Instrument, vielfältiger kultureller Praxis und ‚schöner Kunst' (vgl. SCHRAMM 1990), dass Vizenor diese – vornehmlich dem westlichen Theaterdiskurs entlehnten – Begriffe nicht in erster Linie auf konkrete Institutionalisierungen von Drama und Theater zurückbezieht. Er benutzt theatrale Begriffe aber auch keineswegs in einem klar bestimmten übertragenen Sinn, wie es etwa Erving Goffman tut, für den das bürgerliche Theater zu einem allgemeingültigen Beschreibungsmodell soziologischer Interaktion wird (GOFFMAN 1959). Gerade an Vizenors Verwendung des Wortes Theater lässt sich zeigen, dass sein Theaterdiskurs allgemein keine definitorische Substanz gewinnt, sondern bewusst funktional bzw. relational eingesetzt wird, ähnlich der 'mise en scène' von Begriffen in den Arbeiten Jacques Derridas (vgl. BACHMANN 2009: 214/215).

Zum einen taucht ‚Theater' in Bezug auf andere Autoren auf: Erstens in der knappen Auseinandersetzung mit Michel Serres' Dialektik von theatraler Überwachung und naturwissenschaftlicher Beobachtung (VIZENOR 1998: 25; vgl. SERRES 1998: 43–61); zweitens in der Übernahme von René Girards an der griechischen Tragödie und an Shakespeares Theater explizierten Theorie mimetischen Begehrens (VIZENOR 1998: 28–32; vgl. GIRARD 1991; 1999); drittens in der – an Baudrillard geschulten – Interpretation des Kafkaschen ‚Theaters von Oklahoma' als Simulation eines utopischen Naturzustands, die verbirgt, dass es sich um ein Theater indigener Abwesenheit handelt (vgl. VIZENOR 1998: 108–118). Zum anderen eröffnet Vizenor – eingebettet in die Trias Kafka/Baudrillard, Serres und Girard – acht eigene (nicht nur) theoretische Theater, die er als "native theater[s] of identities" (VIZENOR 1998: 89) bezeichnet: Es seien dies die Theater der Zulassung (*concession*), der Erfindung (*creation*), des Verhaltens (*countenance*), der Genealogien, der Papiere (*documents*), der Situationen, der Trickster-Geschichten und des Opfertums (*victimry*). In einem Gesprächsband mit A. Robert Lee fügt Vizenor diesen acht ‚Theatern' das der Zukünftigkeit (*futurity*) hinzu (VIZENOR/ LEE 1999: 154). In allen ‚Identitätstheatern' geht es um Möglichkeiten der Aus- und Aufführung von Indigenität, die der Begriff 'Performance' in seiner – neben weiteren Bedeutungsfacetten – wichtigsten Doppelbedeutung als (theatrale) Aufführung und wirklichkeitskonstituierende Handlung umfasst (vgl. FISCHER-LICHTE 2004: 31–57). Wenngleich Vizenor den Performance-Begriff an dieser Stelle von *Fugitive Poses* nicht – wie generell kaum – gebraucht, zeigen seine Beispiele, dass es ihm tatsächlich um "'[…] native theaters' for the performance of identity" geht, wie Scott Richard Lyons schreibt (LYONS 2010: 97/98).

Was ist der Mehrwert des hier verwendeten Theater-Begriffs gegenüber dem in den Kulturwissenschaften gebräuchlicheren Wortfeld *performing/performance*? Der kulturwissenschaftliche Performanz-Begriff verweist auf die grundsätzliche Prozessualität der (niemals als abgeschlossen zu verstehenden) Identitätsbildung; er setzt aber nicht voraus, dass diese Prozessualität in ihrer Unabgeschlossenheit wahrgenommen wird. Damit einher geht bisweilen eine Verkürzung des Performanz-Begriffs, der z.B. Identitätsbildung zwar als prozessual und konstruiert begreift, aber das subversive Potential verliert, das in der theaterwissenschaftlichen Begriffsbildung mit dem Oszillieren zwischen *Performance* als ‚Aufführung' und ‚Ausführung/Handlung' gegeben ist. Diese Dimension wird in Vizenors vielfältigem 'theater of identities' rekonstituiert. Insofern dieses ‚Theater' Relationen zu den anderen Theater-Begriffen der Essays unterhält, stellt es die Performanz indigener Identität buchstäblich aus. Es tut dies erstens in Bezug auf koloniale Wahrnehmungsmuster und Machtstrukturen (*d.h. hinsichtlich der Beziehung zwischen ‚Rolle' und ‚Zuschauer'*) sowie zweitens in Bezug auf die Frage von Inszenierung und Realität (*d.h. hinsichtlich der Beziehung zwischen ‚Akteur' und ‚Rolle'*).

Für Vizenor findet jede indigene Identitätsbildung in einem theatralen Raum statt, da sie immer für und vor Zuschauern geschehe: "My assurance of the theaters", erklärt er im Gespräch mit A. Robert Lee,

> is that natives and especially *indians* have always had an audience […] The theaters, in an aesthetic sense, are the piecemeal estates of native identity. We imagine ourselves in the presence of an audience. (VIZENOR/LEE 1999: 153).

Mit Serres' Ausführungen über panoptische Theorie kommt eine Bedeutungsebene von Theater ins Spiel, die jenes als Paradigma für ein Überwachungssystem versteht, in dem die ‚realen Objekte' nicht mehr zu sehen sind (vgl. SERRES 1998: 43–61). Stattdessen wird dort der '*indian*' in Bezug auf koloniale Wahrnehmungsmuster und Machtstrukturen formiert (vgl. VIZENOR 1998: 25; 28). Aufgrund seines Simulationscharakters stellt der '*indian*' zwar ein Konstrukt dar, doch dieses kann nicht einfach z.B. durch wissenschaftliche Arbeit entfernt werden, um den Blick auf die ‚realen Akteure' freizugeben. In Vizenors Lesart von Kafka *simuliert* dessen ‚Naturtheater von Oklahoma' eine integrale Gesellschaft von neu geschaffenen ‚Eingeborenen': Jeder sei willkommen in diesem „fast grenzenlosen" Theater eines imaginären Amerikas, wo man vergebens die Gipfel der Berge sucht und „zerrissene Täler" sich in der Ferne verlieren (KAFKA [1911–1914] 1983: 295–318). Diese Simulation verbirgt die Abwesenheit indigener Präsenzen, insofern sie Eingeboren-Sein nur als utopische Heimat der Siedler zu denken imstande ist (vgl. VIZENOR 1998: 117/118; 219).

Auf dieser Bedeutungsebene konstituiert Theater eine grundlegende und paradoxe Abwesenheit, die sich an Vizenors "theater of victimry" als einem der Identitätstheater in *Fugitive Poses* am besten erklären lässt:

> The natives in this theater are cast as representations, the racialist tropes of vanishment; the historical measures of dominance, concessions, desistance, and the vectors of durative victimry. (VIZENOR 1998: 91).

In diesem Theater wird indigene Identität als Opferposition – etwa in der Figur des „verschwindenden Indianers" – aus- und aufgeführt. Wenn Vizenor diesem '*indian*' keine Wirklichkeit außerhalb des Identitätstheaters zuweist, heißt dies keineswegs, dass er die vielfältigen Wege leugnet, in denen indigene Menschen unterdrückt, vernichtet und zu Opfern gemacht wurden. Vielmehr geht es ihm darum, dass noch die Zuschreibung des Opfer-Status ein koloniales Konzept ist, das so keine Entsprechung etwa in der Sprache der Anishinaabe finde (VIZENOR 1998: 94).

Die bisherigen Ausführungen könnten den Eindruck erwecken, dass Vizenor an einem antitheatralen Diskurs partizipiere (vgl. BARISH 1981), der bei ihm in dem Sinne ausgeprägt wäre, dass der Begriff Theater *nur* die grundsätzliche Künstlichkeit indigener Identitätsbildung noch dazu in Abhängigkeit von kolonialen Wahrnehmungs- und Machtstrukturen figuriere. Dem widerspricht die Dialektik von Anwesenheit und Abwesenheit, die im Titel von *Fugitive Poses* mit den Begriffen Pose und Szene verknüpft ist.[5] Für Roland Barthes sind Photographie und Theater über die ‚Pose' miteinander verwandt, insofern diese in enger Beziehung zum Tod steht: "la Photo est comme un théâtre primitif, comme un Tableau Vivant, la figuration de la face immobile et fardée sous laquelle nous voyons les morts" (BARTHES [1980] 2002: 813). Wer eine ‚posierende' Haltung einnimmt, schafft sich einen neuen Körper, der in seiner inszenierten Lebendigkeit zugleich einen Vorgang der ‚Abtötung' voraussetzt (vgl. BARTHES [1980] 2002: 796–800). Wie Jens Ruchatz mit Bezug auf den belgischen Kunsthistoriker Thierry de Duve schreibt, weiß man bei der Pose „um die Bewegungslosigkeit auf der

---

[5] Zur Dialektik von An- und Abwesenheit vgl. – im Kontext von Holocaust-Darstellungen – BACHMANN 2010 sowie, spezifisch für Tanz und Theater, SIEGMUND 2006; für das Flüchtige (fugitive) als tanztheoretischer Figur und politischer Kategorie vgl. KLEIN 2009.

referentiellen Ebene, doch die mit Leben quasi aufgeladene Stillstellung [evoziert] auf der Oberfläche dafür Lebendigkeit" (RUCHATZ 2008: 110). Hier kommt es zu einer entscheidenden Verschiebung gegenüber dem Simulations-Begriff von Baudrillard. Wie in der Simulation des *'indian'* ist die Pose ein Konstrukt, das eine Lebendigkeit und Wirklichkeit suggeriert, für die es auf der referentiellen Ebene keine Entsprechung gibt.

Als *Simulation* würde der *'indian'* – in seiner Figuration als „aussterbender Indianer", „Indianer per Gesetz" o.ä. – zu einer vermeintlich vollen Präsenz, die ihre Abweichung zur Wirklichkeit verbirgt. Als Pose auf einer Bühne (*scene*) der An- und Abwesenheit bleibt das inszenierte Konstrukt durch referentielle Abwesenheit markiert: man ‚weiß' um die Bewegungslosigkeit, wo Lebendigkeit ‚evoziert' wird (vgl. RUCHATZ 2008: 110). Wie Rudolf zur Lippe über die Bedeutung der *posa* in tanztheoretischen Traktaten des 15. Jahrhunderts schreibt, ist sie das Prinzip einer „lebendigen Mitte": „*In dem Innehalten des Tanzenden als posa wird Tanz seiner selbst gewahr*" (LIPPE 1988: 102). Das kritische Potential des Theater-Begriffs bei Vizenor entfaltet sich in der dialektischen Verschränkung von ‚Lebendigkeit' und ‚Abtötung', ‚Flüchtigkeit' und ‚Stillstand', ‚Bewegung' und ‚Bewusstsein von Bewegung', für die die Figur der Pose steht. Sie erlaubt es, im ‚Theater der Identitäten' mitzuspielen ohne dem Konstrukt bzw. der Inszenierung eine vermeintlich ‚authentische Identität' gegenüberstellen zu müssen, die letztlich nur als Simulation – unter erneutem Ausschluss des Realen – zu haben wäre. An die Stelle des *'indian'* tritt bei Vizenor deshalb nicht das ‚Authentische', sondern der 'postindian' als Strategie und neues Konstrukt. Wie das Beispiel von Standing Bear/Sitting Bull gezeigt hat, ist das "theater of tribal consciousness […] the recreation of the real, not the absence of the real in the simulations of dominance" (VIZENOR 1999: 5). Die Einbettung des 'postindian' in ein als solches markiertes Identitäts*theater* gibt dessen Inszenierung eine wirklichkeitskonstituierende Kraft (*recreation of the real*), die weder auf die problematische Idee eines Ursprungs angewiesen ist noch den ausschließenden Charakter der Simulation gewinnt: Im bzw. als Theater bleibt die Performance des 'postindian' erkennbar eine Aufführung.

3.

Historisch gesehen ist die Inszenierung von Indigenität oft eingebettet in eine Geschichte der Enteignung. Kolonialmächte und Siedlergesellschaften streben eine Regulierung indigener performativer Praktiken an, die meist als ‚unzivilisiert' und ‚heidnisch' gebrandmarkt werden. Für Nordamerika gibt es entsprechende Verbote zunächst im missionarischen Kontext, etwa wenn John Eliot – der sogenannte Apostel der Indianer – 1646 mit seinen Konvertiten schriftlich ‚vereinbart', dass bestimmte Heilrituale als „Teufelswerk" unter Strafe gestellt werden (BELLIN 2008: 4). Im 19. Jahrhundert treten sowohl in den USA als auch in Kanada nationale gesetzliche Bestimmungen in Kraft, die sich gegen das richten, was der amerikanische Innenminister Henry M. Teller in seinem Jahresbericht 1883 „wilde Rituale und heidnische Bräuche" nennt:

> […] the old heathenish dances, such as the sun-dance, scalp-dance, &c. These dances, or feasts, as they are sometimes called, ought, in my judgment, to be discontinued, and if the

Indians now supported by the Government are not willing to discontinue them, the agents should be instructed to compel such discontinuance. (zit. nach BELLIN 2008: 5)

In den USA dienten die auf den Reservaten operierenden Courts of Indian Offenses als ein Instrument dieser Unterdrückung kultureller Ausdrucksformen,[6] die in Kanada mit dem – in veränderter Form – bis heute gültigen Indian Act (1876) reguliert wurden. besondere die Amendments von 1884 und 1895 richteten sich gegen rituelle performative Praktiken wie *Potlatches* und *Sun* bzw. *Thirst Dances*. Obwohl diese teilweise im Untergrund weiterliefen, durften sie erst ab den 1950er Jahren wieder offiziell praktiziert werden (DICKASON 1994: 286–289; 319–338).

Die versuchte Unterbindung indigener performativer Praktiken gehorchte in den USA wie in Kanada einer umfassenden Logik der Assimilation. Sie führte zu einer paradoxen Parallelentwicklung, bei der zum einen indigenen Menschen – in letzter Konsequenz – ein Überlebensrecht nur um den Preis vermeintlicher ‚Nicht-Indigenität' zugesprochen wurde. Richard Pratts Formel des kulturellen Assimilationszwangs bringt diese Politik in brutaler Schärfe auf den Punkt: "kill the Indian [...] and save the man" (PRATT [1892] 1973: 260/261).[7] Zum anderen nehmen die Siedlerkulturen für sich das Recht in Anspruch, die so entstandene ‚Leerstelle' des Indigenen mit ihren eigenen Setzungen zu füllen: Innerhalb der hier formulierten Logik der Assimilation gibt es für indigene Menschen keine Möglichkeit, ihre Indigenität selbst zu definieren. Als ‚traditionelle' Indigenität – wie auch immer diese aussehen mag – fällt sie dem Assimilationszwang anheim, als ‚assimilierte' Indigenität wird sie aus jener Perspektive nie als (selbstbestimmter) Wandel, sondern immer nur als (fremdbestimmte) Erziehung und Auslöschung des Indigenen verstanden. Unabhängig davon, dass eine ‚assimilierte' Position wie die des Ojibwe George Copway den Anspruch der Siedlerkultur auf kulturelle Hegemonie unterstützt, würde es deren Unterdrückung indigener Handlungsspielräume fortschreiben, wenn man sie *einzig* als Produkt und Motor des Assimilationszwangs begriffe. Copway schreibt 1850, dass Erziehung und Christentum für den ‚Indianer' das seien, was die Schwingen für den Adler sind: "They elevate him; and

---

[6] Die Courts of Indian Offenses wurden ab 1883 vom Bureau of Indian Affairs auf den Reservaten institutionalisiert. Obwohl die Richter den jeweiligen Stämmen angehörten, wurden sie von den Agenten des Bureaus ernannt und blieben meist von diesen abhängig. Wie Vine Deloria Jr. und Clifford M. Lytle schreiben, war der rechtliche Status jener Gerichte unklar. Mit Blick auf ihre Operationsweise sei es "difficult to determine whether they were really courts in the traditional jurisprudential sense of either the Indian or the Anglo-American culture or whether they were not simply instruments of cultural oppression since some of the offenses that were tried in these courts had more to do with suppressing religious dances and certain kinds of ceremonials than with keeping law and order" (DELORIA/LYTLE [1983] 2004: 95).

[7] Pratt, der 1879 die Carlisle Indian Industrial School in Pennsylvania gründete, erklärte 1892 auf einer Konferenz wie folgt: "A great general has said that the only good Indian is a dead one, and that high sanction of his destruction has been an enormous factor in promoting Indian massacres. In a sense, I agree with the sentiment, but only in this: that all the Indian there is in the race should be dead. Kill the Indian in him, and save the man" (PRATT [1892] 1973: 260/261). Dieses Erziehungsprogramm, dessen Erfüllung einem kulturellen Genozid gleichkommt, wurde in den USA wie in Kanada durch ‚Indianer-Internate' – sogenannte Indian Boarding Schools (USA) bzw. Residential Schools (Kanada) – betrieben. Für Kanada vgl. MILLER 2004: 82–103; 193–213.

these given to him by men of right views of existence enable him to rise above the soil of degradation, and hover about the high mounts of wisdom and truth" (zit. nach LYONS 2010: 62). Trotz ihres problematischen Anspruchs auf Missionierung ist die von Copway eingenommene Subjektposition, wie Scott Richard Lyons kommentiert, nicht weniger ‚authentisch' als andere (indigene) Identitäten. Kann sie in Bezug auf ihre politischen Implikationen kritisch mit anderen Indigenitätsentwürfen verglichen werden, macht sie dies jedoch nicht weniger ‚indigen' (vgl. LYONS 2010: 62/63).[8]

Demgegenüber versuchen die Siedlerkulturen, im Zuge des oben beschriebenen Assimilationsprozesses und seiner Geschichte der Enteignung, ‚das' Indigene gleichsam von außen zu fixieren. Dies geschieht mitunter durch Inszenierungen von Indigenität, die gerade für die USA des 18. und 19. Jahrhunderts ein äußerst komplexes Untersuchungsfeld darstellen. Das hängt mit einem – in seinen realen Effekten überaus ernsten – Spiel von Differenzsetzungen und Identifikationen zusammen. Wie sich paradigmatisch an John Augustus Stones heroischem Melodram *Metamora* (1829) zeigen lässt, werden die unter der Fehlbezeichnung ‚Indianer' zusammengefassten indigenen Menschen Amerikas zugleich als zu beseitigendes Hindernis und Projektionsfläche für die amerikanische Nationenbildung verstanden: Einerseits inszeniert Stones Theaterstück den Mythos des ‚verschwindenden Indianers' und lässt sich – wenngleich nicht so geradlinig wie bisweilen suggeriert – auf die Removal Policy unter Präsident Andrew Jackson beziehen, deren gesetzliche Grundlage mit dem Indian Removal Act von 1830 geschaffen wurde und die in viele tausende Todesopfer fordernde Zwangsumsiedlungen mündete.[9] Andererseits ist es kein Zufall, dass Edwin Forrest – der erste in den USA geborene (d.h. nicht aus Europa stammende) Schauspielstar auf den Bühnen der Vereinigten Staaten[10] – ausgerechnet einen Indianerhäuptling, nämlich den für ihn geschriebenen Metamora, zu seiner vielleicht bekanntesten Rolle machte. Forrest spielte Metamora ab 1829 fast vierzig Jahre lang mit großem Erfolg, und obwohl seine Figuration des Indianerhäuptlings im Zusammenhang mit Forrests Darstellung anderer, ‚nicht-indigener' Helden wie Spartacus oder Jack Cade gesehen werden muss (MCCONACHIE 2009: 201–204), wurde sie als paradigmatischer Ausweis seines Amerikaner-Seins interpretiert. Forrests Zeitgenossen beschrieben den von ihm vertretenen Schauspielstil im Gegensatz zu ‚europäischen' Modellen, die ebenfalls auf den Bühnen der USA zu sehen waren. In einem typischen Zitat unterscheidet der Theaterkritiker der New Yorker Kulturzeitschrift *Albion* 1848 zwischen dem Konventionalismus der englischen Bühne und der vermeintlichen Freiheit des ‚amerikanischen' Schauspielers:

---

[8] Der 1818 geborene Copway arbeitete als Missionar für die methodistische Kirche und veröffentlichte 1847 das erste Buch eines Angehörigen der kanadischen First Nations, seine erfolgreiche Autobiographie *The Life, History and Travels of Kah-ge-ga-gah-bowh* (George Copway). Kurz vor seinem Tod 1869 konvertierte Copway zum Katholizismus. Vgl. RUOFF 1994.

[9] Vgl. den Beitrag zur Zwangsumsiedlung von Dörr im vorliegenden Band. Für das Verhältnis von *Metamora* zur Removal Policy vgl. insbesondere GROSE 1985, MASON 1991 und LEPORE 1999, 191–215, sowie, kritisch zu dieser Lesart, MARTIN 1999 und MCCONACHIE 2009.

[10] Die geographische Einschränkung auf die USA ist wichtig, insofern die oft wiederholte Behauptung, dass Forrest der erste in Amerika geborene Schauspielstar sei, ignoriert, dass der in New York geborene afro-amerikanische Schauspieler Ira Aldridge, der sich in den USA nicht durchsetzen konnte, ab 1824 äußerst erfolgreich auf europäischen Bühnen spielte. Vgl. ROACH 1998: 352; 356–359.

Für ihn seien nicht mehr "the courtly guise, the old world conventionalism [...] and the polished graces that surround the great and high born" ausschlaggebend:

> His graces and dignity have been founded on other models – the free aboriginal of his country, erect and fearless in the freedom with which nature has endowed him, has afforded to this great actor lessons in the histrionic art, which the finished artists of Europe take only from the Court or the Salons. (zit. nach WILLIAMS 1998: 324)

Diesem Zitat folgend würde nicht nur Forrests Darstellung des Indianerhäuptlings, sondern sein Schauspielstil überhaupt – und damit gleichgesetzt die Performanz des Amerikaner-Seins schlechthin (auf der Bühne wie in der Gesellschaft) – das vermeintlich ‚Indigene' als Differenz-Merkmal zu Europa in sich aufnehmen. "In the early decades of the newly minted nation, an age obsessed with a search for American identity", so die Historikerin Jill Lepore,

> Edwin Forrest's theatrical performances were, in a sense, at the vanguard of establishing what it was to be American. [...] Yet, ironically, Forrest was most American when he played an *Indian*. Only by appropriating Indianness did Forrest most effectively distinguish himself from all that was English. Without its aboriginal heritage, America was only a more vulgar England, but with it, America was its own nation, with a unique culture and its own ancestral past. (LEPORE 1999: 199/200)

Damit verweisen *Metamora* und (die Beschreibungen von) Forrests Schauspielstil im Allgemeinen über die künstlerische Gattung der sogenannten *Indian plays* hinaus auf die kulturelle Praxis des *Playing Indian*, die Philip J. Deloria für die USA beschrieben hat. Beginnend mit der Boston Tea Party (1773), bei der als Indianer verkleidete weiße Amerikaner englischen Tee in den Hafen von Boston warfen, werden Fantasien des Indigenen inszeniert, die dadurch an Materialität und gegebenenfalls an ‚Authentizität' gewinnen (DELORIA 1998) – unabhängig davon, dass es sich um Praktiken der Enteignung und Überschreibung handelt.

Für *Metamora*, Forrest und die amerikanische Theatergeschichte des 19. Jahrhunderts ist in diesem Konnex von Nationenbildung, Identitätssuche und (kulturellem) Genozid bedeutend, dass sich ihre dominanten – d.h. die von der Siedlerkultur bestimmten – Inszenierungen von Indigenität und Nationalität[11] in gewisser Weise als *authentische* Fortschreibungen indigener Identität behaupten, ohne dass sie sich selbst als ‚indianisch' ausgeben. Insofern Theater einer ästhetischen Rahmung unterliegt, behaup-

---

[11] Der Theaterwissenschaftler Steve Wilmer weist zurecht darauf hin, dass neben die hegemonialen Nationalismen, die auf den (realen und metaphorischen) Bühnen des 19. Jahrhunderts verhandelt werden, alternative Inszenierungen treten, die – etwa für die USA – die reale Möglichkeit anderer Nationenbildungen eröffnen. Mit Bezug auf indigene Praktiken untersucht Wilmer die sich ab 1890 ausbreitenden Ghost Dances, die laut Wilmer nicht auf ihre religiösen Dimension reduziert werden können: "Although the Ghost Dance was a religious ritual, it was also a political performance, especially for the Lakota. The ideology that permeated the ceremony called for a new nation to be created, a nation that would bring back the buffalo, that would reunite the Indians, and that would make the whites disappear. [...] As in political theatre, the activities of the Ghost Dance were designed to confirm the faith of the believers and to convert the non-believers" (WILMER 2002: 97).

tet Forrest nicht, ‚Indianer' zu sein: Er *spielt* einen Indianerhäuptling, wenngleich das Verhältnis von ‚Spiel' und ‚Sein' als prekär wahrgenommen wird.[12] Zugleich aber markiert dieses Spiel einen kolonialen Gestus der Enteignung, der darüber hinaus reicht, dass sich die Siedlerkultur das Recht zur Repräsentation der *indians* zuschreibt. Die Enteignung besteht auch darin, dass dieses Spiel die Performanz, im doppelten Sinn von Aus- und Aufführung, eines Wandels anstrebt: Die – wie Forrest – auf dem amerikanischen Kontinent geborenen Kinder von Siedlern, aus deren männlicher Hälfte das Kernpublikum des Schauspielers besteht (MCCONACHIE 2009: 197), werden zu neuen Eingeborenen erklärt und als solche legitimiert, ganz im Sinne von Vizenors Diskussion des Kafkaschen ‚Naturtheaters von Oklahoma'. Sie besetzen die angebliche ‚Leerstelle' des Indigenen nicht nur, weil sie diese mit der (ästhetischen) Erfindung des '*indian*' füllen, sondern auch, weil das Amerikanisch-Sein wie es Forrest – angeblich in Fortschreibung des "free aboriginal of his country" – verkörpert, die ‚alte' Indigenität der sogenannten Indianer in sich aufzuheben beansprucht und damit auslöscht.

Diese Enteignungskette bildet sich mit Bezug auf *Metamora* u.a. dadurch ab, dass die Uraufführung im New Yorker Park Theater (15. Dezember 1829) mit einem Epilog endet, der den Autor Stone als "native bard" und Forrest als "native actor" feierte, die "a native picture to your view" gegeben hätten (zit. nach LEPORE 1999: 199/200). Vollzieht der Epilog eine Gleichsetzung der verschiedenen Bedeutungen des Wortes 'native', zeigt sich der Legitimationsbedarf dieser linguistischen Operation an zahlreichen Berichten, in denen behauptet wird, dass ‚indianische' Delegationen Aufführungen von *Metamora* besucht und durch ihre Zustimmung als vermeintlich ‚authentische' Repräsentation gleichsam autorisiert hätten. Zu einer Aufführung im Tremont Theatre (Boston) am 6. November 1833 schreibt Forrests Biograph William Alger 1877, dass eine Gruppe Penobscot "so excited by the performance" gewesen sei, "that in the closing scene they rose and chanted a dirge in honor of the death of the great chief" (zit. nach LEPORE 1999: 212). Die erhaltenen Rezensionen zur Bostoner Aufführung erwähnen ein solches Klagelied nicht, sondern weisen nur darauf hin, dass die Penobscot keine Reden (für die ‚indianische Sache') gehalten hätten – ihre Anwesenheit ist jedoch unumstritten (vgl. LEPORE 1999: 212–215). In anderen Fällen wurde der ‚indianische' Theaterbesuch zu Werbezwecken schlichtweg erfunden. So annonciert das National Theatre in Washington 1836 anlässlich einer Aufführung von Custis' Indianerstück *Pocahontas; or, The Settlers of Virginia* (1830), dass

---

[12] Wie prekär das Verhältnis von Spiel und Sein im Theater ist, zeigt sich insbesondere an einer oft zitierten Begebenheit in Georgia 1831. Das dortige Publikum bezog Metamoras Fluch gegen den ‚weißen Mann', den er – sterbend – am Ende des Stückes ausspricht, auf die Politik des Staates Georgia gegen seine indigene Bevölkerung. Darf man den zeitgenössischen Quellen glauben, spielte Forrest aus der Perspektive dieses Publikums nicht einfach, sondern war Metamora im Sinne einer Identifizierung mit der ‚indianischen Sache'. So befand ein lokaler Richter, dass es sich um eine Überschreitung des ästhetischen Rahmens handle: "Any actor who could utter such scathing language, and with such vehemence, must have the whole matter at heart. Why, his eyes shot fire and his breath was hot with the hissing of his ferocious declamation. I insist upon it, Forrest believed in that d----d Indian speech, and it is an insult to the whole community" (zit. nach LEPORE 1999: 204).

> *Ten Cherokee Chiefs*, the Delegation of the tribe, having been much gratified by the performance of the National Drama, and anxious to give it full effect, have most liberally offered their services and will this evening appear and perform their real *Indian War Dance*, exhibiting Hate, Triumph, Revenge, etc., and go through the *Ceremony of Scalping*. (*Washington Globe* vom 11. Februar 1836, zit. nach BANK 1997: 67)

Wenig später folgt ein Zeitungsbericht, dass der Cherokee Häuptling "John Ross and his 'merrie men'" diese Tänze und Zeremonien tatsächlich vollzogen und dadurch die weißen Schauspieler, "determined not to be outdone by their red allies", zur höchsten Authentizität angetrieben hätten (*Washington Globe* vom 13. Februar 1836, zit. nach BANK 1997: 67). Wiederum zwei Tage später druckt der *Globe* eine Gegendarstellung von John Ross, der mit seiner Delegation in Washington ist, um gegen die Removal Policy der Vereinigten Staaten zu demonstrieren. Ross schreibt, dass weder er noch seine Begleiter im Theater erschienen seien:

> We have been occupied with matters of graver import than to become the allies of white men forming the dramatis personae. We have too high a regard for ourselves – too deep an interest in the welfare of our people, to be merrymaking under our misfortunes (zit. nach BANK 1997: 68)

Anders als in dem von Luther Standing Bear beschriebenen Beispiel zum Auftritt von Sitting Bull findet der Deutungskampf zwischen '*indian*' und '*postindian*' hier jenseits der konkreten Theaterbühne statt, insofern der angebliche Auftritt ebenso wie der Nicht-Auftritt von Ross nur in der Zeitung und auf den Werbezetteln des Theaters stattfanden. Die ästhetische Rahmung des '*indian*', die Ross auf die Theaterbühne transponiert, entspricht – selbst wenn sie nur zu Werbezwecken erfolgt – dem Versuch, Ross von der politischen Bühne zu entfernen, so wie sein ‚postindianischer' Einspruch gegen diese Rahmung auf jene andere ‚Bühne' der Hauptstadt beharrt.

Weder bei Standing Bear/Sitting Bull noch bei Ross steht im Verhältnis von '*indian*' und '*postindian*' der vermeintliche Gegensatz von Authentizität und Inszenierung zur Frage, sondern eine Verschiebung des Blickwinkels bzw. – mit Bezug auf Vizenors ‚relationalen' Theaterdiskurs – eine Umfunktionierung von Theater. In beiden Fällen geht es darum, sich innerhalb des Theaters als Modell für den kolonialen Überwachungs- und Machtdiskurs (*indian*; VIZENOR mit Bezug auf SERRES) sowie dem Theater als Ort der Identitätsfindung der Siedlerkultur (*Metamora*; VIZENOR mit Bezug auf KAFKA/BAUDRILLARD) als '*postindian*' neu zu inszenieren. Die ‚Posen' werden mit Blick auf ein Publikum eingenommen, das für Vizenor – wie zitiert – die Unhintergehbarkeit der ‚Identitätstheater' begründet (vgl. VIZENOR/LEE 1999: 153). Geht es bei Standing Bear/Sitting Bull nicht zuletzt um eine temporal gedachte Verschiebung dieses Publikums im Bruch zwischen den parallel ablaufenden Inszenierungen Sitting Bulls – einem Bruch, den Standing Bears Beschreibung für die Nachwelt erkennbar macht –, versucht Ross ein anderes Publikum im Hier und Jetzt zu finden, eben im Wechsel des ‚Identitätstheaters' von der ‚ästhetischen' zur ‚politischen' Bühne.

Literatur

BACHMANN, MICHAEL (2009): Derrida on Film: Staging Spectral Sincerity. In ERNST VAN ALPHEN, MIEKE BAL und CAREL SMITH (Hgg.): *The Rhetoric of Sincerity*. Stanford: Standford UP, 214–229.
BACHMANN, MICHAEL (2010): *Der abwesende Zeuge. Autorisierungsstrategien in Darstellungen der Shoah*. Tübingen: Francke.
BALME, CHRISTOPHER (2007): *Pacific Performances. Theatricality and Cross-Cultural Encounter in the South Seas*. Houndmills/Basingstoke: Palgrave Macmillan.
BANK, ROSEMARIE K. (1997): *Theatre Culture in America, 1825–1860*. Cambridge, Mass.: Cambridge UP.
BARISH, JONAS (1981): *The Antitheatrical Prejudice*. Berkeley u.a.: U of California P.
BARTHES, ROLAND [1980]: La Chambre Claire. Note sur la Photographie. In *Oeuvres Complètes*. Hg. von Éric Marty. Paris: Ed. Seuil, 2002. Bd. V, S. 785–892.
BAUDRILLARD, JEAN (1978): *Agonie des Realen*. Übers. Lothar Kurzawa und Volker Schäfer. Berlin: Merve.
BELLIN, JOSHUA DAVID (2008): *Medicine Bundle. Indian Sacred Performance and American Literature, 1824–1932*. Philadelphia: U of Pennsylvania P.
BLAESER, KIMBERLY M. (1996): *Gerald Vizenor. Writing the Oral Tradition*. Norman: U of Oklahoma P.
BRANDL-RISI, BETTINA, GABRIELE BRANDSTETTER und STEFANIE DIEKMANN (Hgg.) (2012): *Hold It! Zur Pose zwischen Bild und Performance*. Berlin: Theater der Zeit.
DÄWES, BIRGIT (2007): *Native North American Theater in a Global Age: Sites of Identity Construction and Transdifference*. Heidelberg: Winter.
DELORIA, PHILIP J. (1998): *Playing Indian*. New Haven u. London: Yale UP.
DELORIA, VINE JR. und CLIFFORD M. LYTLE [1983] (2004): *American Indians, American Justice*. Austin: U of Texas P.
DICKASON, OLIVE PATRICIA (1994): *Canada's First Nations. A History of Founding Peoples from Earliest Times*. Toronto: McClelland & Stewart.
FISCHER-LICHTE, ERIKA (2004): *Ästhetik des Performativen*. Frankfurt a.M.: Suhrkamp.
GIRARD, RENÉ (1991): *A Theater of Envy. William Shakespeare*. New York u.a.: Oxford UP.
GIRARD, RENÉ [frz. 1972] (1999): *Das Heilige und die Gewalt*. Übers. Elisabeth Mainberger-Ruh. Frankfurt a.M.: Fischer.
GOFFMAN, ERVING (1959): *The Presentation of Self in Everyday Life*. New York u.a.: Anchor Books.
GROSE, B. DONALD (1985): Edwin Forrest, *Metamora*, and the Indian Removal Act of 1830. *Theatre Journal* 37:2, 181–191.
HUSCHKA, SABINE (2000): *Merce Cunningham und der Moderne Tanz. Körperkonzepte, Choreographie und Tanzästhetik*. Würzburg: Königshausen & Neumann.
JACKSON, SHANNON (2003): Theatricality's Proper Objects: Genealogies of Performance and Gender Theory. In TRACY DAVIS und THOMAS POSTLEWAIT (Hgg.): *Theatricality*. Cambridge: Cambridge UP.
KAFKA, FRANZ [1911–1914]: *Der Verschollene [Amerika]*. Kritische Ausgabe hg. von JOSEF SCHILLEMEIT. Frankfurt a.M.: Fischer, 1983.
KLEIN, GABRIELE (2009): Das Flüchtige. Politische Aspekte einer tanztheoretischen Figur. In SABINE HUSCHKA (Hg.): *Wissenskultur Tanz. Historische und zeitgenössische Vermittlungsakte zwischen Praktiken und Diskursen*. Bielefeld: transcript, 199–208.
KOTTMAN, PAUL A. (2008): *A Politics of the Scene*. Stanford: Stanford UP.
LEPORE, JILL (1999): *The Name of War. King Philip's War and the Origins of American Identity*. New York: Alfred A. Knopf.

LIPPE, RUDOLF ZUR (1988): *Vom Leib zum Körper. Naturbeherrschung am Menschen in der Renaissance.* Reinbek bei Hamburg: Rowohlt.
LYONS, SCOTT RICHARD (2010): *X-Marks. Native Signatures of Assent.* Minneapolis: U of Minnesota P.
MADSEN, DEBORAH L. (2009): *Understanding Gerald Vizenor.* Columbia: U of South Carolina P.
MARTIN, SCOTT C. (1999): Interpreting *Metamora*: Nationalism, Theater, and Jacksonian Indian Policy. *Journal of the Early Republic* 19(1): 73–101.
MASON, JEFFREY D. (1991): The Politics of *Metamora*. In SUE-ELLEN CASE und JANELLE REINELT (Hgg.): *The Performance of Power. Theatrical Discourse and Politics.* Iowa City: U of Iowa P, 92–110.
MCCONACHIE, BRUCE (2009): *Metamora*'s Revenge. In STEVE WILMER (Hg.): *Native American Performance and Representation.* Tucson: U of Arizona P, 193–204.
MILES, JOHN D. (2011): The Postindian Rhetoric of Gerald Vizenor. *College Composition and Communication* 63:1, 35–53.
MILLER, J.R. (2004): *Reflections on Native-Newcomer Relations. Selected Essays.* Toronto: U of Toronto P.
PRATT, RICHARD H. [1892]: The Advantages of Mingling Indians with Whites In FRANCIS PAUL PRUCHA (Hg.): *Americanizing the American Indians. Writings by the 'Friends of the Indian' 1880–1900.* Cambridge, Mass.: Harvard UP, 1973, 260–271.
ROACH, JOSEPH (1998): The Emergence of the American Actor. In DON B. WILMETH und CHRISTOPHER BIGSBY (Hgg.): *Cambridge History of American Theatre*, Bd. 1, 338–372.
RUCHATZ, JENS (2008): Zeit des Theaters/Zeit der Fotografie. Intermediale Verschränkungen. In HENRI SCHOENMAKERS ET AL. (Hgg.): *Theater und Medien. Grundlagen, Analysen, Perspektiven. Eine Bestandsaufnahme.* Bielefeld: transcript, 109–116.
RUOFF, A. LAVONNE BROWN (1994): George Copway. In ANDREW WIGET (Hg.): *Dictionary of Native American Literature.* New York: Garland Publishing, 217–222.
SCHRAMM, HELMAR (1990): Theatralität und Öffentlichkeit. Vorstudien zur Begriffsgeschichte von Theater. In KARLHEINZ BARCK ET AL. (Hgg.): *Ästhetische Grundbegriffe. Studien zu einem historischen Wörterbuch.* Berlin: Akademie-Verlag, 202–242.
SERRES, MICHEL [frz. 1985] (1998): *Die fünf Sinne. Eine Philosophie der Gemenge und Gemische.* Übers. Michael Bischoff. Frankfurt a.M.: Suhrkamp.
SIEGMUND, GERALD (2006): *Abwesenheit. Eine performative Ästhetik des Tanzes. William Forsythe, Jérôme Bel, Xavier Le Roy, Meg Stuart.* Bielefeld: transcript.
STANDING BEAR, LUTHER [1928]: *My People the Sioux.* New Edition. Lincoln: U of Nebraska P, 2006.
VIZENOR, GERALD (1990): *Interior Landscapes. Autobiographical Myths and Metaphors.* Minneapolis: U of Minnesota P.
VIZENOR, GERALD (1994): *Manifest Manners. Postindian Warriors of Survivance.* Hanover: Wesleyan UP.
VIZENOR, GERALD (1998): *Fugitive Poses. Native American Indian Scenes of Absence and Presence.* Lincoln: U of Nebraska P.
VIZENOR, GERALD und A. ROBERT LEE (1999): *Postindian Conversations.* Lincoln: U of Nebraska P.
WILLIAMS, SIMON (1998): European Actors and the Star System in the American Theatre, 1752–1870. In DON B. WILMETH und CHRISTOPHER BIGSBY (Hgg.): *Cambridge History of American Theatre.* Bd. 1, 303–337.
WILMER, STEVE (2004): *Theatre, Society and the Nation. Staging American Identities.* Cambridge, Mass.: Cambridge UP.

Fiktionen der Versöhnung? Keri Hulmes Roman *The Bone People* und das Waitangi-Tribunal

Mita Banerjee und Dieter Dörr

Der Staatsvertrag als Sozialvertrag

Das sogenannte Waitangi-Tribunal und der Roman der neuseeländischen Schriftstellerin Keri Hulme haben mehr gemeinsam, als es auf den ersten Blick scheinen mag. Denn beide machen es sich zur Aufgabe, eine Versöhnung zwischen Māori und Pākehā, zwischen den Ureinwohnern Neuseelands und den weißen Siedlern englischer Provenienz herbeizuführen.[1] Das Waitangi-Tribunal wurde 1975 ins Leben gerufen,[2] um erstmals zu prüfen, ob die britische Krone sich Vertragsverstößen gegen den 1840 mit den Māori geschlossenen Vertrag von Waitangi (Treaty of Waitangi) schuldig gemacht hatte. Der Vertrag von Waitangi, der am 6. Februar 1840 unterzeichnet wurde, ist in mehrfacher Hinsicht bemerkenswert. Unzutreffend ist zwar, dass er eines der wenigen Beispiele für einen Vertrag zwischen europäischen Mächten und indigenen Gemeinwesen darstellt bzw. solche Verträge lediglich im pazifischen Raum üblich gewesen seien, wie gelegentlich in der Literatur angenommen wird.[3] Vielmehr war die Praxis, mit überseeischen Gemeinwesen Verträge zu schließen, die nach Form und Inhalt denjenigen zwischen europäischen Mächten entsprachen, im 18. und 19. Jahrhundert auch in Nordamerika, wo alleine die USA über 370 Verträge mit Indianernationen schlossen, und in Afrika weit verbreitet (DÖRR 2013/2014: 490). Eine Besonderheit beim Vertrag von Waitangi liegt darin, dass er in zwei Sprachfassungen abgefasst wurde, die sich inhaltlich deutlich unterscheiden. In der englischen Fassung ist der Souveränitätsverzicht der Māori eindeutig, in der Māori-Version zweifelhaft. Die Unterschiede sind so groß, dass man durchaus von zwei verschiedenen Verträgen sprechen kann. Zudem umfasst der Vertrag lediglich drei Artikel und ist damit von ganz ungewöhnlicher Kürze. Darüber hinaus ist er der einzige Vertrag, den Großbritannien mit den Māori in Neuseeland geschlossen hat. Dies ist ein großer Unterschied gegenüber Nordamerika, wo bestehende Verträge immer wieder durch neue Verträge geändert wurden, mit denen die indigenen Gemeinwesen weitere Rechte aufgaben. Hinzu kommt, dass die Bedeutung dieses Vertrages bis heute andauert und seit den 70er Jahren des letzten Jahrhunderts noch zugenommen hat. So wird er heute von vielen als das Gründungsdokument der neuseeländischen Nation (EHRMANN 1999: 463) und als die Māori Magna Charta (MCHUGH 1991) angesehen. Das Waitangi-Tribunal trägt entscheidend dazu bei, dass

---

[1] Die Arbeit des Waitangi-Tribunals scheint in vielfacher Hinsicht der der Truth and Reconciliation Commission in Südafrika vergleichbar; das Waitangi-Tribunal hat jedoch weit weniger mediale Beachtung gefunden aus Gründen, die zu untersuchen über den Rahmen dieses Aufsatzes hinausgehen würde. Vgl. hierzu Antjie Krog et al., "The South African Truth and Reconciliation Commission (TRC): Ways of Knowing Mrs. Konile" (2008).

[2] Mit der Einrichtung des Waitangi-Tribunals reagierte die Regierung auf Aktivismusbewegungen der Māori, die die Einhaltung des Vertrags von Waitangi forderten (TIEMANN 1999: 134).

[3] EHRMANN 1999: 463.

der Vertrag weiterhin ein 'living document' für das Zusammenleben aller Neuseeländer darstellt. Wie Ulf Tiemann ausführt,

> Nicht nur die Gerichte haben die Māori-Rechte aus dem Vertrag von Waitangi definiert. Auch das Waitangi Tribunal hat diese Entwicklung beeinflusst. Seit seiner Einführung 1975 hat es sich mit diversen Ansprüchen verschiedener Stämme beschäftigt. Auf diese Weise ist es über 150 Jahren kolonialen Unrechts nachgegangen. (134)

Hierzu wurde durch den Treaty of Waitangi Act[4] ein Tribunal aus dem Chief Judge sowie zwei Beisitzern eingesetzt; der zweite, auf Vorschlag des Ministers für Māori-Angelegenheiten vom Generalgouverneur ernannte Beisitzer musste Māori sein (TIEMANN 1999: 135). Nach entsprechenden Ergänzungen durch Änderungsgesetze in den Jahren 1985[5] und 1988[6] hat das Tribunal zwei zentrale Aufgaben. Es soll sich mit Ansprüchen der Māori beschäftigen, wenn diese der Meinung sind, die Regierung habe den Vertrag von Waitangi verletzt. Nach entsprechenden Anhörungen kann das Tribunal Empfehlungen aussprechen, wie die Ansprüche zu befriedigen sind und wie Vertragsbrüche zu entschädigen sind. Diese Empfehlungen sind aber nicht rechtsverbindlich. Daher ist das Tribunal auch kein Gericht (EHRMANN 1999: 475 f.). Außerdem hat das Tribunal die Aufgabe, alle Gesetze auf ihre Vereinbarkeit mit dem Vertrag von Waitangi zu überprüfen. Auch insoweit darf es aber keine rechtsverbindlichen Entscheidungen treffen.

Die Angehörigen unterschiedlicher Māori-Stämme konnten und können vor dem Tribunal Sacherhalte darlegen, die sie für Vertragsbrüche hielten, und Wiedergutmachung fordern (TIEMANN 1999: 134). Das Tribunal wiederum kann das Anliegen der Kläger für begründet halten oder zurückweisen; jedoch ist es, wie gesagt, nur befugt, Empfehlungen auszusprechen, die die Krone, also Regierung oder Parlament, dann befolgen oder aber verwerfen kann. Tiemann führt in diesem Zusammenhang aus:

> Auch die parlamentarische Opposition votierte nicht gegen die Einrichtung des Tribunals. Sie tat dies jedoch nicht aus Überzeugung von seiner Notwendigkeit, sondern weil das Tribunal keine Befugnis haben sollte, gegenüber dem Parlament oder der Regierung bindende Entscheidungen auszusprechen. (134)

Kritiker sahen in der fehlenden Möglichkeit des Tribunals, verbindliche Entscheidungen auszusprechen, eine der wesentlichen Schwachstellen des Waitangi-Tribunals, dessen Befugnisse auch in anderer Hinsicht beschnitten seien. Das Waitangi-Tribunal, so meinten viele, sei nicht mehr als ein „zahnloser Tiger" (TIEMANN 1999: 138); die vermeintliche Versöhnung zwischen Māori und Pākehā sei somit schon gescheitert, ehe sie richtig begonnen habe. Den zweiten wichtigen Grund für die ‚Zahnlosigkeit' des Tigers der Versöhnung, der das Waitangi-Tribunal hätte werden können, sahen Skeptiker in der Zeitspanne der Ansprüche, die zu untersuchen das Tribunal berechtigt war. Denn das Waitangi-Tribunal durfte sich zunächst nur mit solchen Verstößen befassen, die

---

[4] New Zealand Statutes 1975, Vol. 2, No. 114, 825–833.
[5] Treaty of Waitangi Amendment Act, New Zealand Statutes 1985, Vol. 2, No. 148, 1335–1339.
[6] Treaty of Waitangi Amendment Act, New Zealand Statutes 1988, Vol. 4, No. 233, 2989–2996 sowie Treaty of Waitangi (State Enterprises) Act, New Zealand Statutes 1988, Vol. 2, No. 105, 881–902.

nach seiner Entstehung im Jahre 1975 geschehen waren. Da der Vertrag von Waitangi jedoch bereits 1840 geschlossen worden war und die überwiegende Mehrzahl der Verstöße deshalb in der Vergangenheit lag, erschien diese Maßgabe vielen als eine schiere Absurdität. Tiemann beschreibt die Sachlage so:

> Dem Tribunal war ausdrücklich verboten, jegliches Handeln oder Unterlassen der Regierungsorgane vor Inkrafttreten des Treaty of Waitangi Act [1975] zu überprüfen [...] Da allerdings die meisten Verstöße der Krone gegen den Vertrag in der Zeit vor 1975 geschahen, waren dem Tribunal anfänglich weitgehend die Hände gebunden. (137)

Diese Begrenzung in zeitlicher Hinsicht wurde aber durch die Änderungsgesetze von 1985 und 1988 aufgehoben. Nunmehr darf sich das Tribunal mit allen Ansprüchen der Māori befassen, wenn diese der Meinung sind, dass die Regierung oder das Parlament gegen den Vertrag von Waitangi seit 1840 verstoßen habe. Es wird also der gesamte Zeitraum seit dem Inkrafttreten des Vertrages erfasst.

Im Waitangi-Tribunal prallten zunächst zwei Rechtssysteme aufeinander:[7] das der weißen Siedler oder Pākehā, die ihre Landnahme durch einen Vertragsschluss mit den Ureinwohnern zunächst abgesichert, den Vertrag dann aber vielfach gebrochen hatten; und das der Māori, die nicht nur aufgrund der Vertragsbrüchigkeit der Krone den Glauben an das Rechtssystem der Pākehā längst verloren hatten und die somit vom Waitangi-Tribunal recht wenig erwarteten (TIEMANN 1999: 138).

Diese Kargheit der Erwartungen schien sich bei Einrichtung des Tribunals im Jahre 1975 zunächst zu bestätigen. Aus Sicht der Māori war schon der Ort der Verhandlung schlecht gewählt: Das Waitangi-Tribunal traf sich zunächst in einem Saal des Hotels Intercontinental in Auckland. An einem solchen Ort, der einem Tribunal, das über die rechtliche Grundlage der Versöhnung zweier wesentlicher Bevölkerungsgruppen[8] und somit über die Zukunft Neuseelands als Nation zu entscheiden hatte, wenig angemessen schien, fühlten sich die Māori-Kläger einigermaßen deplatziert. Das Waitangi-Tribunal, dem doch die Hoffnung auf Versöhnung und der Aufbruch in eine neue Zukunft, in der Māori und Pākehā gleichberechtigt über das Geschick der Nation befinden könnten, innewohnte, schien also zunächst von Anfang an zum Scheitern verurteilt. Tiemann führt aus:

> Problematisch war vor allem das Anhörungsverfahren. Dem Tribunal waren keine Verfahrensregeln vorgegeben. Daher hielt sich das Tribunal unter seinem damaligen Vorsitzenden, Chief Judge Gillanders-Scott, zunächst an das allgemein übliche Gerichtsprotokoll. Allerdings gewannen die Māori angesichts dieses förmlichen Anhörungsverfahrens

---

[7] Vgl. hierzu auch ALEX FRAME und PAUL MEREDITH, "Performance and Māori Customary Legal Process". Wie Alex Frame ausführt, kann es bei der Möglichkeit einer Synthese aus beiden Rechtssystemen nie nur um eine bloße Addition beider juristischer Epistemologien gehen; vielmehr gilt die Formel „1+1=3" (FRAME/MEREDITH 135). Frame und Meredith schreiben: "Alex Frame (2002) has used the shorthand expression '1+1=3' to describe that process and to emphasize that it would not involve either assimilation or extinction of the founding systems" (135).

[8] Untersuchungen über die ‚Versöhnungspolitik' Neuseelands betrachten meist lediglich das Verhältnis zwischen Māori und Pākehā; die Rolle anderer Bevölkerungsgruppen bleibt hier weitgehend außer Acht. Es ist somit bezeichnend, dass Keri Hulmes Roman mit der Figur des irischen Einwandererjungen Simon eine weitere Bevölkerungsgruppe in die Betrachtung mit einbezieht.

zunächst kein Vertrauen in das Tribunal. Auch die Anhörungsorte waren den Māori nicht vertraut. Sie führten zu Unbehagen. Temm empfindet es als bezeichnend für die kulturelle Insensibilität des Tribunals, dass die ersten beiden Anhörungen im Ballsaal des Hotel Intercontinental in Auckland stattfanden. (138)

Dies sollte sich erst ändern, als 1981 mit Chief Judge Edward Durie erstmals ein Māori den Vorsitz über das Tribunal übernahm. Versteht man das Waitangi-Tribunal als eine Institution der Versöhnung, so machte sich Richter Durie bei seiner Amtsübernahme daran, die Parameter dieser Institution neu zu konfigurieren: Er änderte zunächst den Sitzungsort des Waitangi-Tribunals, indem er ihn vom Hotel Intercontinental in ein Marae verlegte. Tiemann beschreibt:

> Diese wenig begeisterte Annahme des Tribunals in der neuseeländischen Gesellschaft und insbesondere in der Māori-Bevölkerung änderte sich 1981. Der Vorsitz des Tribunals wechselte von Chief Judge Gillanders-Scott auf Chief Judge Durie. Unter Edward Durie, selbst Māori und erster Ureinwohner, der zum Chief Judge des Māori Land Court berufen wurde, wandelte sich das Erscheinungsbild des Tribunals. Die Anhörungen wurden oftmals auf die *maraes*, die Versammlungsorte der Anspruchsteller, verlegt. (138)

Diese Entscheidung erwies sich für die Zukunft des Tribunals – und die Zukunft der Versöhnung zwischen Māori und Pākehā – als grundlegend. Denn im Waitangi-Tribunal griffen Recht und Repräsentation, griffen Jurisdiktion und kulturelle Bedingtheit untrennbar ineinander: Die Anliegen, die in der Klage der Māori zum Ausdruck kamen, waren mit den kulturellen Vorannahmen und der Sprache und Bilderwelt, in denen die Anliegen vorgebracht wurden, untrennbar verbunden. Die zunächst scheinbar triviale Veränderung des Raumes, des 'Settings' des Waitangi-Tribunals, hatte somit weitreichende Folgen, die Richter Durie sehr wohl mit einkalkuliert hatte: Denn in dem Moment, in dem der Ort der Anhörung sich vom Hotel zum Marae wandelte, mussten nicht nur die antragstellenden Māori, sondern auch die Antragsgegner, musste das gesamte Tribunal dem sogenannten Māori protocol, dem Māori-Kodex angemessenen Verhaltens, folgen. Wie Tiemann weiter ausführt:

> Die Gerichtssaalatmosphäre verschwand. Māori konnten sich zu ihren Ansprüchen frei äußern. Außerdem änderte das Tribunal sein Verhandlungsprotokoll. Das Tribunal stellte sich auf die Sitten der Anspruchsteller ein. Dazu passte es sich dem auf dem jeweiligen *marae* geltenden Protokoll an. Die Anspruchsteller konnten nun in *Te Reo Māori* vortragen, wenn sie es wünschten. Der Vortrag wurde erst übersetzt, wenn der Anspruchsteller ihn beendet hatte. Eine Simultanübersetzung wäre nämlich mit der Unterbrechung des Vortragenden verbunden. Dies wird nach Māori-Sitte als unhöflich empfunden. (139)

Das Marae wiederum wurde zu einem Ort, in dem Recht und Religion, Rechtsprechung und kulturelle Bedeutung ineinander übergingen. Das Marae als religiöser Ort wurde gleichzeitig zum weltlichen Ort, und doch blieben beide Bedeutungen des Marae erhalten. Denn es war eine wesentliche Aufgabe des Tribunals, *juristische* Ansprüche der Māori auf Wiedergutmachung *kulturell* zu begründen. Hierfür mag die Anhörung des Motunui-Waitara Claim von 1982 gelten: Der Stamm der Te Ātiawa beklagte die Verschmutzung des von ihnen zum Fischfang genutzten Waitara-Flusses durch die Nutzung des Flusses durch die Kläranlage von Waitara sowie die geplante Einleitung von Industrieabwässern (TIEMANN 1999: 143). Diese Klage war aus Sicht der Pākehā-Beklagten unbegründet, denn die Abwässer wurden erst dann wieder eingeleitet, nachdem sie geklärt worden waren (TIEMANN 1999: 143). Dennoch konnte die Klage der Te Ātiawa deutlich machen, dass das chemische Moment der Klärung für ihre religiös und kulturell bedingte Vorstellung der Sauberkeit des Wassers ohne Belang sei; denn durch die der Klärung vorangegangene Verschmutzung sei das Wasser unwiederrufbar mit einem *tapu*, mit einem Tabu belegt worden. Es scheint bemerkenswert für die Verzahnung zwischen Recht und Repräsentation, wie sie dem Waitangi-Tribunal seit der Amtsübernahme von Richter Durie 1981 zugrunde lag, dass sich das Tribunal der Sichtweise der Te Ātiawa anschloss: Der Fluss sei aus Sicht der Kläger für ihre kulturelle Lebensweise unbrauchbar geworden; hieraus leiteten sich Handlungsvorgaben für die Zukunft ab, denn ein wesentliches Anliegen des Waitangi-Tribunals war es nicht nur, in der Vergangenheit geschehenes Unrecht durch eventuelle Reparationszahlungen auszugleichen, sondern auch, Verstößen in Zukunft vorzubeugen: „Das Tribunal legte an diesem Punkt großes Gewicht auf die spirituellen und kulturellen Werte, die der Stamm mit dem Fischfang und dem Meer verbindet. Daher folgte das Tribunal der Auffassung des Stammes, dass das Wasser auch im geklärten Zustand als ‚verschmutzt' anzusehen sei" (TIEMANN 1999: 143).

Ein weiteres Ziel des Waitangi-Tribunals war und ist es somit, eine Brücke zwischen Vergangenheit und Zukunft zu schlagen: Es ging um nichts weniger als die Zukunft des Landes Neuseeland, in dem das Zusammenleben von Māori und Pākehā auf eine neue Grundlage gestellt werden musste. Dazu musste zunächst neu definiert werden, worum es sich bei dem ursprünglichen Vertrag von Waitangi überhaupt handelte: Nach Ansicht des Tribunals handelte es sich nicht nur um einen völkerrechtlich bindenden Vertrag, sondern auch um einen Sozialvertrag (TIEMANN 1999: 151). Wie die Richter des Waitangi-Tribunals herausstellten, lag in der Verbindung zwischen Recht und Repräsentation, zwischen Sprache und Kultur schon der Ursprung einer möglichen zukünftigen Entrechtung der Māori durch die Krone. Denn der Wortlaut und der Inhalt der englischen Vertragsversion unterschieden sich substantiell von der Vertragsversion, die die Māori unterschrieben. Tiemann bemerkt hierzu:

> Die Untersuchung der Vertragstexte zeigt, dass die beiden Vertragstexte in wesentlichen Punkten voneinander abweichen. Die Briten gingen davon aus, die Māori hätten ihnen durch den Vertrag die Souveränität über Neuseeland abgetreten. Die Māori schlossen den Vertrag hingegen in der Annahme, sie würden ihre Souveränität behalten und mit dem *kāwanatanga* lediglich Regierungskompetenzen an die britische Krone abgeben. (29)

So war es für die Māori-Stämme ein wesentlicher Grundstein für eine neue mögliche Zukunft des Zusammenlebens mit den Pākehā, dass sich Elisabeth II. 1995 offiziell für Verstöße gegen den Waitangi-Vertrag entschuldigte. Mit dieser direkten Entschuldigung wurde auch der Status der Māori innerhalb Neuseelands noch einmal affirmiert: Denn es handelte sich aus Sicht der Māori bei Vertragsschluss um ein Abkommen von Souverän zu Souverän: Diese Souveränität der Māori wurde nun 1986 erneut bestätigt, als sich die britische Königin persönlich bei den Tainui entschuldigte:

> Auf Initiative der Tainui gab die britische Königin Elizabeth II am 3. November 1995 persönlich die königliche Zustimmung (Royal assent) zum Waikato Raupatu Claims

Settlement Act 1995. Durch dieses Gesetz wurde die Vereinbarung allgemeinverbindlich und die Entschuldigung der Krone rechtskräftig. Die persönliche Entschuldigung der Königin war für die Tainui von großer symbolischer Bedeutung, denn sie bekräftigte die im Vertrag angelegte persönliche Verbindung zwischen den Tainui und dem Souverän. (156)

Keri Hulmes Roman The Bone People *als eine Fiktion der Versöhnung*

Was hat aber all dies mit Keri Hulmes 1984 erschienenem Roman *The Bone People* zu tun? Die Verbindung scheint zunächst pragmatischer Natur: die Arbeit an dem Roman, die von 1975 bis 1979 dauerte, wurde aus Mitteln des Māori Trust Fund finanziert. Viel wichtiger jedoch ist die Rezeption von Hulmes Erstlingsroman, der 1985 mit dem renommierten Booker-Preis ausgezeichnet wurde. Denn der Roman, der zunächst von drei Verlagshäusern abgelehnt worden war, wurde bei seiner Veröffentlichung als ein literarischer Aufbruch Neuseelands in eine neue Zukunft gefeiert, in der Māori und Pākehā erstmals gemeinsam die Geschicke der Nation verhandeln würden, als ein Roman, der von einer neuen, gemeinsamen Zukunft künde, verfasst von einer Schriftstellerin, die selbst Māori-Wurzeln hat. Wie der Klappentext beschreibt, "Keri Hulme has Kāi Tahu, Orkney Island and English ancestry". Von Beginn an wurde Hulmes Roman als ein Werk der Versöhnung gefeiert, in dessen fiktionalem Rahmen Māori und Pākehā erstmals an einem Tisch saßen: Diese Gemeinsamkeit wiederum wurde als die Quintessenz des neuen Neuseeland verstanden (MERCER 2009: 112).

Diese Geste der Versöhnung wiederum schien zunächst in Hulmes *cast of characters*, in der Zusammenstellung der handelnden Figuren, begründet: *The Bone People* beschreibt eine neue neuseeländische Familie, deren Kennzeichen es ist, dass sie zunächst gar keine Familie im eigentlichen Sinne zu sein scheint: Da ist Kerewin, die abstammungsmäßig nur zu einem Achtel Māori ist, aber sich dennoch als Māori fühlt, und die nach einem Lotteriegewinn "independently wealthy" geworden ist; da ist Joe, ein Māori, der in einer Fabrik arbeitet, und nach dem Tod seiner Frau und seines einjährigen Sohnes zum Alkoholiker geworden ist; und da ist der stumme irischstämmige Waisenjunge Simon, der traumatisiert ein Schiffsunglück überlebt hat, und der von Joe adoptiert wurde.[9] Wenn also der Vertrag von Waitangi als Sozialvertrag gelesen werden kann, wie sähe Keri Hulmes fiktionaler Sozialvertrag aus? Zunächst einmal scheinen alle Vertragsparteien vertreten zu sein, aber dies dennoch in unterschiedlicher Form, denn keiner der Figuren ist ‚nur' Pākehā, und die britische Krone ist gar nicht im Bild: Kerewin sieht zwar weiß aus, fühlt sich aber als Māori, und Simon ist irischstämmig, nicht englisch. Die *whiteness* der Pākehā ist in *The Bone People* seltsam verwischt, und diese Verwischung scheint ihrerseits programmatisch: Denn es handelt sich bei Hulmes fiktionalem Sozialvertrag um einen auf die Zukunft gemünzten Vertrag. Gleichzeitig aber, so hat Erin Mercer mit ihrer Analyse des Romans angeführt, hat die Rezeption vorschnell von der *cast of characters*, von der bloßen Figurenkonstellation, auf die

---

[9] Weil Simons Herkunft nie geklärt und seine Eltern nicht gefunden werden konnten, ist die Adoption nicht im eigentlichen Sinne rechtskräftig; dies wird für den Ausgang der Romanerzählungen tiefgehende Folgen haben.

Politik der Versöhnung geschlossen, wie sie in Hulmes Roman, der eigentlichen Geschichte, doch zum Ausdruck kommen müsste. Mercer schreibt:

> The ecstatic reception of Keri Hulme's 1984 Booker Prize-winning novel *the bone people* is inextricably linked to its interpretation as a fundamentally New Zealand novel capable of creating a new national identity in bicultural terms. As Simon During pointed out in 1985, its phenomenal success 'owes more to the desire of New Zealand to see a reconciliation of its postcolonising and postcolonised discourses than it does to either close reading of the text itself, or an examination of the book's cultural political effects'.

So ergibt sich, wie Mercer in der Folge beweist, eine seltsame Diskrepanz zwischen Oberfläche und Unterströmung, zwischen Figurenkonstellation und dem Inhalt der Erzählung selbst: Diese fiktionale Unterströmung straft die scheinbar glatte Oberfläche der Romanstruktur Lügen. Findet sich nach außen eine fiktionale Versöhnung, so zeigt die eigentliche Erzählung, dass die Aufarbeitung der Vergangenheit nie abgeschlossen sein kann; dementsprechend ungewiss bleibt auch die versprochene Zukunft, der die Versöhnung vorausgeht. So widersetzt sich Hulmes Roman in vielfacher Hinsicht dem Versprechen einer ‚glatten', gemeinsamen Zukunft zwischen Māori und Pākehā; und er tut dies auch, indem er traditionelle Familienstrukturen auflöst.

Zunächst sind alle der Figuren von Hulmes fiktionalem Sozialvertrag von der Vergangenheit gezeichnet; sie sind alle in unterschiedlicher Weise traumatisiert: Joe durch den Verlust seiner Frau und seines leiblichen Sohnes; Kerewin durch den Bruch mit ihrer Familie; und Simon dadurch, dass er, wie sich später herausstellt, von seinen leiblichen Eltern misshandelt und zum Heroinkonsum gezwungen wurde. Das Moment der Traumatisierung wiederum führt dazu, dass die Betroffenen, besonders Joe und Simon, die Vergangenheit nie hinter sich lassen werden: sie bleibt immer in *flashbacks* und Albträumen weiterhin prominent. Kerewin ist sich dieser von der Vergangenheit gezeichneten Zukunft wohl bewusst: "It's past, but we live with it forever" (539).

Inwieweit also ist die fiktionale Versöhnung in *The Bone People* nur eine Fiktion der Versöhnung, der Traum oder das Versprechen einer Versöhnung, das zunächst noch nicht eingelöst werden kann? Ein Moment, das das Waitangi-Tribunal begleiten könnte und das dennoch nie offen zum Ausdruck kommt, ist das Moment der Wut und des Misstrauens. Das Misstrauen ins eigentliche Tribunal, das Waitangi-Tribunal, ist zunächst dadurch präsent, dass viele Stämme erst gar nicht Klage einreichen, dass sie der Urteilsfähigkeit und der kulturellen Aufgeschlossenheit des Tribunals misstrauen, auch wenn dies sich seit der Amtsübernahme durch Richter Durie wie oben beschrieben deutlich gewandelt hat.[10] Dennoch kann jeder Klage gegen getanes Unrecht ein Moment der Entrüstung innewohnen; denn der Anlass der Klage – die Verschmutzung eines bestimmten Sees, die Enteignung eines bestimmten Grundstücks – ist im Verhältnis zwischen Māori und Pākehā nur die Spitze des Eisbergs. Die Māori sind immer noch sozial, ökonomisch und kulturell benachteiligt in einem Maße, wie es auch das Waitangi-Tribunal nicht ‚richten' kann.

---

[10] Wie Tiemann ausführt, änderte sich die öffentliche Wahrnehmung seit der Amtsübernahme durch Chief Judge Durie grundlegend: „Mit der Umstellung des Verfahrens verschwand das anfängliche Unbehagen der Māori. Die Akzeptanz des Tribunals stieg sprunghaft an." (139)

Ein Teil der Wiedergutmachung kann so nur symbolischer Natur sein: So wurde die heutige Stadt Auckland etwa auf Land der Ngāti Whātua erbaut; diese erhielten auf Empfehlung des Tribunals ein für sie wichtiges Grundstück zurück; diese Rückgabe ist insofern symbolisch, da nicht in Frage kam, den Ngāti Whātua das gesamte Stadtgebiet der Stadt Auckland zurückzugeben; dennoch handelt es sich um einen Meilenstein in der Arbeit des Waitangi-Tribunals. Unter Chief Judge Durie gelang es dem Tribunal stetig, seine anfänglich sehr beschränkten Kompetenzen zu erweitern. Dies zeigt sich nicht zuletzt im Orākei Claim von 1987. Tiemann beschreibt das Verfahren wie folgt:

> 1987 berichtete das Tribunal über die Ansprüche der Ngāti Whātua. Diesem Stamm gehörte vor der europäischen Besiedlung das Gebiet um Auckland. In diesem Verfahren durfte das Tribunal erstmalig auch Handlungen untersuchen, die bis 1840 zurückreichen. In der Zeit nach 1840 arbeiteten die Ngāti Whātua zunächst mit der neuen Regierung zusammen, um die neugegründete Stadt Auckland zu entwickeln [...] Durch vertragswidriges Verhalten der Krone verloren die Ngāti Whātua im Laufe der Zeit ihren gesamten Landbesitz [...] Wie schon im Manukau-Fall [Gewässerverschmutzung und Eigentumsrechte, 1985] schlug das Tribunal daher die Rückgabe von Land vor. Außerdem sollte die Krone Entschädigungen an den Stamm zahlen, um für die Wiederbelebung des Stammeslebens eine ökonomische Basis zu schaffen. Die Krone war mit diesen Vorschlägen einverstanden. Den Ngāti Whātua wurde ein spirituell wichtiges Grundstück im Stadtgebiet Aucklands zurückgegeben. Außerdem zahlte die Regierung dem Stamm 3 Millionen NZ-Dollar. (149)

Ein ähnliches Verfahren, in dem symbolische Wiedergutmachung eng mit materieller Aushandlung verbunden ist, betrifft den Anspruch der Ngāi Tahu, die das Gebiet um den Mount Cook zugesprochen bekamen, nur um es noch am selben Tag der Regierung als Schenkung zu überlassen. Wie Tiemann fortfährt:

> Die Krone verpflichtete sich, ihr Grundstückseigentum auf der Südinsel weitgehend an die Ngāi Tahu zurückzugeben. Dies betraf unter anderem auch das Gebiet um Neuseelands höchsten Berg, den Mount Cook (3754 m). Das Gebiet wurde jedoch nur symbolisch zurückgegeben, denn die Ngāi Tahu verpflichteten sich, den Berg am gleichen Tag der Nation zu schenken. Das Massiv erhielt zugleich offiziell seinen alten Māori-Namen zurück. Nunmehr heißt der Berg „Aorangi/Mount Cook". (156)

Hulmes Roman kann so in gewisser Weise als eine Fußnote oder gar als ein Appendix zu einer Politik der Versöhnung gelesen werden, wie sie das Waitangi-Tribunal versucht. Somit kann nicht nur Hulmes Roman durch das Waitangi-Tribunal gelesen werden, sondern der Roman wirft auch Fragen auf, die das Waitangi-Tribunal in einem neuen Licht erscheinen lassen. Denn der Roman beginnt mit der Wut und der Ohnmacht von Joe Gillayley gegenüber dem Trauma der eigenen Vergangenheit:

> A Māori, thickset, a working bloke, with steel-toed boots, and black hair down to his shoulders. He's got his fingers stuck in his belt, and the heavy brass buckle of it glints and twinkles as he teeters back and forward [...] Why this speech filled with bitterness and contempt? You hate English, man? I can understand that but why not do your conversing in Māori and spare us this contamination? No swear words in that tongue [...] there he goes again. Ah hell, the fucking word has its place, but all the time? [...] aue. (14)

Fiktionen der Versöhnung? 81

Hier greifen persönliches Trauma und kollektives Gedächtnis ineinander: der Roman lässt bewusst offen, wie viel in Joes Verwundbarkeit auch mit seiner Rolle als Māori in einer weitgehend durch Pākehā geprägten Gesellschaft zu tun hat. Der Verweis auf Joes Gürtel ist gleichzeitig ein 'foreboding' der Gewalt, die die Romanhandlung kennzeichnen wird: Denn es ist dieser Gürtel, mit dem Joe seinen Sohn Simon verprügeln und so seiner eigenen Wut gegen eine Entwurzelung Luft machen wird, die er nicht bekämpfen kann.

Gleichzeitig spricht sich der Roman hier in gewisser Weise gegen die Hybridisierung von Sprache als Ausdrucksform erlittener Traumata aus, oder vielmehr gegen eine bestimmte Art der Hybridisierung. Joes "swear language", seine von Schimpfwörtern durchzogene Diktion, erscheint Kerewin seltsam inadäquat; in der Sprache der Māori, so fällt ihr auf, hätte sich all diese Wut besser und anders ausdrücken lassen. Der Roman greift so das Moment der Sprache als kultureller Ausdrucksform auf, das auch dem Waitangi-Tribunal zugrunde liegt. Liest man Joes Hasstirade als eine Form fiktionaler Anklage gegen kulturelle und soziale Entrechtung, wie sie auch vor dem Waitangi-Tribunal hätte vorgebracht werden können, so ist es durchaus von Belang, in welcher Sprache die Klage vorgebracht wird. Vor der Amtsübernahme durch Richter Durie hätte jede Klage in englischer Sprache vorgetragen werden müssen; für viele Māori-Kläger war diese Form des Ausdrucks, wie Hulme an der fiktionalen Figur von Joe Gillayley deutlich macht, inadäquat. Die Klage war somit schon durch das Medium zum Scheitern verurteilt, in dem sie vorgetragen werden musste. Vor welchem Tribunal also trägt Joe seine Klage vor? In gewisser Weise ist das Tribunal, vor dem die Klage der Māori nun vorgebracht wird, die Leserschaft selbst, und hier sowohl eine nationale/neuseeländische als auch eine internationale Leserschaft. Im Roman selbst wiederum übernimmt Kerewin, die sowohl in der Pākehā als auch der Māori-Kultur verwurzelt ist, eine Art Übersetzerfunktion. Wir sehen Joes sprachliche Ohnmacht durch ihre Augen.

In der Figur von Joe Gillayley greift der Roman zunächst das stereotype Bild des betrunkenen Māori auf, um es dann systematisch zu untergraben. Denn wir lernen in Bruchstücken den Grund für Joes Alkoholsucht, den Verlust seiner Familie und der eigenen Identität. Durch diese Verlusterfahrung jedoch wird Joe selbst zum Täter: In der Folge findet Kerewin heraus, dass Joe seinen Sohn Simon, den er abgöttisch liebt, periodisch verprügelt; am Ende des Romans schlägt Joe Simon krankenhausreif, was zum Entzug des Sorgerechts durch das Gericht führt. Die Zukunft, so macht der Roman deutlich, ist lediglich auf Sand gebaut, sie ist in jeder Hinsicht eine vorläufige. Das Vertrauen aller Vertragsparteien ineinander muss erst neu wachsen; und es wird nie auf ‚Blutlinien', auf Fragen der Abstammung gegründet sein, sondern fordert eine neue Form der Selbstbesinnung. Hierin liegt der eigentliche Kunstgriff des Romans: Keine der Figuren in Hulmes Roman ‚ist' einfach Māori oder Pākehā; vielmehr verortet die Erzählung alle Figuren in einem Strudel der Neubesinnung. Die Gegenwart der neuseeländischen Gesellschaft, wie sie Hulmes Roman beschreibt, ist ein Zustand der Geworfenheit: Joe wurde seine Frau und seines Sohnes, die beide Māori waren, beraubt; und er findet sich in einer durch das Trauma des eigenen Verlusts gezeichneten Gegenwart, in der er nur schwer Vertrauen fassen kann. Gerade dies hat er mit seinem durch die eigene Vergangenheit ebenfalls schwer gezeichneten Adoptivsohn Simon gemeinsam. Damit erschafft Hulme buchstäblich einen Sozialvertrag, der kein ‚genetischer' Vertrag sein kann, sondern auf gegenseitigem Vertrauen und kulturellem Respekt beruhen muss.

Kennzeichnend für diesen Respekt ist der Ort des Marae, der bezeichnenderweise Hulmes Roman mit dem Waitangi-Tribunal verbindet: Denn wie oben beschrieben verlegte Richter Durie den Verhandlungsort des Waitangi-Tribunals 1981 vom Luxushotel ins Marae; dieser neue Ort der Aushandlung des Sozialvertrags war selbst ein Zeichen kulturellen Respekts gegenüber den Klägern. Diese Verortung der Aushandlung eines neuen, rechtlichen wie kulturellen Sozialvertrags findet sich auch in *The Bone People*: Das Anliegen von Hulmes Erzählung ist die Schaffung eines neuen, im Sinne eines Sozialvertrags angelegten Marae. In Hulmes Erzählung wird Kerewins spiralförmig angelegter Turm ("the Tower") zum neuen, zum säkularen Marae, das es am Ende der Erzählung neu aufzubauen gilt: "New marae from the old marae, a beginning from an end" (3). Denn ist der Tower ein neues Marae, das das alte ersetzen kann, so kann dieses Marae nicht nur von Kerewin, sondern nur von Joe, Kerewin und Simon, als Vertreter aller neuseeländischen Bevölkerungsgruppen (Māori, Pākehā und Einwanderern) erbaut werden. Insofern endet der Roman mit dem Sozialvertrag, in dessen Sinne auch das Waitangi-Tribunal sowie der ursprüngliche Vertrag von Waitangi aus dem Jahre 1840 verstanden werden kann. Dieser Vertrag, so macht der Roman deutlich, ist eben ein soziokultureller Vertrag, ein Abkommen, das es in seinen pragmatischen Einzelheiten im Alltag auszuhandeln gilt. Denn die Romanerzählung legt viel Wert auf die Tatsache, dass es sich bei dieser neuen neuseeländischen Kernfamilie (Kerewin, Joe, Simon) nicht um eine Familie im herkömmlichen Sinne handelt: Am Ende des Romans heiraten Joe und Kerewin nicht, ihre Beziehung findet keine Auflösung oder Erfüllung im konventionellen Sinne. Kerewin empfindet sich, wie sie Joe schon früh erklärt, weder als Frau noch als Mann, sondern als Mensch; das, was Joe als Mann zu geben hätte, will Kerewin gar nicht, zumindest nicht jetzt; es geht vielmehr darum, neue Wege der Zusammengehörigkeit zu finden oder zu erfinden. Was als Romanhandlung vielleicht als konstruiert erscheinen mag, ist in dem Moment nuanciert und beziehungsreich, in dem es als eine fiktionale Version des Sozialvertrags zwischen Māori und Pākehā gelesen wird, wie ihn auch das Waitangi-Tribunal neu bestimmen will. Am Ende des Romans gibt Kerewin Joe und Simon ihren Namen, ein Akt der Fürsorge und des Vertrauens, der dennoch nur als vorläufig verstanden wird: "So she had offered them both that unlikely gift, her name. As umbrella, as shelter, not as a binding. No sentiment about it, says Kerewin, just good legal sense" (539). Der Akt der Fürsorge darf nur eine Fürsprache, nie einer Bevormundung gleichkommen; es handelt sich nur um einen juristischen Akt, dessen pragmatische Bedeutung es erst zu definieren gilt: Kerewin übernimmt *de jure* die Vormundschaft für Simon, nachdem das Gericht Joe das Sorgerecht für den Jungen aberkannt hat. Diese Vormundschaft nun übernimmt Kerewin, indem sie Simon ihren eigenen Namen gibt, und sich dennoch voll bewusst ist, dass sie die Elternschaft erst noch verdienen muss; Simons eigentlicher Vater ist und bleibt Joe, dessen Verstoß ihm der Junge längst vergeben hat. Vor der Verhandlung spricht Kerewin mit Joe über die Hintergründe seiner Tat und über die Aporien, die sich aus Selbsthass, Trauma und Liebe ergeben können:

> And they'll congratulate themselves quite publicly for recusing the poor urchin from this callous ogre, this nightmare of a parent [...] you got your lawyer cued up on all the background? The real background, the one that counts? Being both parents to him, helping him

over his bad dreams, picking him up from all round the countryside, going along to school to find out what the matter is *this* time [...] it all shows you cared deeply. (395)

Auch hier greift der Roman das Stereotyp des alkoholkranken, dysfunktionalen Māori-Vaters auf, um es dann in komplexer Weise zu brechen und zu untergraben. Joes Misshandlung seines Sohnes ist untrennbar mit seinem eigenen Verlust an Selbstwert verbunden. Joe denkt:

> I know my child was a gift, and that I loved him too hard, hated him too much. That I was ashamed of him. I wanted him as ordinarily complex and normally simple as one of [my cousin's] rowdies. I resented his difference, and therefore, I tried to make him as tame and malleable as possible, I could show myself, "You've made him into what he is, even if you didn't breed him." And I loved and hated him for the way he remained himself and still loved be despite it all. (461)

So verhandelt der Roman auch die Elternschaft eines Māori, die das Sozialamt wie das Sorgerechtsgericht in Frage gestellt haben, im Sinne vergangener Ereignisse neu: Die Gegenwart, so macht der Roman deutlich, ist nur deshalb dysfunktional, weil die Vergangenheit bislang nicht aufgearbeitet werden konnte; hierzu will das Waitangi-Tribunal einen Beitrag leisten, eine Voraussetzung zur Versöhnung und Heilung, die der Roman auf andere Weise löst: Auf einer spirituellen Reise, die Joe nach dem Entzug des Sorgerechts und der Verbüßung einer dreimonatigen Gefängnisstrafe unternimmt, findet er einen Stammesälteren oder *kaumātua* (HULME 1986: 411), dessen Bestimmung es war, Joe auf den richtigen Weg zurückzubringen; nach dem Tod des *kaumātua* wird Joe zum Hüter des Schatzes aus der Vergangenheit. Der Schatz wiederum befindet sich auf einem Gebiet, das es unbedingt zu bewachen und zu erhalten gilt: Und an dieser Stelle trifft sich erneut die Romananalyse mit den Ergebnissen des Waitangi-Tribunals: denn ein erklärtes Ziel des Tribunals war es, zu klären, welche Güter als Māori *taonga*, als Māori-Schätze verstanden werden können und welche es folglich zu bewahren gilt. Tiemann beschreibt in diesem Zusammenhang den Te Reo Māori und Radio Frequencies Claim, in dessen Rahmen sich das Waitangi-Tribunal erstmals mit der Bewahrung immaterieller Güter auseinandersetzte, nämlich mit der Frage, ob es sich beim Erhalt der Sprache der Māori selbst um ein kulturelles Recht handelte (TIEMANN 1999: 146). Die Antragsteller beklagten die Vernachlässigung der Sprache der Māori im öffentlichen Leben, insbesondere auch im Rundfunkbereich. Das Tribunal wiederum musste die ‚Reichweite des Begriffs *taonga*', des kulturellen ‚Schatzes', ermitteln. Von unüberschätzbarem Wert für eine Zukunft der Versöhnung, und in einem geringeren Maße sogar der Wiedergutmachung, ist die Tatsache, dass das Tribunal sich für eine sehr weite Auslegung des Begriffs des *taonga* entschied. Tiemann beschreibt:

> Die Frage, ob Rundfunkfrequenzen ein *taonga* (Schatz, Reichtum) darstellen löste das Tribunal durch dynamische Vertragsauslegung [des Waitangi-Vertrags]: Die Māori hätten bei Vertragsschluss keine wertvollen Güter weggeben wollen, unabhängig davon, ob sie die Güter bereits kannten oder nicht. Die Rundfunkfrequenzen seien ein solches wertvolles Gut, da sie zur Erhaltung der Eingeborenensprache beitrügen. Nach Auffassung des Tribunals sind sie daher ebenfalls ein *taonga* der Māori. (147)

Das Gut, das Joe von nun an bewachen soll, ist aus Sicht des *kaumātua* Teil des Kanus, mit dem die Vorfahren einst nach Aotearoa gekommen sind; für andere aber mag es nur aussehen wie ein Stück Holz. Joe denkt, "it can't be one of the great ships [...] the pool's only, what? twenty feet in diameter [...] but there's something down there [...] rock debris? Old logs?" (444). Und worin läge der Beweis, welche Bedeutung die richtige wäre? Der „Beweis" besteht für den Roman ebenso wie für das Waitangi-Tribunal in der Überlieferung: die mündliche Überlieferung der Stammesgeschichte wird vom Waitangi-Tribunal wie vom Romangeschehen als justiziabler Beweis angesehen. Ebenso wie dem Waitangi-Tribunal gelingt es dem Roman, beide Rechtssysteme miteinander in Einklang zu bringen: Der Stammesältere bestimmt kurz vor seinem Tod Joe zu seinem Nachfolger, dessen Aufgabe es sein wird, den Schatz zu bewahren; aber er geht sicher, dass diese Nachfolgeregelung auch nach dem Gesetz der Pākehā justiziabel ist. Der Notar versichert Joe:

> "There will be no trouble with this. The title will pass to you, after probate has been filled. You will then own 796 acres of pakihi and private beaches. The land itself is nearly worthless unless you care to develop it. If you spent a million dollars and half a century, for instance, you might make a farm out of it. But that is all its potential, overt value [...]" The words hang in the air. He [...] adds softly, "Tiaki only said there was something of extraordinary value on the property that needed watching. I assume you know, and you are the new watcher?" (456)

In dem Notar entwirft Hulmes Erzählung einen Rechtsgelehrten, der mit beiden kulturellen Systemen, dem der Māori und dem der Pākehā, vertraut ist; und der die Wertsysteme beider Kulturen gleichermaßen achtet. Er weiß, dass das, was Joe von nun an ‚hüten' wird, ein Schatz ist, eben weil es ein *taonga* der Māori darstellt.

Als Hüter des Schatzes wiederum wäre Joe aber nun an einen bestimmten Ort gebunden; sein gemeinsames Leben mit Kerewin und Joe, und seine Verwurzelung in einem anderen Stammesgebiet wäre somit in Frage gestellt. Diese Ortsgebundenheit jedoch löst der Roman am Ende auf, nachdem ein Erdbeben das Haus des *kaumātua* zerstört hat; am Ende bleibt Joe der Schatz, den er in einen Rucksack packen, und mit dem er reisen kann. Am Ende des Romans und in dessen von magischem Realismus geprägten Erzählung zerfällt der Schatz zu Staub, und bleibt dennoch als solcher erhalten. Die Wiedergutmachung am Ende des Romans bleibt eine metaphorische, und vielleicht liegt in dieser Metaphorik auch das Versöhnungsangebot der Māori an die Pākehā: Das Stück Land, dessen *title* Joe ursprünglich erhält, ist für die Pākehā wertlos; das Zugeständnis der Eigentümerschaft ist also für eine weiße neuseeländische Leserschaft weit weniger brisant als das Gerichtsverfahren, in dem die Ngāi Tahu das Besitzrecht auf den Mount Cook zurückforderten und symbolisch auch zugesprochen bekamen. Am Ende verwirft der Roman den Diskurs über Landrechte, den er zuvor aufgerufen hatte, oder er verwischt zumindest dessen Grenzen. Recht wird am Ende des Romans als ein metaphorisches, nicht unbedingt nur als ein juristisches Gut verstanden. Der Begriff der Versöhnung bleibt am Ende des Romans offen, ebenso wie der der Fiktion. Ob es sich bei dem juristisch wie literarisch geschlossenen Sozialvertrag zwischen Māori und Pākehā um eine Fiktion handelt, wird erst die Zukunft Neuseelands zu klären vermögen.

Literatur

DÖRR, DIETER: The Background of the Theory of Discovery. *American Indian Law Review* Vol. XXXIX, Number 2, 2013/2014: 475–497.

EHRMANN, MARKUS (1999): The Status and Rights of Indigenous Peoples in New Zealand. *ZaöRV*: 463–496

FRAME, ALEX und PAUL MEREDITH (2005): Performance and Māori Customary Legal Process. *Journal of the Polynesian Society* 114(2): 135–155.

FRAME, ALEX (2002): *Grey and Iwikau: A Journey into Custom – Kerei Raua Ko Iwikau: Te Haerenga me nga Tikanga*. Wellington: Victoria University Press.

HULME, KERI [1984](1986): *The Bone People*. London: Picador.

KROG, ANTJIE, NOSISI MPOLWENI-ZANTSI und KOPANO RATELE (2008): The South African Truth and Reconciliation Commission (TRC): Ways of Knowing Mrs. Konile. In NORMAN DENZIN, YVONNA LINCOLN und LINDA TUHIWAI SMITH (Hgg.): *Critical and Indigenous Methodologies*. Thousand Oaks: Sage, 531–546.

MCHUGH, PAUL (1991): *The Māori Magna Charta - New Zealand Law and the Treaty of Waitangi*. Auckland: Oxford University Press.

MERCER, ERIN (2009): 'Frae ghosties an ghoulies deliver us': Keri Hulme's *the bone people* and the Bicultural Gothic. *Journal of New Zealand Literature* 27 (2009): 111–130.

TIEMANN, ULF (1999): *Rechte der Ureinwohner Neuseelands aus dem Vertrag von Waitangi*. Münster: LIT-Verlag.

BIKULTURALITÄT ALS GEMEINSAME ZUKUNFT

"We are all New Zealanders now"[1] *Reconciliation, Apology and Reparation* in Aotearoa[2] / Neuseeland

Michael Schindler und Anton Escher

Der heutige, demokratische Staat Aotearoa / Neuseeland mit monarchischer Repräsentation gilt weltweit als einziger Staat mit zwei (nahezu) gleichberechtigten Kulturen. Die über 4,5 Millionen Bewohner des Inselstaates setzen sich heute aus den Nachkommen der europäischen Einwanderer, die seit Ende des 19. Jahrhunderts nach Neuseeland kamen, mit ca. 74 Prozent und den ca. 15 Prozent Māori, deren Vorfahren bereits Ende des 13. und zu Beginn 14. Jahrhunderts aus Polynesien einwanderten, zusammen. Der restliche Teil der Bevölkerung besteht aus Neuseeländern aus Asien (11,8%), von den pazifischen Inseln (7,4%) und aus allen übrigen Teilen der Welt (2,9%)[3]. Die angelsächsischen Siedlergesellschaften okkupierten und enteigneten in allen Erdteilen, in die sie in der Neuzeit einwanderten, Grund und Boden. Im Fall Neuseelands waren es 150 Jahre Diskriminierung und eine rassistische Politik, die das indigene Volk der Māori verarmt und ohne Landbesitz zurück ließ. Erst Ende der 1960er Jahre kam es zu einer Renaissance der Māori-Kultur. "In the 1970s many Māori made it clear that there were other alternatives, other choices, and that Māori had the right to self-determine their own destiny" (WILLIAMS 2013: 314). Daraus entwickelte sich auf der Basis eines umfangreichen Vermittlungsprozesses mit Bezug auf den Vertrag von Waitangi (1840) und unter Beteiligung des nach dem Vertrag benannten Waitangi-Tribunals (ab 1975) der Weg zur bikulturellen Gesellschaft. Inhalt und Ablauf des Aussöhnungsprozesses kann mit den Begriffen 'Reconciliation, Apology and Reparation'[4] umrissen werden.

Das Konzept von Reconciliation, Apology and Reparation

Die Bewältigung und Beilegung von vergangenen Auseinandersetzungen, ethnischen Konflikten und gewaltsamer Unterdrückung innerhalb eines Nationalstaates zwischen zerstrittenen Parteien ist ein wichtiger Schritt, um eine tolerante, gerechte und friedliche Gesellschaft zu schaffen oder aufrechtzuerhalten (LLEWELLYN/HOWSE 1999: 355). Selbst wenn frühere Feinde und/oder Unterdrückte nicht zu Freunden werden, ist es für eine gerechte und demokratische Gesellschaft notwendig, eine gemeinsame Grundlage des friedvollen Vertrauens, der gemeinsamen Identität und des zukünftigen Handels zu

---

[1] Das Zitat ist der Rede des neuseeländischen Race Relations Coordinating-Ministers Hon Trevor Mallarel vom 28. Juli 2004 entnommen (REESE 2013, 230).
[2] Aotearoa beteutet in der Sprache Te Reo Māori „Land der langen weißen Wolke". Der Begriff wird heute für den Staat Neuseeland gebraucht.
[3] 2013 Census – Cultural Diversity, Statistics New Zealand. Die Zahlen betragen mehr als 100 Prozent, da die Befragten sich mehreren ethnischen Gruppen zuordnen können.
[4] Die Begriffe 'Reconciliation, Apology and Reparation' könnte man mit ‚Versöhnung, Entschuldigung und Wiedergutmachung' übersetzen. Aus pragmatischen Gründen werden jedoch im Text die englischen Formulierungen beibehalten.

schaffen, um konstruktive Kooperationen und ein besseres Leben für alle Mitglieder der Nation zu ermöglichen. Damit dies erreicht werden kann, müssen die beteiligten Parteien die gewalttätige Vergangenheit, das begangene Unrecht und ihre gemeinsame Beziehung ansprechen und gemeinsam auf gegenseitiger Augenhöhe untersuchen. Dieser Vermittlungs- und Ausgleichprozess (vgl. OPTOW 2001: 160), den man als 'Reconciliation, Apology and Reparation' beschreiben kann – ist ein allumfassender Weg, der das Streben nach Gerechtigkeit, Wahrheit, Vergebung und Heilung beinhaltet (BLOOMFIELD 2003: 11 f.).

Die historischen Ereignisse in einem Lande können nicht ungeschehen gemacht werden, aber das verübte Verbrechen, die latente Unterdrückung, die gezielte Ausgrenzung und die willkürliche Enteignung einer Partei kann durch eine Vielzahl von Aktivitäten wie Reparationszahlungen, Entschädigungen, Entschuldigungen, Gedenkveranstaltungen, Aufarbeitung und Amnestie zur Aussöhnung sowie zur Milderung von individuellen und kollektiven Traumata beitragen. Unabdingbar erscheint, dass zur Bildung einer Nation, einer 'Imagined Community' im Sinne von B. Anderson (1983) der Prozess der *Reconciliation, Apology and Reparation* unbedingt erforderlich ist, um eine gemeinsame Beurteilung der Vergangenheit (vgl. HOPKINS 2012) und darauf aufbauend eine gemeinsame Basis für die Zukunft herzustellen.

Die grundlegenden Definitionen der Versöhnung werden von BASHIR (2008: 59) erweitert, indem er Versöhnung als einen Prozess zwischen Gruppen innerhalb von Machtverhältnissen beschreibt. Dabei unterscheidet er zwischen dominanten und historisch unterdrückten sozialen Gruppen. Die Zugehörigkeit zu einer sozialen Gruppe ist hierbei unfreiwillig und von Geburt an festgelegt, da die meisten Menschen ihre ethnischen oder nationalen Identitäten nicht selbst wählen, sondern in diese hineingeboren werden. Die Umstände der historisch unterdrückten sozialen Gruppen basieren nicht auf Zufall, sondern sind das Ergebnis von langjährigen Praktiken und Strategien der dominanten Gruppen innerhalb eines Nationalstaates. Dauern die von der historisch unterdrückten Gruppe erlebten Ungerechtigkeiten an, müssen Strategien gefunden werden, die nicht nur auf politischer Inklusion basieren, sondern zu einer Politik der Versöhnung führen (BASHIR 2008: 51 ff.). In Anlehnung an die von Bashir (2008) entwickelte Politik der Versöhnung auf der Basis von drei Grundprinzipien, die einen politischen Dialog zwischen dominanten und historisch unterdrückten ethnischen Gruppen ermöglichen sollen, wird nachfolgend der Vermittlungsprozess von *Reconciliation, Apology and Reparation* formuliert. Ohne ein Gedächtnis an ungerechte Kolonisierung, ohne authentische Entschuldigung und ohne Reparationen des Nationalstaates, bleibt die politische Machtverteilung intakt und Misstrauen erhalten. Wird dies nicht beachtet, wird eine ordentliche Staatsbürgerschaft und werden kulturelle Identitäten für die gesamte Bevölkerung im Nationalstaat nicht möglich sein (HOPKINS 2012: 17 f.).

Das grundlegende Prinzip bezieht sich auf die Einstellung zur Aussöhnung der beteiligten Gruppen. Reconciliation ist nur möglich, wenn alle Gruppen die Bedeutung des gemeinsamen kollektiven Gedächtnisses einer Nation sowie deren gemeinsamer Geschichte anerkennen. Geschichten der Exklusion, der historisch unterdrückten Gruppen muss Raum im öffentlichen Bewusstsein gegeben werden (BASHIR 2008: 55 ff.). Grundsätzlich müssen beide Seiten bzw. alle involvierten Gruppen zur Versöhnung bereit sein. Das zweite Prinzip der Versöhnung fordert die Anerkennung der Mitschuld der dominanten Gruppe am verübten Unrecht gegenüber der historisch unterdrückten

Gruppe in Form einer öffentlichen Entschuldigung bzw. Apology. Diese kann unterschiedliche Formen annehmen – von Denkmälern über Museen bis zu Feiertagen – und muss als authentischer Versuch der Sühne im Namen der dominanten Gruppe wahrgenommen werden. Der Zweck von öffentlichen Entschuldigungen ist es nicht, die Rolle der Schuldigen oder der Opfer zu romantisieren, sondern Bürgern dabei zu helfen, ihre Geschichte und deren Verbindung zu aktuellen politischen, sozialen und wirtschaftlichen Ungleichheiten verständlich zu machen. Dazu zählen die Anerkennung, dass vergangenes Unrecht zum heutigen Kampf historisch unterdrückter Gruppen gehört, und die Erkenntnis, dass dominante Gruppen heute noch von der vergangenen Unterdrückung profitieren (BASHIR 2008: 57 f.). Wiedergutmachung oder Reparation ist das wichtigste Prinzip der Versöhnung und konzentriert sich auf die Verantwortung der dominanten Gruppe. Die Geschichten des kollektiven Gedächtnisses der historisch unterdrückten Gruppe über Exklusion innerhalb des Nationalstaates sind ernst zu nehmen. Von großer Bedeutung ist dabei die Notwendigkeit, dass die dominante Gruppe historisches Unrecht nicht als zufälliges Ereignis, sondern als zentralen Bestandteil der nationalen Geschichte anerkennt und dies wiedergutzumachen versucht. So lange die dominante Gruppe es nicht als ihre moralische Verantwortung sieht, dieses Unrecht gegenüber der historisch unterdrückten Gruppe wiedergutzumachen, ist es unwahrscheinlich, dass die historisch unterdrückte Gruppe an einem politischen Prozess teilnimmt (BASHIR 2008: 57). Reparationen müssen nicht nur die Anerkennung und den Schutz der individuellen Rechte und Freiheiten, sondern auch finanzielle Entschädigungen für vergangenen Missbrauch dieser Rechte beinhalten. Lange Zeit war das Prinzip der Entschädigungen und Reparationen auf die Vergangenheit bezogen, wie z.B. die Reparationen Deutschlands für den Holocaust, die als Konsequenz für das verursachte Leiden dieses zu schätzen versucht (SLYOMOVICS 2014: 211, 246; VANDEGINSTE 2003: 145). Heutzutage sollten Reparationen im Kontext einer politischen Reform als Brücke zwischen der Vergangenheit und der Zukunft dienen. Sie sollten in Kombination zurückblickend die Opfer entschädigen und nach vorne schauend politische Reformen ermöglichen (VANDEGINSTE 2003: 148). Trotzdem bedeuten Reparationen hauptsächlich Geld (SLYOMOVICS 2014: 25). Wenn die Wiedergutmachung von Menschenrechtsverletzungen vorwiegend in Form von materiellen Entschädigungen präsentiert wird, kann das Offerieren einer Wiedergutmachung eine Möglichkeit sein, die Opfer anzuerkennen und Geld mag als wirksames Hilfsmittel erscheinen, um Gerechtigkeit wiederherzustellen (SLYOMOVICS 2014: 19 ff.). Geld kann jedoch – auch in seiner Neutralität – nicht alles ersetzen und ist nicht austauschbar. Von einer Vielzahl an Opfern werden finanzielle Wiedergutmachungen als moralisch befleckt und ‚dreckig' wahrgenommen, als sogenanntes ‚Blutgeld'. Dabei ist das Modell des ‚Blutgeldes' keine Erfindung des Kapitalismus, sondern es hat sich über die Jahrhunderte entwickelt. Seit Jahrhunderten haben Gesellschaften Geld oder Waren als Ausgleich für verlorene Leben genutzt und somit interpersonelle Beziehungen monetisiert; lange vor der kapitalistischen, von Staaten gestützten Entwicklung des Geldes. Im Streit liegende Gemeinschaften ohne Kompensationsmechanismen entwickelten sich im Laufe der Zeit zu Gesellschaften weiter, in denen ‚Blutgeld' Vergeltung im Sinne von ‚Auge um Auge' ersetzte. Die höchste Stufe dieser Kultiviertheit ist erreicht, wenn beispielsweise ein außerjuristischer Körper geschaffen wird, z.B. ein Stammestreffen oder ein institutionalisierter Richter, welcher Schäden beurteilt und über das zu zahlende Blutgeld in Fällen von Mord, Vergewaltigung und anderen gewalttätigen Auseinandersetzungen entscheiden kann (SLYOMOVICS 2014: 25f.). Gingen Reparationen an kolonisierte Ureinwohner, war das Ziel die Wiedergutmachung für das augenscheinliche Vermächtnis des Kolonialismus, aber ebenso ein Mittel um die Fortführung des weißen Siedler-Kolonial-Regimes aufrecht zu erhalten. Obwohl Reparationen an die Kolonisierten die soziale Hierarchie zwischen Kolonialmacht und Kolonisierten temporär wiederherstellt, darf nicht vergessen werden, dass es bei der Versöhnung zwischen Indigenen und Siedlern immer um das Wegdiskutieren des anhaltenden Kolonialismus durch Kompensationen und Wiedergutmachung durch die Kolonialmacht geht. Diese verstärken den niederen Status der Indigenen in der sozialen Hierarchie, selbst wenn sich gegenüberstehende Seiten darin übereinstimmen, dass der Versöhnungsprozess fortschreiten muss. Gleichwohl sind Reparationen finanziell wertvoll, symbolisch kraftvoll sowie politisch risikobehaftet und dienen als unbestreitbares Rechtsmittel, mit dem der Wert eines menschlichen Lebens anerkannt werden kann. Damit werden Reparationen im Versöhnungsprozess nicht nur eine Frage des Rechts und der Wirtschaftlichkeit, sondern auch eine soziale Bewegung und die Verlängerung eines politischen Projekts (SLYOMOVICS 2014: 267).

In Neuseeland ist der Prozess von Reconciliation, Apology and Reparation zwischen Māori und Pākehā bereits weit fortgeschritten. Mit Bezug zum Vertrag von Waitangi trägt das Waitangi-Tribunal zur Vorbereitung und Durchführung des Versöhnungsprozesses bei.

Der Vertrag von Waitangi, das Waitangi-Tribunal und die Verhandlungen mit der Crown[5]

Im Streben der europäischen Mächte nach Kolonien wollte die Britische Krone ihre Interessen sichern und gleichzeitig sollten die französischen Pläne einer Annexion Neuseelands verhindert werden. Um für klare Verhältnisse des Landbesitzes und des in Neuseeland herrschenden Rechts zu sorgen, sollte ein Vertrag zwischen der Britischen Krone und den Māori aufgesetzt werden, um den Māori eine Form der Souveränität zuzusprechen. Am 6. Februar 1840 trafen sich Vertreter der Britischen Krone und einiger Māori-Stämme der Nordinsel im Küstenort Waitangi (siehe Abb. 1), um einen Vertrag zur gemeinsamen Regelung und Ordnung der Landverhältnisse zu unterschreiben. Innerhalb der folgenden Monate wurde der Vertrag durch ganz Neuseeland geschickt und von über 500 Māori-Häuptlingen unterschrieben. Nachdem der Vertrag von Waitangi unterzeichnet war, schüttelte der Beauftragte der englischen Königin Captain William Hobson mit den Worten "We are now one people" in Māori-Sprache die Hände der Māori-Häuptlinge (IORNS MAGALLANES 2008: 531). Dieser Spruch kann dahingehend interpretiert werden, dass die Māori ihre Identität zu Lasten der neuen Machthaber aufzugeben haben. Und aus englischer Perspektive war es auch so, denn letztlich waren es zwei Verträge – einer in englischer Sprache sowie einer in Te Reo Māori, die man unterzeichnet hatte. Beide Versionen waren inhaltlich nicht identisch – sei es durch

---

[5] In der Praxis und in postkolonialen Zeiten bezieht sich die Bezeichnung 'Crown' immer auf die jeweils amtierende Regierung Neuseelands (GIBBS 2006, 15). Dieser Ausdruck wird in der Literatur sowie in der Umgangssprache Neuseelands als Äquivalent verwendet.

schlechte oder absichtliche Übersetzung, um die Māori-Vertreter einfacher dazu zu bewegen, ihr Land abzugeben. So traten in der englischen Version des Vertrages die Māori alle ihre Rechte und ihre Souveränität an die Britische Regierung ab. In der Māori-Version hingegen, wurde z.B. das Wort "*kāwanatanga*"[6] verwendet, um ‚Souveränität' zu übersetzen, welches eher für ‚Regierungsgewalt' steht. Dies würde allerdings geringere Machtbefugnisse für die Britische Regierung bedeuten, als der Begriff der Souveränität. Nach seinem Wortlaut belässt der Vertrag in Te Reo Māori den Häuptlingen weiterhin einen Teil ihrer Souveränität über das Land. Bald nach der Vertragsunterzeichnung kam es zu ersten Auslegungsschwierigkeiten, die einerseits auf den unterschiedlichen Rechtsauffassungen der Kolonialmacht und der Māori-Stämme beruhten, andererseits auf den Bedeutungsunterschieden der in den verschiedensprachigen Vertragstexten verwendeten Wörter. Unterschiedliche Auffassungen über den Charakter des Landes und seiner Nutzung verschärften den Konflikt. Während die Māori ihr Land ihren Nachkommen weitervererben wollten, wie sie es von ihren Vorfahren geerbt hatten, war die Perspektive der Europäer hauptsächlich durch effizienten Nutzen des Landes geprägt. Unter Berufung auf die Bibel glaubten sie, dass diejenigen, die das Land am effizientesten nutzen – also sie selbst – auch am meisten Recht auf dessen Nutzung hatten. Die unterschiedlichen Interpretationen des Vertrags von Waitangi führten von 1840 bis 1870 zu den Neuseelandkriegen, in denen Māori-Stämme der Nordinsel gegen die Pākehā[7] um Landverteilungen kämpften. Viele Māori verloren bei der Verteidigung ihres Landes ihr Leben, andere schlugen sich auf die Seite der Kolonialherren, oftmals um alte Rechnungen mit anderen Stämmen zu begleichen. Die Machtverteilung verlief ab 1860 deutlich zugunsten der Siedler, während die Māori nur noch eine kleine Minderheit der Bevölkerung ausmachten (SCHINDLER 2013, 49 f.). Bald nach Unterzeichnung des Vertrages von Waitangi wurde den Māori bewusst, dass dessen englische Auslegung sie auf den Status von Kolonisierten degradierte (HOPKINS 2012: 14). Hinzu kam eine immer stärker werdende Politik der kulturellen Assimilation und sozialen Kontrolle. Während die Assimilation zunächst zum Schutz der Māori angeboten wurde, ging es der Kolonialmacht darum, den Māori ihr Weltbild als universell aufzuzwingen und eigene ökonomische Interessen durchzusetzen. Das Schulsystem wurde von der Britischen Krone als die effektivste Methode angesehen, um die Assimilationspolitik zu implementieren. Die englische Sprache wurde dabei zu einem wichtigen Instrument, weshalb ab Anfang des 20. Jahrhunderts schwere Strafen und Sanktionen verhängt wurden, wenn in Schulen Te Reo Māori gesprochen wurde. Der Māori Bevölkerung wurden die kulturellen Werte und die Sprache der Kolonisatoren aufgezwungen, gleichzeitig verbannte man in den Schulen, Māori Kultur und Te Re Māori (SIMON 1998: 66 f.). Seit Ende des 20. Jahrhunderts hat sich die kulturelle und ökonomische Situation der Māori in Neuseeland jedoch stark verbessert (COLEMAN ET AL. 2005: 22 f.). Dies

---

[6] "This word means 'to do with being a governor', or 'government', and is derived from English *governor* combined with *–tanga*" (BENTON ET AL. 2013: 132).
[7] "In modern Māori a word used primarily to denote a person predominantly European ancestry […], probably originally applied mainly to English-speaking people (as against Wīwī 'French' and Tararā 'Dalmatian', etc.), although in terms such as kai pākehā, a newly introduced variety of kumara, it also had a more general connotation of 'foreign'". (BENTON ET AL. 2013: 285).

ist nicht zuletzt auf den Prozess *Reconciliation, Apology and Reparation* zurückzuführen, für den der Vertrag von Waitangi als Referenz gilt.

Im Verlauf der Geschichte des Landes hat sich die Bedeutung des Vertrages von Waitangi immer wieder gewandelt. Für eine kurze Zeit, von 1840 bis 1852, schien er einen Wegweiser zur Übereinkunft zwischen zwei Völkern, die sich mit einem gewissen Grad an Gleichheit und Ebenbürtigkeit begegneten, darzustellen. Jedoch wurde er letzten Endes für die Māori, aufgrund der unterschiedlichen Verständnisse und Implikationen in den zwei Sprachfassungen des Vertrages[8], ein Symbol für ihren unerbittlichen Widerstand gegen die vorherrschende Kolonialmacht, da die weiteren Vorkommnisse für sie schlicht einen Vertragsbruch durch die Regierungen weißer Siedler darstellten (STOKES 1992). Seit Begründung des Waitangi-Tribunals in den 1970er Jahren stellt der Vertrag nun eine Orientierungshilfe zur Versöhnung zwischen den Māori und der Britischen Krone dar (CROCKET 2011: 56). Die neue Bedeutung des Vertrages als Referenzdokument zur Versöhnung entstand durch den Treaty of Waitangi Act, welcher 1975 als Folge langer Proteste der Māori von der neuseeländischen Regierung erlassen wurde und erstmals die historische Bedeutung des Vertrages von Waitangi anerkannte, ohne ihm einen rechtlich bindenden Status zuzusprechen.[9] Heute gilt der Vertrag als Gründungsdokument Neuseelands (CROCKET 2011: 55 f.; SCHLANG 1989: 144 f.).

Grundlegende Institutionen um Gerechtigkeit herzustellen sind Tribunale, welche die gewalttätige Vergangenheit untersuchen und schlichten (HUYSE 2003: 97 f.). Das 1975 ins Leben gerufene Waitangi-Tribunal hatte zunächst die Funktion, Klagen, die sich auf die Missachtung des Vertrages durch die Crown ab dem 10. Oktober 1975 bezogen, zu untersuchen und der Regierung davon zu berichten (STOKES 1992: 182). Erst ein Jahrzehnt später wurde die rechtliche Zuständigkeit des Tribunals auf die Unterzeichnung des Vertrages von Waitangi auf das Jahr 1840 zurückdatiert, um das gesamte historische Unrecht gegenüber den Māori auf Basis des Vertrages zu begleichen (GIBBS 2006: 15). Das Waitangi-Tribunal funktioniert als Ausschuss, der Informationen von unterschiedlichen Quellen recherchiert und Untersuchungen in Auftrag gibt. Sobald eine Klage von einem Stamm eingereicht und registriert wurde, autorisiert das Tribunal Kläger dazu, individuell Forscher zu beauftragen und stellt dazu Geldmittel bereit. Es kann formale Anhörungen leiten oder als Schlichter oder Vermittler fungieren, wofür es eigene Rahmenbedingungen setzen kann.[10] So werden viele Anhörungen auf einem Marae[11], in einem Māori-Versammlungshaus abgehalten, damit Kläger ihren Fall in einem Umfeld wiedergeben können, in dem sie sich zuhause fühlen. Antwortreden der Crown an Kläger werden oftmals in einem ‚neutraleren' Umfeld abgehalten, wie beispielsweise einem öffentlichen Saal. In der Ausarbeitung der Empfehlungen des Tribu-

---

[8] Zu weiteren Details und Ausführungen vgl. den Beitrag von DÖRR/BANERJEE in diesem Band.
[9] Ebd.
[10] Ebd.
[11] "The enclosed or bounded space in front of a meeting house or chief's residence where ceremonies of greeting and encounter take place, or other similar space designated for community purposes of this kind. In modern usage the term refers both to the space in front of a community or tribal meeting house (the *marae ātea*), and the complex of buildings and land adjacent to the *marae ātea*." (BENTON ET AL. 2013: 218).

nals an die Regierung müssen die Klagebegründungen, die eingereichten Beweise und die Entschädigungsforderungen der Kläger immer unter dem Licht der textuellen Interpretation der beiden Versionen des Vertrages von Waitangi gesehen werden. Um die dafür notwendige Expertise zu gewährleisten besteht das Waitangi-Tribunal aus einer Bandbreite an Experten und Spezialisten – Māori sowie Pākehā. Darunter befinden sich Māori-Älteste, Universitäts-Akademiker mit wissenschaftlichen Schwerpunkten aus Geographie, Geschichte und Anthropologie, Anwälte, Richter und Personen mit speziellem Fachwissen z.B. in Landwirtschaft und Medizin. Außerdem ist bei Tagungen des Tribunals immer ein Experte für Māori-Tradition anwesend. Viele der Mitglieder sind bilingual, da die Beweisaufnahme schriftlich und mündlich in Te Reo Māori sowie in Englisch stattfindet. Klagen der Māori gegen die Crown sind vielfältig, lassen sich jedoch zusammenfassen als Wiedergutmachungen für den Verlust von Sprache, Kultur, Land und Ressourcen (STOKES 1992: 182 ff.). Jeder Māori oder jede Gruppe von Māori, welche behaupten durch den Vertragsbruch der Crown benachteiligt zu sein, sind berechtigt beim Waitangi-Tribunal Klage zu erheben. Die Wiedergutmachung beinhaltet in der Regel eine mündliche in der Gesetzgebung festgehaltene Entschuldigung, eine finanzielle Entschädigung, die Rückgabe bedeutsamer Grundstücke und in manchen Fällen von natürlichen Ressourcen. Außerdem werden Maßnahmen unternommen um die kulturelle Identität und persönliche Integrität der Betroffenen wiederherzustellen sowie Schritte geplant, um den Grundstein für anhaltende gerechte Beziehungen zwischen dem Staat und den Māori-Klägern zu legen (GIBBS 2006: 17).

Das Waitangi-Tribunal verkörpert bikulturelle Elemente und spielt eine Schlüsselrolle in der neuseeländischen bikulturellen Aushandlung. Das Tribunal bietet ein Forum für das bessere Verständnis der zur Debatte stehenden Anliegen der Māori durch das Neuerzählen der Geschichte aus der Perspektive der Māori-Kläger. Dabei liefert es von innerhalb durch die neuseeländischen Institutionen und die Wertsysteme der Kläger eine Analyse der Effekte und Folgen vergangenen Unrechts. In gewissem Maße lassen diese Faktoren den Schluss zu, dass der 'Treaty Settlement Process'[12] einen multikulturellen Kompromiss darstellt, der der Tatsache widerspricht, dass gerichtliche Vergleiche in Neuseeland generell in einem Rechtssystem zustande kommen, welches auf den Prinzipien des British Common Law basieren. Die eingeschränkten Möglichkeiten des Tribunals, die Crown zu Handlungen zu verpflichten, verringert somit dessen positive Aspekte und suggeriert, dass die Crown die alleinige Entscheidung hat, ob sie sich an die Regeln des 'Treaty Settlement Process' halten möchte oder nicht. Die Crown ist nicht an die Ergebnisse des Waitangi-Tribunals gebunden und somit gleichzeitig nicht an dessen Beschluss, dass ein Vertragsbruch tatsächlich stattgefunden hat. Zudem hat

---

[12] "A Treaty settlement is an agreement between the Crown and a Māori claimant group to settle all of that claimant group's historical claims against the Crown. Claimant groups are usually iwi or large hapū (tribes and sub-tribes) that have a longstanding historical and cultural association with a particular area. Some very specific claims may result in agreements with smaller groups." (Quelle: *http://nz01.terabyte.co.nz/ots/fb.asp?url=OTSdeeds.asp* [1.2.2015]). In der Literatur wird der Prozess, den unterschiedliche Māori-Stämme vor dem Waitangi-Tribunal durchgehen müssen, um 'Treaty settlement' zu erreichen, als 'Treaty Settlement Process' bezeichnet. Da es dafür keine treffende Übersetzung im Deutschen gibt, wird die englische Bezeichnung im Text weiter verwendet.

das Tribunal durch seine nicht bindenden Empfehlungen nur eingeschränkten Einfluss, die Crown zum Handeln zu bewegen, weshalb die Verhandlungen zwischen ihr und Māori-Gruppen sich auf Wiedergutmachung anstatt auf wirkliche Reparationen beschränken. Letztendlich hat die Crown das Recht, das Waitangi-Tribunal aufzulösen oder seinen Einfluss einzuschränken (GIBBS 2006: 22). Daraus zieht Byrnes (2004: 5) den Schluss, dass die Arbeit des Waitangi-Tribunals – und somit der ganze 'Treaty Settlement Process' – als postkolonial einzustufen ist, da er der Pluralität und Existenz unterschiedlicher Diskurse unterliegt. Von tragender Bedeutung ist hierbei allerdings, dass das Tribunal die Aufrechterhaltung der Macht des einstigen Kolonisators anerkennt und möglicherweise sogar zeitweise unterstützt. Ähnlich sehen dies Tauri und Webb (2011: 19), die das Tribunal als eine postfordistische Form der Regulierung bezeichnen, die Beschwerden der Māori so umformt, dass ihr Potential, die vorherrschende Legitimation des neuseeländischen Staates zu bedrohen, zunichte gemacht wird. Dabei bezeichnen sie das Tribunal aber nicht als gänzlich irrelevant, da es für einige Stämme (Iwi) und weitere Māori-Organisationen eine wichtige Rolle in der Vorbereitung von Klagen auf Basis des Vertrags von Waitangi spielt.

Die Mehrzahl der Klagen der Māori gegen die Crown aufgrund des Vertrags von Waitangi ist mittlerweile abgeschlossen oder befindet sich in Bearbeitung (siehe Abb. 2–4). Neuseelands Labour Regierung ist bemüht, die gerichtlichen Vergleiche mit den Māori bis zum Jahr 2020 abzuschließen. Um dieses Ziel einzuhalten, wurde mit dem 1. September 2008 das letztmögliche Abgabedatum für Anträge auf Entschädigungszahlungen im Rahmen des Treaty of Waitangi festgesetzt (HOOK/RAUMATI 2008: 1). Wenn alle Vergleiche vollzogen sind, wird sich die Crown oft entschuldigt haben – aber nur bei den Stämmen (Iwi)[13], die sich mit ihr gerichtlich geeinigt haben und nur in Bezug auf Landenteignungen (vgl. WAKEHAM 2012: 4). Diese Tatsache ignoriert Tausende anderer Māori, die keinen juristischen Prozess gegen die Crown durchliefen und die keine Iwi-Mitglieder sind. Fragen nach der Unterteilung in mehr oder weniger bedeutsame Māori oder ob eine Entschuldigung nur für diejenigen gilt, die sich den Konditionen der Crown gefügt haben, kommen auf. Denn die neuseeländische Regierung hat sich bereits freiwillig bei Samoanern, Chinesen und Vietnamesen für historisches Unrecht entschuldigt, das ihnen im Namen vorangegangener Administrationen angetan wurde (HOOK/RAUMATI 2008: 6 ff.). Laut HOOK (2008: 9) ist eine Versöhnung ohne Entschuldigung jedoch nicht vollständig und macht die Vergebung von vergangenem Unrecht unmöglich. Dementsprechend ist plausibel, dass Konflikte um die gemeinsame Geschichte von Māori und Pākehā in der neuseeländischen Politik eine Rolle spielen – vor allem, solange noch keine Entschuldigung an alle Māori von der neuseeländischen Regierung ausgesprochen war (HOOK/RAUMATI 2008, 9). Dies ist

---

[13] „Manche Māori (und neuere Untersuchungen) sprechen in diesem Zusammenhang von einer ‚Iwi-isation' der Māori Gesellschaft, die keineswegs immer so strukturiert gewesen sei. *Iwi* hätten erst im kolonialen Kontakt und in der Interaktion der Māori mit der neuseeländischen Regierung, nach der Enteignung ihres Landes, der ländlichen Entvölkerung und der Zerstörung der vorkolonialen indigenen Gesellschaftsordnung an Bedeutung gewonnen. Zuvor hätten kleinere Bezugsgruppen (*Hapu*) die wichtigste Identifikationsquelle für Individuen dargestellt" (BAUTZ 2007: 21).

dann 2008 seitens der Regierung als generelle Apology erfolgt (s. Einführung). Sie stellt den ersten Regierungsversuch für diese Basis dar.

Somit spielt das Waitangi-Tribunal weiterhin eine zentrale Rolle bei der Vermittlung zwischen den Inhalten des Vertrags von Waitangi und den rechtmäßigen Verhandlungen der Māori mit der Crown zur Festlegung von Reparationen. Es trägt dazu bei, ein beidseitig akzeptables Übereinkommen zu finden, welches es beiden Parteien erlaubt, ein gemeinsames vertrauensvolles Verhältnis zu führen (GIBBS 2006: 25; THOMPSON 2002). Inzwischen kann man in Neuseeland auf Māori-Stämme verweisen, wie den Stamm Ngāi Tahu, die den 'Treaty Settlement Process' erfolgreich durchlaufen haben.

Der Māori-Stamm Ngāi Tahu[14]

Ngāi Tahu ist zahlen- und flächenmäßig der größte Stamm der Südinsel Neuseelands und auf dem Weg zu einem Status der ‚Post-Indigenität' (s. Abb. 2). Die Geschichte Ngāi Tahus geht über 800 Jahre zurück, als sich die ersten Vorfahren des heutigen Stammes im Flachland Canterburys ansiedelten. Heftige Kriege sowie Mischehen mit Frauen anderer Stämme führten dazu, dass Ngāi Tahu Jahrzehnte vor der Unterzeichnung des Vertrages von Waitangi zum vorherrschenden Stamm auf Neuseelands Südinsel wurde (SCHINDLER 2013: 69). Diese Vormachtstellung hat sich seither nicht verändert: Der Volkszensus Neuseelands aus dem Jahr 2013 listet für den Stamm mehr als 50 000 Mitglieder auf (TE MAIRE TAU 2014). Der heutige finanzielle Erfolg des Stammes, so Mark Solomon[15], Vorsitzender des Stammes, geht auf den Prozess der Reconciliation, Apology und Reparation zurück: Im August 1986 erhob der Stamm vor dem Waitangi-Tribunal Klage gegen die neuseeländische Regierung aufgrund der Landenteignungen im Zuge des Vertrags von Waitangi. Der darauffolgende Prozess dauerte zwölf Jahre und kostete Ngāi Tahu 20 Millionen NZD, denn erst im Jahr 1998 kam es zu einer Entscheidung. Das Waitangi-Tribunal hielt die Klage in beinahe allen Punkten aufrecht und veranlasste eine Verhandlung zwischen Ngāi Tahu und der neuseeländischen Regierung um Reparationen, deren Ergebnis als Ngāi Tahu Claims Settlement Act historische Bedeutung erlangte. Das dem Stamm von der britischen Krone enteignete Land wurde auf einen Wert zwischen 12 bis 15 Milliarden NZD geschätzt. Trotzdem betrug die von der Regierung angebotene Reparationszahlung nur 170 Millionen NZD. Mark Solomon, seit 1998 Vorsitzender des Stammes Ngāi Tahus, nahm die Zahlung der Regierung an, obwohl die angebotene Summe weit unter dem Wert des enteigneten Landes lag. Die Begründung seiner Entscheidung legte einen wichtigen Grundstein für die weitere Entwicklung des Stammes:

---

[14] Die in diesem Kapitel zitierten Interviews wurden im Rahmen einer Studie in Neuseeland durchgeführt. Die Datenerhebung fand vom 27. Oktober bis 5. Dezember 2012 in Kaikōura und Christchurch statt.

[15] Das Interview mit Mark Solomon wurde am 28. November 2012 im Bürokomplex von Te Rūnanga o Ngāi Tahu in Wigram, Christchurch aufgezeichnet.

> I never say that the Ngāi Tahu settlement was fair or just. You can't lose 12 Billion in assets and be compensated by the thief with 170 Million and say it is fair or just. But I voted in favor of accepting [...] If Ngāi Tahu couldn't build a future, a financial future, based on a 170 Million NZD capital injection, then it wouldn't matter what we got.

Damit war Ngāi Tahu der erste Māori-Stamm, der den gesamten Prozess der Reconciliation mit Hilfe des Waitangi-Tribunals vollständig durchlief. Die Einigung des Stammes mit der Crown beinhaltet einen Ausschluss weiterer Klagen von Seiten Ngāi Tahus in Bezug auf historische Verletzungen des Vertrages von Waitangi vor 1992. Die finanzielle Wiedergutmachung war essentielles Element der Versöhnung. Neuseelands Regierung musste jedoch weitere Zugeständnisse an Ngāi Tahu machen: So wurde das Vorkaufsrecht der Crown im Erwerb von Land, wie es in Kolonialzeiten herrschte, umgekehrt. Zu Zeiten der Regierungsgründung in Neuseeland konnten Māori ihr Land ausschließlich an die Regierung verkaufen, welche dieses wiederrum an die Siedler weiterverkaufte. Mit dem gerichtlichen Vergleich im Jahr 1998 wurde diese Vorgehensweise auf den Kopf gestellt: Möchte die neuseeländische Regierung Grundstücke verkaufen, die sich auf dem Stammesgebiet Ngāi Tahus befinden, muss sie diese zuerst dem Stamm zum Kauf anbieten. Lehnt Ngāi Tahu ab, kann die Regierung die Grundstücke auf dem offenen Markt verkaufen – allerdings nur zum gleichen Preis, zu dem sie diese auch Ngāi Tahu angeboten hatte. Zwar hat Ngāi Tahu kein Recht darauf, den Grundstückspreis mit der Regierung zu verhandeln, doch senkt diese den Preis auf dem offenen Markt, muss sie die Grundstücke zuerst wieder Ngāi Tahu anbieten, bevor sie erneut an externe Interessenten angeboten werden dürfen. Als weiteren Teil der Wiedergutmachung beschreibt Mark Solomon den sogenannten 'Deferred Selection Process', welcher es Ngāi Tahu erlaubte, innerhalb von zwölf Monaten nach der Einigung mit der Regierung Grundstücke und Immobilien auf Stammesterritorium im Wert von 250 Millionen NZD von ihr zurückzukaufen. Dabei wurden unter anderem die Gerichtsgebäude von Christchurch, Queenstown und Dunedin sowie die Polizeistationen von Christchurch und Queenstown gekauft, womit der Stamm nun die Immobilien an die jeweilige Institution vermietet. Damit schaffte sich Ngāi Tahu ein Basiskapital für Reinvestitionen ohne bereits bestehendes Vermögen dafür verwenden zu müssen (O'REGAN ET AL. 2006: 52), wie der der Stammesvorsitzende Mark Solomon bemerkt:

> Doesn't matter how bad a recession gets – police will not gonna leave their building [...] if the nation goes into a recession it is very rarely that they close the court building down or the police station. So in a sense, we almost have a guaranteed cash flow.

Zusätzliche Zugeständnisse der Regierung beinhalten unter anderem die Umbenennung von Orten, die für Ngāi Tahu von historischer und spiritueller Wichtigkeit sind. Paradebeispiel hierfür ist Mt. Cook, der höchste Berg Neuseelands und gleichzeitig bedeutsamer spiritueller Ort für Ngāi Tahu. Im Zuge der Wiedergutmachung wurde der Berg von der neuseeländischen Regierung offiziell in seinen ursprünglichen Māori-Namen *Aoraki* umbenannt. Als Zeichen des Willens zur Zusammenarbeit mit der Krone benannte Ngāi Tahu den Berg wiederrum in „Aoraki / Mount Cook" um (MEIN-SMITH 2005: 236; O'REGAN ET AL. 2006: 59).

Traditionelle Werte des Stammes werden offiziell anerkannt und man etabliert öffentliche Symbole, die dokumentieren, dass Ngāi Tahu weiterhin ein Verhältnis zu den ehemaligen Stammesgebieten pflegt (O'REGAN ET AL. 2006: 60) und dass der Stamm über ein Mitspracherecht in Schutz und Verwaltung dortiger Fisch- und Vogelbestände verfügt. Auch der Besitz und die Verwaltung der Jade-Abbaugebiete – hauptsächlich an der Westküste der Südinsel – wurden Ngāi Tahu übertragen (Te Rūnanga o Ngāi Tahu 2014*d*), da sie sich auf Stammesterritorium befinden und große kulturelle Bedeutung für die Māori haben (vgl. WHEEN 2009). Der Ngāi Tahu Claims Settlement Act umfasste außerdem eine Entschuldigung der neuseeländischen Regierung im Namen der Crown, die einen weiteren essentiellen Bestandteil für eine erfolgreiche Versöhnung darstellt. Die Entschuldigung wurde in Englisch sowie in Te Reo Māori verfasst und zusätzlich von der damaligen Premierministerin Jenny Shipley auf dem Ōnuku Marae in Akaroa öffentlich vorgetragen (GIBBS 2006: 24). Im folgenden Absatz dazu ein Auszug aus der englischen Version der Entschuldigung:

> The Crown expresses its profound regret and apologises unreservedly to all members of Ngāi Tahu Whānui for the suffering and hardship caused to Ngāi Tahu, and for the harmful effects which resulted to the welfare, economy and development of Ngāi Tahu as a tribe. The Crown acknowledges that such suffering, hardship and harmful effects resulted from its failures to honour its obligations to Ngāi Tahu under the deeds of purchase whereby it acquired Ngāi Tahu lands, to set aside adequate lands for the tribe's use, to allow reasonable access to traditional sources of food, to protect Ngāi Tahu's rights to pounamu and such other valued possessions as the tribe wished to retain, or to remedy effectually Ngāi Tahu's grievances.
>
> The Crown apologises to Ngāi Tahu for its past failures to acknowledge Ngāi Tahu rangatiratanga and mana over the South Island lands within its boundaries, and, in fulfilment of its Treaty obligations, the Crown recognises Ngāi Tahu as the tāngata whenua of, and as holding rangatiratanga within, the Takiwā of Ngāi Tahu Whānui.
>
> Accordingly, the Crown seeks on behalf of all New Zealanders to atone for these acknowledged injustices, so far as that is now possible, and, with the historical grievances finally settled as to matters set out in the Deed of Settlement signed on 21. November 1997, to begin the process of healing and to enter a new age of co-operation with Ngāi Tahu. (Ngāi Tahu Claims Settlement Act 1998: 6)

Da viele der Ngāi Tahu-Mitglieder die finanziellen Reparationen der Regierung als zu niedrig und ungerecht empfanden, war man sich einig, den ausstehenden Betrag selbst erwirtschaften zu müssen (GIBBS 2008: 164). Tatsächlich hat sich die finanzielle Situation Ngāi Tahus seit 1998 drastisch verändert: Das Geschäftsjahr 2014 hat der Stamm mit einem Eigenkapital von knapp über einer Milliarde NZD abgeschlossen und befindet sich somit unter den beiden reichsten Stämmen des Landes[16] (Te Rūnanga o Ngāi Tahu 2014*d*, 6). Diese dramatische finanzielle Veränderung erfolgte durch eine Reihe strategischer Investitionen in Fischerei, Tourismus, Immobilien und Grundbesitz, welche dazu führten, dass Ngāi Tahu als treibende Kraft hinter der wirtschaftlichen Entwicklung der Südinsel Neuseelands bezeichnet wird (GIBSON 2011; Te Rūnanga o Ngāi

---

[16] Nach reinem Eigenkapital schlägt Ngāi Tahu den wohlhabenden Stamm Tainui, der über 783 Millionen NZD Eigenkapital verfügt, dafür jedoch ein Gesamtvermögen von 1,1 Milliarden NZD besitzt (Waikato Tainui Annual Report 2014: 6).

Tahu 2014*a*). Im Jahr 2012 war Ngāi Tahu laut seinem Vorsitzenden Mark Solomon der wahrscheinlich größte Bauunternehmer der Südinsel sowie das größte Fischerei- und Tourismusunternehmen Neuseelands in Stammeshand. Den größten Geschäftsanteil macht die Grundstücksentwicklung aus: Circa 469 Millionen NZD sind in Grundstücke und Immobilien investiert – auch in Land- und Forstwirtschaft, wofür Ngāi Tahu im Besitz von 83 600 ha Land ist (Ngāi Tahu Holdings 2014*a*). Zu den neun Unternehmen des Tourismus-Portfolios Ngāi Tahus gehören unter anderem der Naturpark Rainbowsprings, die Farmshow Aggrodome in Rotorua, die Anbieter für Jetboot-Fahrten Hukafalls-Jet in Taupo sowie Shotover Jet und Dart River Jet Safari in Queenstown. Heiße Quellen und Gletscher in der Region um den Franz-Josef-Gletscher sind u.a. Ziele weiterer Ngāi Tahu-Unternehmen im Bereich Naturtourismus (Ngāi Tahu Tourism 2014). Unabhängig von den wirtschaftlichen Unternehmungen des Stammes bekommen die verschiedenen regionalen Stammesgremien, genannt *Rūnanga*, 240 000 NZD pro Jahr zur Verfügung gestellt. Bis zum Jahr 2015 soll dieser Betrag auf maximal 400 000 NDZ angehoben werden. Das Geld wird zur Unterhaltung von Büros auf dem jeweiligen Marae, zur Information und Korrespondenz mit dem Stamm sowie für die regionale Arbeit im Umweltschutz verwendet. Um das Sparverhalten der einzelnen Ngāi Tahu-Stammesmitglieder zu verbessern, bietet der Stamm spezielle Anlageformen. So können z.B. Eltern das Geld ihres Kindes, das sie von den Gewinnen des Stammes-Trusts erhalten, in Ngāi Tahu-Sparprogrammen anlegen. Jedes Jahr wird das angelegte Geld von Ngai Tahu vervierfacht, bei Erwachsenen wird das angelegte Geld verdoppelt. Spezielle Anreize und Regelungen sollen die Familien dazu ermutigen, das Geld für Bildung, Rente oder Hausbau zu verwenden, womit man das sehr schlechte Sparverhalten der Māori positiv beeinflussen möchte. Ngāi Tahu vergibt außerdem Stipendien und arbeitet seit einigen Jahren daran, dem kompletten Stamm eine Gesundheitsversicherung zu finanzieren, die sämtliche Krankenhauskosten der Mitglieder abdeckt. Bisher kam es aber mit noch keiner der großen neuseeländischen Versicherungen zu einem Kompromiss.

Aufgrund seiner umfassenden wirtschaftlichen Aktivitäten nach dem Ngāi Tahu Claims Settlement Act, musste die Struktur des Stammes an die neuen Herausforderungen angepasst werden. Ngāi Tahus setzt sich folgendermaßen zusammen (s. Abb. 5): Ngāi Tahu wird vom Stammesrat *Te Rūnanga o Ngāi Tahu* geleitet, welcher aus 18 regionalen kollektiven Stammesgremien (*Rūnanga*) besteht und die jeweiligen Unterstämme repräsentiert. *Te Rūnanga o Ngāi Tahu* überwacht sämtliche Aktivitäten des Stammes und setzt sich aus gewählten Vertretern der 18 *Rūnanga* zusammen (O'REGAN ET AL. 2006: 56). Der Sitz von *Te Rūnanga o Ngāi Tahu* befindet sich in Wigram, einem Stadtteil Christchurchs. Der ehemalige Militärflughafen Wigram Airfield, in dessen Tower sich die Büroräume von *Te Rūnanga o Ngāi Tahu* befinden, wurde 1997 von Ngāi Tahu gekauft. Der Rest des Geländes wird als Wohn- und Gewerbegebiet im Besitz des Stammes unter dem Projektnamen "Wigram Skies" erschlossen, verkauft oder vermietet. Nach seiner Fertigstellung im Jahr 2015 soll Wigram Skies Wohnmöglichkeiten für 4000 Menschen bieten (Ngāi Tahu Property 2014: 2). *Te Rūnanga o Ngāi Tahu* gilt als wohltätige Stiftung, die Ngāi Tahu Holdings und Ngāi Tahu Development übergeordnet ist (O'REGAN ET AL. 2006: 56 f.). Die Ngāi Tahu Holdings Corporation regelt alle wirtschaftlichen Aktivitäten und Ngāi Tahu Development verwaltet und bedient die sozialen und kulturellen Programme. Die beiden Unternehmen gewährleisten, dass Vermögensbildung und Vermögensverteilung von *Te Rūnanga o Ngāi Tahu* voneinander getrennt bleiben. Ngāi Tahu Holdings untergliedert sich in die Unternehmen Ngāi Tahu Capital, Ngāi Tahu Property, Ngāi Tahu Seafood sowie Ngāi Tahu Tourism, welche die Investitionen in den jeweiligen Sektionen des Portfolios Ngāi Tahus verwalten (Ngāi Tahu Holdings 2014*b*) (siehe Abb. 6).

Um wirtschaftliche Nachhaltigkeit und Wachstum zu erreichen, verlässt sich Ngāi Tahu auch auf die Expertise von Beratern, die zwar keine Stammesmitglieder, aber trotzdem Teil des Vorstands von Ngāi Tahu Holdings sind (O'REGAN ET AL. 2006, 57). Im Jahr 2012 waren nach Information des Vorsitzenden Mark Solomon von den 540 Mitarbeitern Ngāi Tahus nur 86 Māori. Dies ist auf den Kauf bereits bestehender Firmen zurückzuführen, deren Mitarbeiter, Māori und Angehörige anderer Ethnien vollständig übernommen wurden. Grundsätzlich ist es keine Voraussetzung, Stammesmitglied zu sein, um bei Ngāi Tahu zu arbeiten. Die Einstellungspolitik von *Te Rūnanga o Ngāi Tahu* bevorzugt Personen aufgrund ihrer Fähigkeiten, unabhängig von ihrer ethnischen Zugehörigkeit.

Der Versöhnungsprozess zwischen der neuseeländischen Regierung und Ngāi Tahu führt zu einer stärkeren und bewussteren Zusammenarbeit zwischen Māori und Pākehā. Die kleine Küstenstadt Kaikōura, im Norden der Südinsel gelegen, zeigt wie Zusammenarbeit zwischen beiden Parteien erfolgreich funktionieren kann. Der dort ansässige *Rūnanga* des Unterstammes Ngāti Kurī ist maßgeblich an der touristischen Entwicklung der Stadt beteiligt. Ende der 1980er Jahre boten einige der dort ansässigen Māori-Familien aufgrund mangelnder Einkommensmöglichkeiten Bootstouren zur Walbeobachtung an. Daraus entwickelte sich innerhalb weniger Jahre das äußerst erfolgreiche Unternehmen Whale Watch Kaikoura Ltd., welches heute der größte Arbeitgeber der Stadt ist. Der Erfolg des Unternehmens zog eine Welle an Firmenneugründungen von Einheimischen im Bereich des Tourismus mit Meeressäugern nach sich, darunter Schwimmen mit Delfinen und Seehunden, Delfin- oder Seehundbeobachtungstouren sowie Walbeobachtungen aus dem Flugzeug. Darüber hinaus passte sich Gastronomie und Hotellerie der Stadt an die wachsenden Touristenströme an und stellte viele weitere Arbeitsplätze für Einheimische zur Verfügung. Ökotourismus wurde schnell zum wirtschaftlichen Motor für die Region, mehr als eine Million Touristen zieht die kleine Küstenstadt mittlerweile jährlich an. Ngāi Tahu Holdings Ltd. besitzt 43% der Anteile von Whale Watch Kaikura Ltd., der Rest befindet sich in Hand des Kaikoura Charitable Trust, welcher einen Teil des erwirtschafteten Geldes an soziale Einrichtungen und Bedürftige in Kaikōura spendet (SCHINDLER 2013: 59 f.).

Das Verhältnis zwischen Ngāi Tahu und Kaikōuras Unterstamm der Ngāti Kurī ist sehr eng, unter anderem weil Ngāi Tahus Vorsitzender Mark Solomon selbst von Ngāti Kurī abstammt. Die Zugeständnisse der Regierung an Ngāi Tahu als Wiedergutmachung für die Verletzung des Vertrages von Waitangi zeigen sich auch an der Zusammenarbeit zwischen Māori und Pākehā: Das durch den Ngāi Tahu Claims Settlement Act gewonnene Mitspracherecht des Stammes in Umweltschutz und bei kulturellen Angelegenheiten wird in Kaikōura aktiv umgesetzt. Repräsentanten des Ngāti Kurī *Rūnanga* haben automatisch einen Platz in Ausschüssen und Komitees des Stadtrates, ohne dass dieser zuerst in den Ausschuss gewählt werden muss. Sie haben eingeschränkt Mitbestimmung im Lehrplan der Schulen und im Naturschutz. Kaikōuras Büro des Department of Conseravation, der neuseeländischen Regierungsbehörde für Umweltschutz, hat eine Stelle explizit für einen *Rūnanga*-Vertreter der Ngāti Kurī eingerichtet. Dieser dient als Vermittler zwischen der Behörde und der Māori-Gemeinde, um gemeinsame Anliegen zu Naturschutz und Kultur zur Sprache zu bringen (SCHINDLER 2013: 99 ff.). Der zuständige DOC-Ranger[17] beschreibt die Notwendigkeit seiner Stelle:

> New Zealand's government does not force people to have a relationship with the indigenous group. However there is some legislation that allows us to have a little bit of a say. That's why we have got people like me involved in government departments. So that Māori aspirations are not forgotten about. And the government still has a responsibility to ensure that they meet their Treaty of Waitangi obligations.

Die Auswirkungen des Versöhnungsprozess zeigen sich auch beim Küstenschutzteam *Te Korowai*. Mitte der 1990er Jahre von Māori gegründet, um die Artenvielfalt der Meerestiere vor Kaikōuras Küste zu schützen, besteht das Team mittlerweile aus einer Vielzahl von Vertretern aus Tourismus, kommerzieller Fischerei, Regierung, Umweltschutz, der Stadtverwaltung sowie dem Stamm der Ngāi Tahu. Über einen Zeitraum von sieben Jahren erarbeitete das Team eine Strategie für den Küstenschutz Kaikōuras, welche im Jahr 2012 veröffentlicht wurde (SCHINDLER 2013: 102). Nur Monate später wurde vom Premierminister John Key die Bestätigung zu dessen Implementierung erteilt. Damit waren mehrere temporäre und ein dauerhaftes Meeresschutzgebiet vor Kaikōuras Küste eingerichtet (Te Rūnanga o Ngāi Tahu 2014*b*).

In Te Korowai arbeiten Māori und Pākehā Seite an Seite um ein gemeinsame Ziele zu erreichen. Dennoch gibt es auch Stimmen, die den Versöhnungsprozess zwischen Māori und der Crown kritisch bewerten (SCHINDLER 2013: 115). Vor allem der 2004 erlassene Foreshore and Seabed Act verstößt in den Augen der Māori-Gemeinde eindeutig gegen den Vertrag von Waitangi (BARGH 2006: 22 f.; HICKFORD 2012), denn er legt die Regierung als alleinigen Besitzer des Küstenvorlandes und des Meeresbodens fest. Diese Vorgehensweise bildet keine Ausnahme, sondern kommt immer wieder vor, wie eine Mitarbeiterin von Te Korowai berichtet:

> You can't say that these things happened only in the 1840s […] They are still happening in the last years. Ngāi Tahu settled with the crown and how many times did we have to take them back to court for things they were not doing.[18]

Auch das alltägliche Verhältnis zwischen Māori und Pākehā ist aufgrund der Reparationszahlungen an Māori-Stämme teilweise angespannt. So empfinden einige Pākehā die Zahlungen an Māori als unangebracht und überzogen, während Māori hingegen den Pākehā eine mangelnde Kenntnis des von der Regierung verübten historischen Unrechts vorwerfen (SCHINDLER 2013: 115 f.). Allem zum Trotz schreitet die Anerkennung und der Einflusses von Ngāi Tahu weiter voran: Anfang des Jahres 2013 wurde Mark Solomon für seine Verdienste zur Vertretung der Māori-Interessen und der Förderung der neuseeländischen Wirtschaft in den Ritterstand gehoben (*NZN* 2012; REVINGTON 2013). Mit dem wachsenden finanziellen Erfolg und der allgemeinen gesellschaftlichen Anerkennung des Stammes möchten manche Stammesvorsitzenden nicht mehr durch

---

[17] Das Interview wurde am 26. November 2012 in Kaikōura aufgezeichnet.
[18] Das Interview wurde am 8. November 2012 in Kaikōura aufgezeichnet.

ihre Zugehörigkeit zum Stamm, sondern als einflussreiche und bedeutende Grundstücksbesitzer identifiziert werden (vgl. SISSONS 2005: 152).

Zusammenfassung

Der Prozess der *Reconciliation, Apology and Reparation* zwischen Māori und Pāhekā bzw. der neuseeländischen Regierung (Crown) ist bisher keinesfalls ohne Probleme und Hindernisse verlaufen. Zwar umfasst der Versöhnungsprozess wie das Beispiel des Stammes Ngāi Tahu zeigt in groben Zügen die Prinzipien nach BASHIR (2008: 55 ff.), aber die rechtliche Unverbindlichkeit des Vertrages von Waitangi und des Waitangi-Tribunals lässt den Schluss zu, dass der Prozess zwischen den Parteien nicht auf Augenhöhe geführt wird, sondern dazu dient, teilweise bestehende koloniale Strukturen aufrecht zu erhalten (vgl. SLYOMOVICS 2014: 267). Der finanzielle Erfolg von Ngāi Tahu seit der Wiedergutmachung durch den Ngāi Tahu Claims Settlement Act ist in diesem Kontext nicht nur bemerkenswert, sondern veränderte auch die soziale und politische Position des Stammes maßgeblich. Als wirtschaftlicher Motor der Südinsel und als soziale Institution für Māori-Wohlfahrt sowie als Kulturvermittler wird Ngāi Tahu international als Vorreiter der wirtschaftlichen, sozialen und kulturellen Entwicklung von Indigenen angesehen (DALLY 2012). Dank strategischer Investitionen in Tourismus, Immobilien, Landwirtschaft und Fischerei hat der Stamm die ihm von der Regierung zugesprochenen finanziellen Entschädigungen mehr als verfünffacht. Die finanzielle Stellung Ngāi Tahus sowie die Zugeständnisse der neuseeländischen Regierung geben dem Stamm einen wachsenden Einfluss in Fragen der Wirtschaft, des Umweltschutzes, der Kultur und der Bildung. Trotz dieser politischen Zugeständnisse und trotz der finanziellen Reparationen beruht ein großer Teil von Ngāi Tahus Erfolgsmodell auf Eigeninitiative, weniger auf reinem Wohlwollen der neuseeländischen Regierung (SCHINDLER 2013: 128 f.). Da nur Māori, die sich in historisch anerkannten Stammessystemen organisieren, eine Entschuldigung durch die neuseeländische Regierung erfahren, liegt der Schluss nahe, dass es der Regierung Neuseelands darum geht, die Forderungen nach weiteren Reparationszahlungen endgültig abzuschließen (GIBBS 2006: 22; HOOK/RAUMATI 2008: 6 f.; TAURI/WEBB 2011: 19). Auch die zwischen Māori und Pākehā auftretenden Spannungen aufgrund unterschiedlicher Perspektiven auf ihre gemeinsame Vergangenheit machen deutlich, dass Reconciliation, Apology und Reparation mehr bedeutet als finanzielle Entschädigung. Anscheinend können sich Māori und Pākehā bisher noch nicht auf eine gemeinsame Geschichte im kollektiven Gedächtnis beider Parteien einigen (BASHIR 2008: 51 f.). Daher bleibt abzuwarten, wie sich das anhaltende wirtschaftliche Aufstreben großer Māori-Stämme wie Ngāi Tahu in Zukunft auf das bikulturelle Zusammenleben in Neuseeland auswirken wird. Sicher ist, dass Ngāi Tahu sich als einflussreiche Stimme in der neuseeländischen Wirtschaft und Gesellschaft etabliert hat und heute bedeutender Bestandteil des neuseeländischen Reconcilitiation-Prozesses ist (GIBBS 2008: 165; SISSONS 2005: 152 f.). Trotz der Position der Regierung als Richter sowie als Verursacher historischen Unrechts, sieht Gibbs (2006: 27) den 'Treaty Settlement Process' als Ansatz zur Versöhnung, der zumindest eingeschränkte Gerechtigkeit und eine gemeinsame Basis für die zukünftige Gestaltung der neuseeländischen Gesellschaft herzustellen vermag.

Die bikulturelle Gesellschaft Neuseelands ist auf dem besten Weg, die Vereinnahmung und Kolonisierung der Māori partiell zu überwinden. Die Feststellung nach der Unterzeichnung des Vertrages von Waitangi "We are now one people" gehört der Vergangenheit an, denn wenn sich jede Ethnie und Partei trotz unterschiedlicher kultureller Identität zur Nation Neuseeland zugehörig fühlt, muss der Satz lauten: "We are all New Zealanders now."

Literatur

ANDERSON, BENEDICT [1983](2006): *Imagined Communities: Reflections on the Origin and Spread of Nationalism.* London.
BARGH, MARIA (2006): Changing the game plan: the Foreshore and Seabed Act and constitutional change. *Kotuitui: The New Zealand Journal of Social Sciences Online* 1(1): 13–24.
BASHIR, BASHIR (2008): Reconciling Historically Excluded Social Groups: Deliberative Democracy and the Politics of Reconciliation. In DERS. und WILL KYMLICKA (Hgg.): *The politics of reconciliation in multicultural societies.* Oxford: University Press, 48-69.
BAUTZ, MARKUS (2007): Urban Tribes, Rural Vibes. Māori in Neuseeland im Kampf um Identität(en). *Iz3w* 303: 19–21.
BENTON, RICHARD, ALEX FRAME und PAUL MEREDITH (Hgg.) (2013): *Te Matapunenga. A Compendium of References to the Concepts and Institutions of Māori Customary Law.* Wellington. Victoria University Press.
BLOOMFIELD, DAVID (2003): Reconciliation: an Introduction. In DERS., TERESA BARNES und LUC HUYSE (Hgg.) (2003): *Reconciliation after Violent Conflict. A Handbook.* Stockholm: International Institute for Democracy and Electoral Assistance, 10–18.
BYRNES, GISELLE (2004): *The Waitangi Tribunal and New Zealand History.* Oxford.
COLEMAN, ANDREW, SYLVIA DIXON und DAVID C. MARÉ (2005): *Māori economic development – Glimpses from statistical sources.* Motu Working Paper 05–13, Motu Economic and Public Policy Research. *http://ssm.com/abstract=911156.*
CROCKET, ALASTAIR (2011): Exploring the Meaning of the Treaty of Waitangi for Counselling. *New Zealand Journal of Counseling* 33(1): 54–67.
DALLY, JOELLE (2012): Mark Solomon honoured. *http://www.stuff.co.nz/the-press/news/8130714 /Mark-Solomon-honoured* [12.11.2014].
GIBBS, MEREDITH (2006): Justice as Reconciliation and Restoring *Mana* in New Zealand's Treaty of Waitangi Settlement Process. *Political Science* 58(2): 15–27.
DIES. (2008): Apology and Reconciliation in New Zealand's Treaty of Waitangi Settlement Process. In MARK GIBNEY, RHODA. E. HOWARD-HASSMANN, JEAN-MARC COICAUD und NIKLAUS STEINER (Hgg.): *The Age of Apology. Facing Up to the Past.* Philadelphia: University of Pennsylvania Press, 154–167.
GIBSON, ANNE (2011): The rousing giant of Māori money. *New Zealand Herold*: *http://www. nzherald.co.nz/business/news/article.cfm?c_id=3&objectid=10749076* [4.11.2014].
GIBSON, JAMES (2002): Truth, Justice and Reconciliation: Judging the Fairness of Amnesty in South Africa. *American Journal of Political Science* 46(3): 540–556.
HICKFORD, MARK (2012): Law of the foreshore and seabed. *http://www.TeAra.govt.nz/en/law-of-the-foreshore-and-seabed* [11.11.2014].
HOOK, GARY R. und L. PAREHAEREONE RAUMATI (2008): Does the New Zealand Government owe Māori an apology? *MAI Review* 2008/3: 1–11.
HOOK, GARY R. (2008): The road to reconciliation begins with an apology. *MAI Review* 2008/2: 1–13.

HOPKINS, JOHN (2012): Māori Education and Reconciliation. *Catalyst: A Social Justice Forum* 2/1, 13–21.
HUYSE, LUC (2003): Justice. In DAVID BLOOMFILED, TERESA BARNES und LUC HUYSE (Hgg.) (2003): *Reconciliation after Violent Conflict. A Handbook.* Stockholm: International Institute for Democracy and Electoral Assistance, 97–115.
IORNS MAGALLANES, CATHERINE J. (2008): Reparations for Māori Grievances in Aotearoa New Zealand. In FEDERICO LENZERINI (Hg.): *Reparations for Indigenous Peoples. International & Comparative Perspectives.* New York: Oxford University Press, 523–564.
KAWHARU, HUGH (2008): Biculturalism and Inclusion in New Zealand: The Case of Orākei. *Anthropologica* 50/1: 49–56.
LLEWELLYN, JENNIFER J. und ROBERT HOWSE (1999): Institutions for restorative Justice: The South African Trutz and Reconciliation Commission. *University of Toronto Law Journal* 49, 355–388.
MEIN-SMITH, PHILIPPA (2007): *A concise history of New Zealand.* Cambridge U P.
NZN (2012): Knighthood for Ngāi Tahu Chair. *http://www.3news.co.nz/Knighthood-for-Ngai-Tahu-chair/tabid/423/articleID/281710/Default.aspx* [10.11.2014].
O'REGAN, TIPENE SIR, LISA PALMER und MARCIA LANGTON (2006): Keeping the fires burning: grievance and aspiration in the Ngāi Tahu settlement. In MARCIA LANGTON, ODETTE MAZEL, LISA PALMER, KATHRYN SHAIN und MAUREEN TEHAN (Hgg.): *Settling with Indigenous People.* Annandale: The Federation Press, 44–65.
OPOTOW, SUSAN (2001): Reconciliation in Times of Impunity: Challenges for Social Justice. *Social Justice Research* 14/2: 149–170.
REVINGTON, MARK (2013): Celebrating the Knighthood of Mark Solomon. *http://www.tekaraka.co.nz/Blog/celebrating-the-knighthood-of-mark-solomon* [10.11.2014].
SCHINDLER, MICHAEL: *Māori-Kultur in Kaikōura – kulturelle Hybridisierungen und wiederbelebte Identität in Neuseelands Zentrum für Whale Watching.* Unveröffentlichte Diplomarbeit Mainz 2013.
SIMON, JUDITH A (Hg.) und LINDA TUHIWAI SMITH (1998): *Ngā Kura Māori: the Native Schools System 1867-1969.* Auckland: Auckland UP.
SISSONS, JEFFREY (2005): *First Peoples. Indigenous Cultures and Their Futures.* Chicago.
SLYOMOVICS, SUSAN (2014): *How to accept German Reparations.* Philadelphia: U of Pennsylvania (Pennsylvania Studies in Human Rights).
STOKES, EVELYN (1992): The Treaty of Waitangi and the Waitangi Tribunal: Māori claims in New Zealand. *Applied Geography* 12: 176–191.
TAURI, JUAN und ROBERT WEBB (2011): The Waitangi Tribunal and the regulation of Māori protest. *New Zealand Sociology* 26 (special): 21–41.
THOMPSON, JANNA (2002): *Taking Responsibility for the Past: Reparation and Historical Injustice.* Cambridge: Polity Press.
VANDEGINSTE, STEF (2003): Reparation. In TERESA BARNES und LUC HUYSE (Hgg.) (2003): *Reconciliation after Violent Conflict. A Handbook.* Stockholm: International Institute for Democracy and Electoral Assistance, 145–162.
WAM, PAULINE (2012): Reconciling "Terror". Managing Indigenous Resistance in the Age of Apology. *American Indian Quarterly* 36/1: 1–34.
WHEEN, NICOLA R. (2009): Legislation for indigenous peoples' ownership and managements of minerals. A New Zealand case study on pounamu. *Management of Environmental Quality* 20/5: 551–565.
WILLIAMS, DAVID V. (2013): Ko Aotearoa Tenei: Law and Policy affecting Māori Culture and Identity. *International Journal of Cultural Property* 20: 311–331.

Quellentexte

Ngāi Tahu Holdings (2014a): Ngāi Tahu Property. *http://www.ngaitahuholdings.co.nz/subsidiaries/ngai-tahu-property/* [4.11.2014].
Ngāi Tahu Holdings (2014b): Group Profile. *http://www.ngaitahuholdings.co.nz/group-profile/* [9.11.2014].
Ngāi Tahu Property (2014): Wigram Skies Masterplan. Christchurch.
Ngāi Tahu Tourism (2014): Our Experiences. *http://www.ngaitahutourism.co.nz/* [10.11.2014].
Office of Treaty Settlements (1998): Ngāi Tahu Claims Settlement Act 1998. Wellington.
Te Maire Tau: 'Ngāi Tahu', Te Ara – the Encyclopedia of New Zealand. *http://www.TeAra.govt.nz/en/ngai-tahu* [3.11.2014].
Te Rūnanga o Ngāi Tahu (2014a): Claim History. *http://ngaitahu.iwi.nz/ngai-tahu/the-settlement/claim-history/* [4.11.2014].
Te Rūnanga o Ngāi Tahu (2014b): Ngāi Tahu welcomes new Kaikōura marine strategy. *http://ngaitahu.iwi.nz/our_stories/ngai-tahu-welcomes-new-kaikoura-marine-strategy/* [10.11.2014].
Te Rūnanga o Ngāi Tahu (2014c): Pounamu. *http://ngaitahu.iwi.nz/ngai-tahu/the-settlement/settlement-offer/cultural-redress/ownership-and-control/pounamu/* [4.11.2014].
Te Rūnanga o Ngāi Tahu (2014d): Summarized Accounts 2014. Christchurch.
Te Rūnanga o Ngāi Tahu (2014e): Annual Report 2014. *http://ngaitahu.iwi.nz/annual-report-2014/* [6.11.2014].
Te Rūnanga o Ngāi Tahu (2014f): Organisation Structure. *http://ngaitahu.iwi.nz/wp-content/uploads/2013/06/org-chart.gif* [6.11.2014].
United Nations Human Rights Council (2014): Access to justice in the promotion and protection of the rights of indigenous peoples: restorative justice, indigenous juridical systems and access to justice for indigenous women, children and youth, and persons with disabilities. Study by the Expert Mechanism on the Rights of Indigenous Peoples. Genf.
Waikato Tainui Annual Report 2014. Hamilton.

ABB. 1. *Übersichtskarte von Aotearoa / Neuseeland*

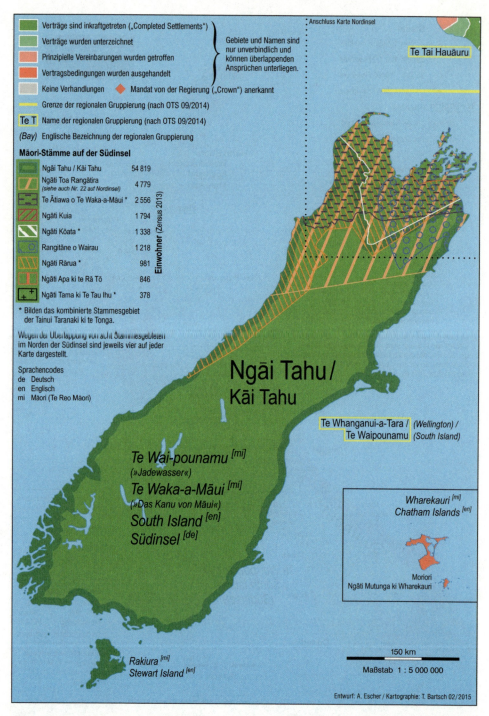

ABB. 2. *Abgeschlossene und laufende Ausgleichsverfahren in Referenz zum Vertrag von Waitangi (1840) in Aotearoa / Neuseeland (Süden)*

ABB. 3. *Abgeschlossene und laufende Ausgleichsverfahren in Referenz zum Vertrag von Waitangi (1840) in Aotearoa / Neuseeland (Norden)*

ABB. 4. "Completed Settlements"

Stamm (Iwi) / Unterstamm (Hapū) / Gruppe (Collective, Trust)	Region	Jahr des Vertrages	Jahr des Inkrafttretens	Wiedergutmachungsbetrag [NZD/$]
Central North Island Forests Iwi Collective	CNI	2008	2008	161.000.000
Commercial Fisheries	–	1992	1992	170.000.000
Hauai	?	1993	k.A.	715.682
Maraeroa A and B Blocks (Rerehau)	Wai	2011	2012	1.800.000
Maungaharuru Tangitū Hapū	Tāk	2013	2014	23.000.000
Ngā Rauru Kītahi	Hau	2003	2005	31.000.000
Ngā Wai o Maniapoto (Waipa River)	?	2010	2012	k.A.
Ngāi Tahu	W/W	1997	1998	170.000.000
Ngāi Tāmanuhiri	Rāwhiti	2011	2012	11.070.000
Ngāti Apa (North Island)	Hau	2008	2010	16.000.000
Ngāti Apa ki te Rā Tō	W/W	2010	2014	28.000.000
Ngāti Awa	Moana	2003	2005	42.390.000
Ngāti Kōata	W/W	2012	2014	11.000.000
Ngāti Kuia	W/W	2010	2014	24.000.000
Ngāti Mākino	Arawa	2011	2012	9.000.000
Ngāti Manawa	CNI	2009	2012	12.207.780
Ngāti Manuhiri	Tām	2011	2012	9.000.000
Ngāti Mutunga	Hau	2005	2006	14.900.000
Ngāti Pāhauwera	Tāk	2010	2012	20.000.000
Ngāti Porou	Rāwhiti	2010	2012	90.000.000
Ngāti Rangiteaorere (Te Tokotoru)	Arawa	1993	k.A.	760.000
Ngāti Rangiteaorere (Te Tokotoru)	Arawa	2013	2014	750.000
Ngāti Rangiwewehi (Te Tokotoru)	Arawa	2012	2014	6.000.000
Ngāti Rārua	W/W	2013	2014	11.000.000
Ngāti Raukawa	Wai	2014	2014	50.000.000
Ngāti Ruanui	Hau	2001	2003	41.000.000
Ngāti Tama	Hau	2001	2003	14.500.000
Ngāti Tama ki Te Tau Ihu	W/W	2013	2014	12.000.000
Ngāti Toa Rangātira	W/W	2012	2014	70.000.000
Ngāti Tūhoe	CNI	2012	2014	169.000.000
Ngāti Tūrangitukua	Arawa	1998	1999	5.000.000
Ngāti Tūwharetoa (Bay of Plenty)	Moana	2003	2005	10.500.000
Ngāti Whakaue	? Arawa	1994	k.A.	5.210.000
Ngāti Whare	CNI	2009	2012	9.568.260
Ngāti Whātua o Kaipara	Tām	2011	2013	22.100.000
Ngāti Whātua o Ōrākei	Tām	2011	2012	18.000.000
Pouākani	Arawa	1999	2000	2.650.000
Rangitāne o Wairau	W/W	2010	2014	25.000.000
Rongawhakaata	Rāwhiti	2011	2012	22.240.000
Rotoma	?	1996	k.A.	43.931
Tāmaki Makaurau Collective	Tām	2012	2014	k.A.

Tapuika (Te Tokotoru)	Arawa	2012	2014	6.000.000
Taranaki Whānui ki Te Upoko o Te Ika	W/W	2008	2009	25.000.000
Te Arawa Iwi and Hapū (Affiliates)	Arawa	2006, neu 2008	2008	38.600.000
Te Arawa Lakes	Arawa	2004	2006	2.700.000
Te Ātiawa o Te Waka-a-Māui	W/W	2012	2014	11.000.000
Te Maunga	?	1996	k.A.	129.032
Te Roroa	Tok	2005	2008	9.500.000
Te Uri o Hau	Tok	2000	2002	15.600.000
Waikato River inklusive der Flussanteile der	Wai			k.A.
- Waikato-Tainui		2009	2010	
- Ngāti Raukawa		2010	2010	
- Te Pūmautanga o Te Arawa		2010	2010	
- Ngāti Tūwharetoa		2010	2010	
- Ngāti Maniapoto		2010	2012	
Waikato-Tainui (Raupatu)	Wai	1995	1995	170.000.000
Waimakuku	?	1995	k.A.	375.000
Waitaha	Arawa	2011	2013	7.500.000
Waitomo	? Wai	1990	k.A.	k.A.

Abkürzungen:
Arawa .... Te Arawa
CNI .... Central North Island
Hau .... Te Tai Hauāuru
k.A. .... keine Angabe
Moana .... Te Moana a Toi
Rāwhiti ..... Te Tai Rāwhiti
Tāk .... Tākitimu
Tām .... Tāmaki Makaurau
Tok .... Te Tai Tokerau
Wai .... Waikato
W/W .... Te Whanganui-a-Tara / Te Waipounamu
? .... Status unklar

Quelle: Office of Treaty Settlements. Claims Progress. Progress of Claims. Last updated 18 June 2014. http://www.ots.govt.nz/.

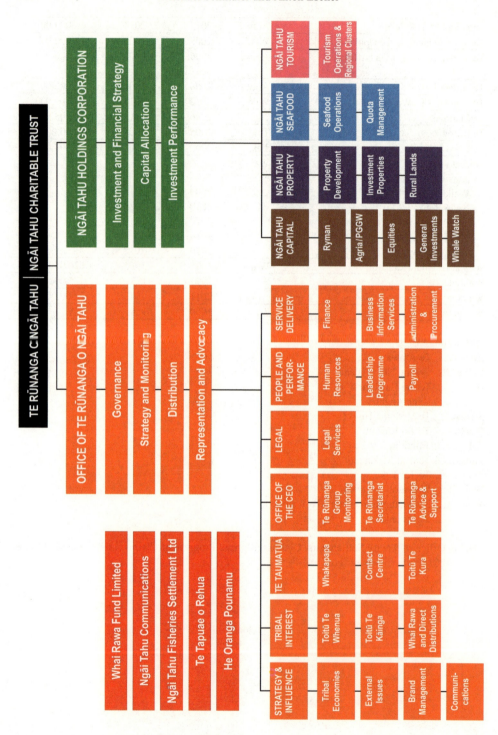

ABB. 5. *Organigramm der Wohltätigkeitsstiftung des Stammes Ngāi Tahu*

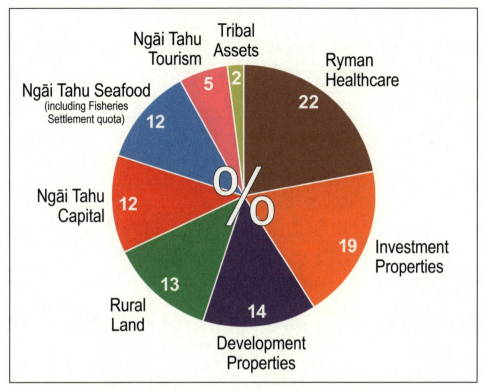

ABB. 6. *Aufteilung des Anlagevermögens (Eigenkapital) des Stammes Ngāi Tahu*

Bikulturalität in der Museumspraxis

Tanja Schubert-McArthur

Das neuseeländische Nationalmuseum, Museum of New Zealand Te Papa Tongarewa (im Weiteren Te Papa), ist nicht zufällig auf vom Meer zurückgewonnenem Land, das heißt auf neutralem Boden, errichtet worden, ist es doch von der ‚Māori-Renaissance-Bewegung' der 1970er Jahre inspiriert und mit einem starken Drang zur Dekolonialisierung konzipiert worden. Damit hat das Te Papa tatsächlich ‚Neuland betreten', denn es hat sich dem Konzept der Bikulturalität nicht nur in den Statuten verpflichtet, sondern ist eine Partnerschaft mit den indigenen Māori eingegangen, die sich im Museumsbetrieb auf allen Ebenen widerspiegelt: Die Besucher werden mit 'kia ora' begrüsst, Museumstafeln sind zweisprachig, Māori-Mitarbeiter kümmern sich um die Māori-Sammlung und beleben den Museumsalltag mit Zeremonien, alle Mitarbeiter können am Māori-Sprachunterricht teilnehmen und die Museumsdirektion ist geteilt in einen Māori-Direktor (*kaihautū*) und einen Pākehā-Direktor (Chief Executive Officer, CEO), die gemeinsam die Museumsbelange steuern. Das Te Papa konnte sich aufgrund eines Budgets von 300 Millionen Neuseelanddollar[1] und der Neukonzeption mit bikultureller Ausrichtung völlig neu erfinden und hat seit seiner Eröffnung im Jahr 1998 weltweit großes Interesse durch über 20 Millionen Besucher und Museumsexperten erfahren.[2] Die Architektur des eigens entworfenen Gebäudes weist Elemente der Kultur der Māori und der (überwiegend britischen) Siedler auf. So korrespondiert die räumliche Anordnung der Ausstellungen mit den Ansiedlungsvorlieben – Māori sind dem Meer und Pākehā der Stadt zugewandt – und als vermittelndes und zugleich räumlich trennendes Element befindet sich die Ausstellung des 1840 zwischen der britischen Krone und einigen Māori-Häuptlingen geschlossenen Vertrags von Waitangi in der Mitte. Außerdem beherbergt das Museum ein voll funktionsfähiges *marae*; ideale Bedingungen also um Bikulturalität in der Museumspraxis tatsächlich zu leben und zu fördern. Folglich verkörpert das Te Papa das weitreichendste bikulturelle ‚Staatsexperiment' (WILLIAMS 2006: 1) innerhalb der neuseeländischen Gesellschaft, die sich immer noch schwer tut, den seit den 1990ern offiziellen Kurs der Bikulturalität in der Praxis umzusetzen.

In diesem Beitrag möchte ich einen Blick hinter die Kulissen des Te Papa werfen, um zu zeigen, wie das Konzept der Bikulturalität sich auf die Goffmansche ‚Hinterbühne' auswirkt und den Museumsalltag prägt. Dabei sehe ich das Potential des Museums als ‚Kontaktzone', wie James Clifford es auf Marie Louise Pratt aufbauend definiert, das heißt "the space of colonial encounters, the space in which peoples geographically and historically separated come into contact with each other and establish ongoing relations, usually involving conditions of coercion, radical inequality and intractable conflict."[3]

Anhand von ausgewählten Beispielen zeige ich, dass Bikulturalität zwar die Teilhabe der Māori bekräftigt, gleichzeitig aber auch bestehende Machtverhältnisse stützt, wo

---

[1] Anna Cottrell und Gaylene Preston, *Getting to our place*, video recording, 2000.
[2] *http://www.tepapa.govt.nz/pages/home.aspx* [1.2.2013].
[3] Mary Louise Pratt zitiert in CLIFFORD, 1997, 192.

sich letzten Endes die Mehrheit oder die Hegemonie der Pākehā durchsetzt.[4] Die Pluralität von Weltanschauungen, die im Te Papa als gleichberechtigt angesehen werden, aber häufig nicht vereinbar sind, erschweren einerseits die Zusammenarbeit, bereichern aber andererseits das Museum und den kulturellen Horizont der Mitarbeiter. Meine Ausführungen beziehen sich auf meine Erfahrungen als Mitarbeiterin im Te Papa seit 2007 und insbesondere auf intensive Feldforschung über zwölf Monate im Jahr 2009/ 2010 basierend auf teilnehmender Beobachtung und Interviews mit 68 Mitarbeitern.

Umgang mit der Māori-*Sammlung*

In der Māori-Kultur sind Museumsobjekte nicht ‚tote Dinge', sondern *taonga*, beseelte Dinge, die nicht nur die Gegenwart mit der Welt der Ahnen verknüpfen, sondern selbst die Ahnen verkörpern (MEAD 1986: 197). Folglich bedürfen *taonga* der besonderen Pflege: sie werden von den *kaitiaki*-Māori mit Gebeten und Liedern beehrt, die Nachkommen berühren und beweinen sie. Es müssen jedoch bestimmte Regeln im Umgang mit ihnen eingehalten werden, um nicht gegen Tabuvorschriften zu verstoßen und womöglich den Zorn des Ahnen auf sich zu ziehen, was darin resultieren könnte, dass Menschen krank werden, Unfälle haben oder sterben (MEAD 1986: 78). Diese Māori-Sichtweise auf Dinge wird im Te Papa anerkannt, indem die Māori-Sammlung gesondert von der restlichen Kollektion untergebracht ist, *tikanga* den Verhaltenskodex vorschreibt und *kaitiaki*-Māori über dessen Einhaltung wachen. Dadurch hat sich das vormals angespannte Verhältnis zwischen Māori und Museen dahingegehend verbessert, dass einige Māori ihre Erbstücke im Museum für besser aufgehoben halten, weil sie dort besser konserviert und umsorgt werden als durch das, was sie ihnen zuhause mit ihren begrenzten Möglichkeiten bieten könnten (MCCARTHY 2011: 214). Beispielsweise erzählte mir *Ngāi Tahu kaumatu* Kukupa Tirikatene, dass er seinen Federumhang, den er von seinem angesehenen Grossvater erbte, in der Te Papa Sammlung verwahren lässt, wo optimal klimatische und kulturelle Bedingungen gegeben sind und seine Nachkommen jederzeit den Umhang zu zeremoniellen Zwecken entleihen können.

Die indigene Auffassung, dass Dinge *mauri*, *wairua* und *mana* besitzen und dieses auf ihre ‚Angehörigen' übertragen, hat das Te Papa ausgeweitet auf andere, nicht-indigene 'source communities' des Museums. Durch das *mana taonga*-Prinzip erhalten Personen, die Beziehungen zu Museumsobjekten im Te Papa haben (etwa durch Herstellung, früheren Besitz oder Verwandtschaft) Zugang zu den Dingen und Rederechte im *marae*; außerdem werden sie konsultiert bevor Konservierungsmethoden angewandt werden und sie können ‚ihre' Gegenstände zu besonderen Anlässen ausleihen. So ist es nicht unüblich im Te Papa, dass Federumhänge von den Nachkommen der ursprünglichen Träger zu Graduierungszeremonien entliehen werden. Allerdings stellen die Riten der Māori die Museumsmitarbeiter manchmal vor Herausforderungen. Im Folgenden möchte ich zwei aktuelle Beispiele aus dem Te Papa Alltag besprechen: zum einen die Empfehlung, dass sich menstruierende und schwangere Frauen der Māori-Samm-

---

[4] Dies unterstützt die These, dass Māori als Juniorpartner betrachtet werden. Vgl. O'SULLIVAN, 2007, 19; und auch MAAKA/FLERAS, 2000, 98.

lung fernhalten sollen, und zum anderen, die Sitte eine Māori-Gottheit im Museum mit *kawakawa*-Blättern zu ehren.

Der Tradition der Māori zufolge sind Frauen während der Menstruation und Schwangerschaft ‚in besonderen Umständen', nämlich *tapu*, und demzufolge speziellen Restriktionen unterworfen, um die Frauen als ‚Häuser der Menschheit' (*whare tangata*) vor gefährlichen, spirituellen Einflüssen zu schützen.[5] Das Betreten der Māori-Sammlung ist deshalb zu vermeiden, denn Waffen oder Kultgegenstände sind ebenfalls mit *tapu* belegt, so der Glaube der Māori, und könnten die Frau oder ihr ungeborenes Kind gefährden. Während dieses Gebot im Te Papa von den Pākehā-Mitarbeiterinnen uneingeschränkt befolgt wird oder zumindest nicht öffentlich kritisiert wird, haben zwei schwangere Māori von ihren Stammesältesten Sondergenehmigungen bekommen, um dieses Protokoll zu umgehen und das Te Papa hat dem stattgegeben, da die Handhabung des *tikanga* von Stamm zu Stamm verschieden ist. Als ich meine Feldforschung in der Māori-Sammlung machte, erlebte ich am eigenen Leib, wie es sich anfühlt, wenn man aufgrund von körperlichen Vorgängen die jenseits der eigenen Kontrolle angesiedelt sind, ausgegrenzt wird beziehungsweise sich verpflichtet fühlt sich selbst auszugrenzen. Ich hatte gerade ein Interview mit einer Māori-Mitarbeiterin in der Māori-Sammlung geführt, unter anderem darüber, wie die Nichtbeachtung des Verbots ‚die ganze Sammlung auf den Kopf stellt', als ich auf der Toilette bemerkte, dass plötzlich meine Periode eingesetzt hatte. Im ersten Moment gingen mir widersprüchliche Gedanken durch den Kopf: Würde es wirklich jemand merken, wenn ich einfach wieder zurück an die Arbeit ginge? Was, wenn doch etwas an dem ‚Aberglauben' dran war? Letztendlich entschloss ich mich, das Gebot der Māori zu respektieren, auch wenn es mir aufgrund meiner feministisch geprägten Erziehung widerstrebte und bedeutete, dass meine langersehnte Feldforschung in der Māori-Kollektion kürzer ausfiel als geplant. Durch dieses Erlebnis erfuhr ich aus erster Hand, dass es einfacher ist, prinzipiell dem in unseren westlichen Augen absurden Māori-Protokoll zuzustimmen als tatsächlich damit konfrontiert zu werden und die Einschränkungen am eigenen Leib zu spüren. Dieses Erlebnis verdeutlichte für mich die Machtstellung der Māori in diesem Bereich des Te Papa, der Māori-Kollektion, die ich geradezu körperlich erfuhr, indem ich mich außerstande fühlte, mich der Kontrolle der Māori zu entziehen.

Umso erstaunlicher war es für mich, kurz nach dieser Erfahrung den öffentlichen Aufruhr über ebendiesen Te Papa Grundsatz in den Medien zu verfolgen. Eine Gruppe von Museumsmitarbeitern aus Regionalmuseen hatte um eine Tour durch die nicht-öffentlich zugängliche Māori-Sammlung des Te Papa gebeten, sich aber über den folgenden Satz des Einladungsschreibens mokiert: „[…] *wāhine* (Frauen), die entweder *hapū* (schwanger) sind oder *mate wahine* (menstruierend), sind zu einem anderen Zeitpunkt, der ihnen gelegen erscheint, willkommen." Die Gruppe informierte die Medien, weil diese Klausel im Verständnis der betroffenen Frauen eine Diskriminierung aufgrund von Geschlecht darstellte und deshalb inakzeptabel sei. Die neuseeländische Öffentlichkeit, die sich in Internetdiskussionsforen lautstark echauffierte, wehrte sich dagegen, dass das Te Papa, als ‚säkuläre Einrichtung, gefördert durch Steuergelder' sich auf sol-

---

[5] RAWINIA HIGGINS: 'Te mana o te wāhine – Māori women – Tapu and peacemaking': Te Ara – the Encyclopedia of New Zealand Webseite, 2011, [14.1.2013].

che religiös angehauchten, archaischen und nicht zeitgemäße Anschauungen der Māori einließ.[6] Obwohl die Pressesprecherin und die Māori-Direktorin des Te Papa die Einschränkungen vor dem Hintergrund der Kultur der Māori, mit denen man schließlich eine Partnerschaft aufrechtzuerhalten hätte, zu rechtfertigen versuchten, lenkte der Kultusminister Chris Finlayson letztlich ein, es sei nur eine Empfehlung und ob man diese beachte, sei jedem selbst überlassen. Damit wurde deutlich, dass die Macht der Māori im Te Papa nur bedingt gilt und allenfalls symbolische Bedeutung hat, denn in der neuseeländischen Gesellschaft, wo westliche Denkmuster vorherrschen, hält sie kaum Stand. Elizabeth Povinelli bezeichnet dieses Phänomen, dass Staat und Öffentlichkeit solche indigenen Praktiken inhuman nennen und als nationale Schande, Aberglaube oder Naivität anprangern, als ein ‚hegemoniales Projekt' (POVINELLI 2002: 27). Dies, so Povinelli, sei motiviert von der Angst der Siedler vor ‚dem anderen' und dient der Gruppensolidarisierung nach innen, das heißt, der Stärkung der nationalen Identität unter Ausgrenzung der Indigenen.

Eine weitere Herausforderung für das Te Papa ist es, Māori-Riten im Museum zuzulassen und gleichzeitig die Museumsobjekte vor dem Verfall zu bewahren. Dieser Balanceakt wird besonders deutlich in der Arbeit der Konservatoren, wie der Fall *Uenuku* in der Ausstellung 'Tai timu, tai pari, Tainui: Journey of a people'[7] eindringlich demonstriert. *Uenuku* ist eine hölzerne Skulptur, die mit 600 Jahren als eine der ältesten Māori-Artefakte gilt (SIMMONS/MCCREDIE 1984: 183); der Stamm der Tainui verehrt diese Skulptur als *atua*, denn sie glauben *Uenuku* sei der Regenbogengott, der gleichzeitig Schutzpatron des Stammes ist. Mythen ranken sich um *Uenuku*, der nach einer Schlacht im Jahre 1780 lange Jahre als verschollen galt. Die Konservatorin Nirmala Balram erzählte mir, dass *Uenuku* während der Missionierung der Māori ‚verteufelt' wurde und deshalb versteckt wurde; erst als er einer Māori-Frau in einer Vision erschien, fand man ihn halbverbrannt in einem Sumpf wieder. Seitdem, so Balram, dürfe *Uenuku* nie von Dunkelheit umgeben sein und sowohl beim Transport, als auch bei der Installation im Museum müsse stets darauf geachtet werden, dass eine Lampe auf ihn scheint. Nun lässt sich dies relativ einfach umsetzten, ohne den Erhalt der Skulptur zu gefährden, anders verhält es sich jedoch mit dem Māori-Brauch, *Uenuku* mit Blättern des *kawakawa*-Baums zu huldigen. Mit den frischen Blättern gelangten Spinnen ins Museum und der Albtraum eines jeden Konservators wurde zur Realtität: Spinnenbefall in den Ausstellungsräumen! Māori-Besucher teilten die Sorge der Konservatoren um *Uenukus* Verfall nicht, im Gegenteil, sie interpretierten die Spinnen als gutes Omen, denn ‚*Uenuku* mag sie', erinnert sich Balram. Obwohl solche Vorkommnisse Balrams westlichen Vorstellungen von Museumskonservation widerstreben, hat sie in sieben Jahren am Te Papa gelernt, dass eine bikulturelle Perspektive ihre Arbeit bereichert: „Es verursacht zwar kleinere Schäden, aber es bringt einen unschätzbaren kulturellen Wert." Als Fidschi-Inderin musste Balram ihre eigenen kulturellen Werte überdenken, was sie jedoch als Vorteil sieht, denn der Umgang der Māori mit ihren Dingen macht diese ‚le-

---

[6] Das Te Papa finanziert sein 54 Millionen-Dollar-Jahresbudget zum Teil aus öffentlichen Geldern (24 Millionen) und finanziert den Rest selbst; Annual Report 2008/2009.
[7] Diese Ausstellung wurde in Zusammenarbeit mit den fünf Gruppierungen des Tainui Stammes – Hauraki, Ngāti Maniapoto, Ngāti Raukawa, Te Kawerau-a-Maki und Waikato – konzipiert und am 3. September 2011 für eine Dauer von 3 Jahren eröffnet.

bendiger und bedeutungsvoller', genau das vermisst sie nun, wenn sie sterile Museen in anderen Ländern besucht. Für das Te Papa wünscht sie sich, dass es die beliebte Praxis nicht unterbindet, sondern besser handhabt: wenn das Museum besprühte oder gefriergetrocknete *kawakawa*-Blätter bereithielte, bestünde keine Gefahr Insekten einzuschleusen.

Der Umgang mit 'Human remains' im Te Papa

'Human remains' in Form von Schrumpfköpfen, Skeletten und Schädeln indigener Völker waren über Jahrhunderte fester Bestandteil ethnologischer Sammlungen und Ausstellungen in aller Welt, menschliche Überreste der Māori in neuseeländischen Museen inbegriffen (MCCARTHY 2011: 70 f.). Allerdings wurden die 'human remains' von indigenen 'source communities' dem Blick der Öffentlichkeit entzogen, nachdem Māori gegen das Ausstellen ihrer Ahnen in den 1970er Jahren protestierten. Heutzutage kommen viele Museen der Forderung nach, die Knochen der Ahnen zu repatriieren. Das Te Papa spielt international eine Vorreiterrolle, denn im Jahr 2003 initiierte es das staatlich geförderte 'Karanga Aotearoa Repatriation Programme' (im Weiteren KARP), welches die Repatriierung von Überresten der Māori und *Moriori*[8], den sogenannten *kōiwi tangata*, zum Ziel hat. Bis Januar 2013 hat KARP bereits 230 *kōiwi tangata* aus Überseeinstitutionen repatriiert, aber geschätzte 550 befinden sich noch außerhalb Neuseelands (430 in Europa and 85 in den USA). Das Te Papa fungiert dabei nur als Übergangsort, wo die *kōiwi tangata* einen temporären Ort der Ruhe – ähnlich einem Friedhof – finden, bevor sie ihrem ursprünglichen Stamm übergeben und auf deren Land begraben werden. Jeder, der je ein Repatriierungs-Pōwhiri im Te Papa miterlebt hat und dem das Wimmern und Klagen der Māori-Frauen durch Mark und Bein gegangen ist, wird bestätigen, dass *kōiwi tangata* für Māori tatsächlich Familienangehörige sind, die auch nach langer Zeit betrauert werden wie kürzlich Verstorbene.

Im krassen Gegensatz zu diesen Repatriierungsbemühungen von 'human remains' erschien es, dass das Te Papa eine ägyptische Mumie in einer Ausstellung der Öffentlichkeit preisgab. Im Folgenden werde ich beleuchten, wie es dazu kam, dass die ägyptische Mumie Keku im Te Papa ausgestellt wurde und wie die Mitarbeiter darauf reagierten.

Der Fall der ägyptischen Mumie Keku

Im Gegensatz zum internationalen Konsens, dass das Ausstellen indigener Überreste in Museen inakzeptabel sei, ist es in westlichen Institutionen nicht unüblich Mumien, Moorleichen oder andere Gebeine zu exponieren, die aufgrund ihres Alters mehr als wissenschaftliche Objekte denn als menschliche Überreste wahrgenommen werden. Die Planung der Ausstellung 'Egypt: beyond the tomb' (9. Dezember 2006 bis 29. April 2007) stellte das Te Papa vor ein Dilemma: sollte es dem Wunsch der Māori nachgeben

---

[8] *Moriori* ist die Bezeichnung der indigenen Einwohner der Chatham Inseln, die 800 Kilometer östlich von Neuseeland gelegen sind.

und auf die Mumie verzichten? Oder sollte es dem Drängen der Öffentlichkeit, diesen Kulturschatz zu sehen, nachgeben? Viele Mitarbeiter des Te Papa verurteilten die Entscheidung, die Mumie Keku auszustellen, als krassen Widerspruch zu den Statuten, insbesondere den Bemühungen von KARP menschliche Überreste zu repatriieren. Letztlich hat jedoch ein Kompromiss der Māori-Belegschaft dazu beigetragen, dass Keku in respektvoller Weise behandelt wurde und Teil der Ausstellung war.

In meinen Interviews in den Jahren 2009/2010 wurde Keku immer wieder als Paradebeispiel angeführt, dass Bikulturalität im Te Papa (noch) nicht funktioniert und sich die Pākehā-Hegemonie durchsetzt, sobald Weltanschauungen und verschiedene Paradigmen aufeinanderprallen. Was sich aus den Aussagen der Mitarbeiter meines Erachtens rekonstruieren lässt, ist ein ‚soziales Drama' im Sinne von Victor Turner (1980: 150) mit vier Phasen: (1) Bruch mit den sozialen Normen, (2) Krise, (3) Versuch der Konfliktlösung und (4) Wiedereingliederung oder Spaltung.

Bruch

Das Ausstellen einer Mumie stellte nicht nur einen Verstoß gegen die Richtlinie des Te Papa keine 'human remains' auszustellen dar, sondern war vielmehr ein Tabubruch der kulturellen Werte der Māori. Diese argumentierten, dass das Protokol der *tangata whenua*, der Hüter des Landes, auf dem das Te Papa steht, gewahrt werden müsse und 'human remains', egal welchen Ursprungs, auf ihrem Boden wie ihre eigenen Ahnen zu behandeln seien. Darüber hinaus kritisierten sowohl Māori- als auch Pākehā-Mitarbeiter, dass es ein krasser Widerspruch sei, eine Mumie im Te Papa öffentlich auszustellen, wenn KARP sich gleichzeitig dafür einsetze Māori-Überreste aus internationalen Sammlungen zu entfernen, damit sie nicht mehr öffentlichen Blicken ausgesetzt sind. Dies, so die Gegner der Entscheidung, die Mumie auszustellen, schade der internationalen Reputation des Te Papa.

Krise

Die Mitarbeiter erinnern sich, dass die Zeit vor und während der Ausstellung nervenaufreibend und angespannt war; diejenigen, die erst nach der Ausstellung im Te Papa anfingen, waren froh, dass sie diese schwierige Phase nicht mitmachen mussten. Das Museum spaltete sich in Befürworter und Gegner der Entscheidung, die Mumie Keku auszustellen, deren Trennungslinie nicht unbedingt entlang der ethnischen Herkunft verlief, sondern der ethischen Gesinnung folgte. Die Krise weitete sich soweit aus, dass die Stammesältesten der *Ngāi Tahu*, die zu der Zeit die zeremonielle Vertretung der Māori im Te Papa waren, drohten, ihre *taonga* aus dem Museum zu nehmen. Die bikulturelle ‚Ehe' stand kurz vor der ‚Scheidung'. Obwohl das Museum diese Katastrophe verhindern konnte und die bikulturelle Beziehung nicht auseinanderbrach, boykottierten die meisten Māori die Ausstellung und die *Ngāi Tahu kaumātua* zogen sich gänzlich von allen zeremoniellen Verpflichtungen für die Dauer der Ausstellung zurück. Um trotzdem ‚spirituelle Sicherheit' für Besucher und Mitarbeiter in der Ausstellung zu gewährleisten, erklärte sich ein anderer respektierter *kaumātua* bereit,

Māori-Rituale durchzuführen. Damit standen die Māori-Mitarbeiter vor einem weiteren Dilemma: entweder ihrer Ablehnung gegenüber dem Ausstellen von 'human remains' Ausdruck zu verleihen oder sich den Weisungen eines *kaumātua* zu widersetzen. Dennoch berichteten einige Māori-Mitarbeiter von Kekus Geist heimgesucht worden zu sein, was sie verstörte und dem CEO einige Beschwerden einbrachte, die Entscheidung leichtfertig getroffen zu haben, wie eine Māori-Mitarbeiterin erzählte: "You don't believe in that! So it's easy for you to be able to make that decision on behalf of all of us, but you're not the one [whom Keku visits]. You don't experience it, mate!" (Interview Juni 2010). Dies verdeutlicht, dass die Präsenz der Mumie für einige Māori-Mitarbeiter eine existentielle Bedrohung darstellte.

Einige Pākehā-Mitarbeiter fanden dagegen die Reaktion der Gegner übertrieben und argumentierten, dass das Museum auch in der Vergangenheit kontroverse Ausstellungen gezeigt habe – etwa das Kunstobjekt 'Virgin in a condom' – und nicht vor umstrittenen Themen zurückschrecken sollte, worauf eine Pākehā-Mitarbeiterin konterte:

> But Te Papa is not built on a partnership with the Catholic church! If they were that would be fair enough. But Te Papa, the institution is built on a partnership with Māori. When one partner says we don't want this – I think you have to listen to that. (Interview April 2009)

Versuch der Konfliktlösung

Das Te Papa Management reagierte auf die Krise mit einem ‚Mitarbeiter-Forum', welches vordergründig dem Meinungsaustausch dienen sollte, hintergründig aber eher die Eskalation verhindern wollte, denn zu diesem Zeitpunkt war längst klar, dass Keku Teil der Ausstellung sein würde und die Mitarbeiter waren sich auch darüber im Klaren, dass ‚drei Tage vor Kekus Ankunft' keine Diskussion diese Entscheidung rückgängig machen würde. David Kertzer bezeichnet das Suggerieren von Transparenz und Partizipation in demokratischen Entscheidungen als symbolische Handlung, die zwar wichtiger Teil politischer Rituale ist, jedoch keinerlei Auswirkung auf den Entscheidungsprozess hat (1988: 42). Einige Pākehā-Mitarbeiter äußerten ihre Angst, dass ein Nachgeben den Forderungen der Māori in Zukunft Tür und Tor öffnen würde, was aber eine andere Pākehā als reine Fantasie abtat, denn eigentlich würde die Zusammenarbeit im Museum ja gut klappen und die Māori hätten noch nie eine Ausstellung verhindert, der Fall der Mumie sei demnach als Ausnahme zu sehen.

Angesichts der Tatsache, dass Kekus Ankunft nicht mehr aufzuhalten war, änderten manche Māori-Mitarbeiter ihren Kurs und versuchten aktiv einen Kompromiss zu finden, statt die Ausstellung völlig zu boykottieren. Sie schlugen vor, Keku in einem gesonderten Raum mit Warntafel zu beherbergen, so dass die Besucher die Wahl hatten, sie zu besichtigen oder nicht, eine Wasserschale zur ritualisierten Reinigung bereitzustellen und Keku täglich mit *kawakawa*-Blätter zu ehren, wie es Māori-Sitte ist. Damit trugen die Māori nicht nur dazu bei, Keku in den Augen der Besucher und der Museumsmitarbeiter zu humanisieren, sondern auch eine Kontaktzone, im Sinne von James Clifford (1997: 188), innerhalb des Museums zu gestalten.

Obwohl es den Māori-Mitarbeitern freigestellt war, in der Ausstellung zu arbeiten oder nicht, entschieden sich einige dafür, weil ihnen das Māori-Konzept *manaakitanga* am Herzen lag, das heißt die Bedürfnisse der Gäste zu befriedigen, was in deren Augen sowohl Keku als auch die Besucher der Ausstellung, insbesondere die Kinder, miteinschloss. Wie manche Māori berichteten, war es jedoch in einigen Fällen keine freie Entscheidung, sondern Māori fühlten sich verpflichtet, die spirituellen Aufgaben zu übernehmen, weil sie sonst um die Sicherheit ihrer Kollegen fürchteten.

Māori tikanga auf eine ägyptische Mumie anzuwenden, hatte also zweierlei Funktionen: Einerseits war es eine Strategie, um die Mitarbeiter und Besucher zu schützen, andererseits stellte es eine Versöhnungsgeste von Seiten der Māori dar, die verhinderte, dass die bikulturelle Ehe in Scheidung endete.

Wiedereingliederung oder Spaltung

Nachdem Keku das Te Papa nach Schließung der Ausstellung wieder verlassen hatte, stellte sich erneut Normalität ein im Museumsbetrieb und die *iwi kaumātua* nahmen ihre zeremoniellen Aufgaben wieder auf. Es blieb jedoch ein unangenehmer Nachgeschmack, denn das Vertrauen der Mitarbeiter in das Management war erschüttert, so dass einige urteilten: ‚das Management macht ja doch was es will, wozu dann eigentlich seine Meinung äußern?' Zwar hatte niemand wegen der Mumie gekündigt, aber viele waren enttäuscht, wie wenig Rücksicht auf die Māori-Partner genommen worden war und zeigten sich desillusioniert, was den Stellenwert der bikulturellen Beziehung im Te Papa anbelangte. Die Mitarbeiter waren überwiegend der Auffassung, dass sich der CEO, der die Ausstellung ‚unbedingt wollte', durchgesetzt hatte und damit seine Macht demonstriert habe, entgegen der Māori-Opposition. Dabei sahen sie nicht, dass es in Wirklichkeit das Te Papa Board war, das die Entscheidung letztendlich traf, ein Indiz dafür, dass die Entscheidungsprozesse der Belegschaft vorenthalten werden oder nicht transparent nachvollziehbar sind. Was die Mitarbeiter jedoch richtig vermuteten, war, dass finanzielle Interessen sich gegenüber den indigenen Forderungen durchsetzten und die Entscheidung, die Mumie zu zeigen, hauptsächlich von Besucherzahlenerwartungen und Profitaussichten motiviert wurde. Das Te Papa, als ein Museum, das sich zu einem Teil selbst tragen muss, fühlte sich verpflichtet, die Ausstellung möglichst attraktiv und profitorientiert auszurichten und zudem seinem Bildungsauftrag, ein Museum für ‚alle Neuseeländer' zu sein, nachzukommen. Trotzdem ist es fraglich, ob diese Ausstellung wirklich rechtfertigte, die bikulturelle Partnerschaft aufs Spiel zu setzen, wie eine Pākehā-Mitarbeiterin urteilte:

> Te Papa is supposed to be a museum for New Zealanders and an exhibition about ancient Egypt isn't really something that we should be walking all over our *iwi* partners and our indigenous people for. It's not that important. (Interview April 2009)

Das ‚Nachspiel' im Fall der Mumie Keku erweckt in mir den Eindruck, dass weder eine völlige Wiedereingliederung noch eine nachhaltige Spaltung im Te Papa stattfand. Stattdessen hat der Vorfall eine Wunde hinterlassen, die zwar oberflächlich geheilt scheint, aber unter der Oberfläche weiter besteht und jederzeit wieder aufreißen kann. Die Tatsache, dass noch heute bei internen Umstrukturierungsversuchen und sozialen Zusammenkünften der Mitarbeiter immer wieder die Rede von der 'Egypt exhibition' ist, zeugt davon, dass der als solcher wahrgenommene Vertrauensbruch in der bikulturellen Partnerschaft keineswegs vergeben und vergessen ist.

Der Entscheidungsprozess

Nachdem ich die Meinungen der Te Papa-Mitarbeiter wiedergegeben habe, möchte ich mich nun dem eigentlichen Entscheidungsprozess zuwenden, den ich durch intensive Dokumentenanalyse nachzuverfolgen versucht habe, um damit die Denkstruktur der Museumsleitung zu untersuchen. Hierbei stellte sich heraus, dass von Anfang an finanzielle Gesichtspunkte und Besucherzahlen die Überlegungen, ob Keku ausgestellt werden soll oder nicht, beeinflusst haben; denn, so wurde argumentiert, eine Ägypten-Ausstellung ohne Mumie sei nicht attraktiv für die Besucher und somit würden dem Museum mehrere tausend Dollar an Eintrittsgeldern verloren gehen. Die Opposition der Māori-Mitarbeiter und *iwi*-Stakeholder wurde zwar wahrgenommen, auch, dass man den Grundsatz, dass das Te Papa keine menschlichen Überreste zeigt, brechen würde, aber in der Entscheidungsfindung spielte deren Veto nur eine untergeordnete Rolle. Wichtiger wurde die Haltung der ägyptischen Behörden genommen, die nichts gegen eine Ausstellung der Mumie einzuwenden hatten. An der Spitze des Te Papa-Managements polarisierten sich die Meinungen: Der Pākehā-Direktor, Dr. Seddon Bennington, befürwortete die Entscheidung, die Mumie zu zeigen, wohingegen Māori-Direktor Te Taru White sich vehement gegen ihre Ausstellung wehrte. Da kein Konsens gefunden werden konnte, wurde die Entscheidung an das übergeordnete Gremium, das Te Papa Board weitergegeben, welches einen Monat vor Ausstellungseröffnung eine außerordentliche Sitzung anberaumte. Aus dem Sitzungsprotokoll geht hervor, dass das Gremium ‚im besten Interesse des Te Papa' eine Entscheidung durchsetzen würde, wenn nötig per Stichwahl. Die Vorsitzende stellte drei Optionen vor, nämlich a) den Grundsatz keine 'human remains' auszustellen einzuhalten, b) diesen Grundsatz zu bestärken und die Sichtweise der Māori zu respektieren, um mit dem bikulturellen Engagement des Te Papa konform zu sein, oder c) ‚im Geiste der Bikulturalität' anzuerkennen, dass es unterschiedliche Auffassungen über den Umgang mit menschlichen Gebeinen gibt und aufgrund des Kontexts der Ausstellung eine Ausnahme zu machen, so dass die Besucher entscheiden können, ob sie die Mumie sehen möchten. Es ist äußerst interessant, dass in zwei Optionen, – b) und c) – das Konzept der Bikulturalität für ganz unterschiedliche Argumentationslinien und Resultate benutzt wurde. Dies zeigt die Ambiguität von Bikulturalität, die einerseits als gleichberechtigte Partnerschaft zwischen Māori und Pākehā gesehen werden kann, die dem Māori-Partner Veto-Rechte zubilligt, und andererseits die Existenz eines parallelen Universums postuliert, in dem Māori tolerieren sollen, dass sich eine Weltanschauung, die der ihren widerspricht, durchsetzt. Da es wiederum Befürworter und Gegner unter den acht Versammlungsmitgliedern gab, kam es zur Stichwahl, die zugunsten der Exponierung der Mumie ausging. Obwohl nur festgehalten wurde, dass ‚die Mehrheit' zustimmte Keku zu zeigen, ist es bezeichnend, dass die zu dieser Zeit einzigen Māori-Repräsentanten Mark Solomon und Josie Karanga zu Protokoll gaben, eine von der Mehrheit abweichende

Meinung zu vertreten und wünschten, dass dies schriftlich festgehalten wurde. Da das Te Papa Board keine Parität kennt und nach Fähigkeiten, jedoch nicht nach dem Kriterium ethnischer Herkunft vom Kulturminister besetzt wird, kommt es durchaus vor, dass Māori-Vertreter zahlenmässig in der Minderheit sind und einfach überstimmt werden. Dies ist ein immanentes Problem in politischen Mehrheitssystemen, so dass laut Jeffrey Sissons keine Demokratie, die auf Mehrheitswahlen aufbaut, je den Interessen der indigenen Minderheit gerecht werden kann (2005: 137). Ein Schlag für die Māori-Gegner der Mumie, beweist die Art und Weise, wie das Te Papa zu seiner Entscheidung gelangte, eindrücklich, dass sich letztlich die nicht-indigene Mehrheit durchsetzt. Daraus kann man schließen, dass die Partizipation der Māori und deren Macht innerhalb des bikulturellen Universums des Te Papa eher symbolisch zu verstehen ist, denn wenn Besucherzahlen und Profit in Aussicht stehen, haben die Interessen der Māori nicht Priorität und es setzt sich die kulturelle Hegemonie der Pākehā durch.

Fazit

Ich hoffe, mit diesem Beitrag gezeigt zu haben, welchen Stellenwert das Konzept der Bikulturalität im Te Papa einnimmt und wie es sich im Museumsalltag in der Praxis manifestiert. Obwohl das Te Papa an einer gelebten und aufrichtigen Partnerschaft zwischen Māori und Pākehā interessiert ist und diese aktiv fördert, etwa indem Māori die kulturelle Kontrolle über den Umgang mit ihren *taonga* in der Māori-Sammlung festlegen und überwachen, habe ich verdeutlicht, dass diese Umkehrung der Machtverhältnisse dem öffentlichen Druck nicht standhält. Im Fall der Beschwerde gegen die Empfehlung des Te Papa, dass schwangere oder menstruierende Frau der Māori-Sammlung fernbleiben sollen, wurde deutlich, dass der öffentliche Aufruhr sich nicht nur gegen vermeintlich frauendiskriminierende Vorschriften richtete, sondern darüber hinaus gegen die Anerkennung der Māori-Weltanschauung in einem säkularen Museum. Zwar versuchte die Museumsleitung durch Pressemitteilungen den Māori-Standpunkt zu rechtfertigen, die Regel wurde dann jedoch von Kultusminister Chris Finlayson zur symbolischen Empfehlung geschrumpft, die man getrost ignorieren könne. Somit wurde die Māori-Sammlung, die ich persönlich als Machtterritorium der Māori-Mitarbeiter erlebte – in dem ich mich deren Regeln beugte und deren Glaubensvorstellungen respektierte, auch wenn sie meinen Überzeugungen widersprachen –, zur Domäne der Pākehā-Hegemonie, wo Māori nur symbolisch walten.

In ähnlicher Weise illustrierte der Fall der ägyptischen Mumie Keku, dass der Bildungsauftrag des Te Papa, ‚ein Museum für alle Neuseeländer' zu sein, sowie die Notwendigkeit, Ausstellungen als kostendeckende ‚Besuchermagneten' zu konzipieren, letztlich die Bedenken der Māori-Opposition ausschlug. Obwohl das Austellen einer Mumie gegen die Prämisse, keine 'human remains' im Te Papa auszustellen, verstieß und den Bemühungen von KARP, Māori-Überreste aus Institutionen weltweit zu repatriieren, entgegenstand, setzte sich die Museumsleitung in einer Mehrheitswahl durch, wobei die Māori-Vertreter einfach überstimmt wurden. Māori und andere Gegner der Zurschaustellung der Mumie reagierten mit Boykott: sie mieden die Ausstellung und die *iwi kaumātua* legten ihr Amt nieder, solange Keku präsent war. Dennoch war die

Ausstellung inklusive Mumie nur möglich, weil einige Māori sich bereit erklärten, Keku wie eine ihrer eigenen Ahnen zu behandeln und für die Dauer der Ausstellung zu ‚adoptieren'. Durch die rituellen Akte der Māori wurde der Geist Kekus besänftigt und die Sicherheit der Museumsobjekte, Mitarbeiter und Besucher gewährleistet. Dies trug, wie einige Mitarbeiter berichteten, dazu bei, dass Keku als Mensch wahrgenommen wurde, Keku wurde quasi ‚humanisiert'. Allerdings könnte diese Aneignung der ägyptischen Mumie durch Māori-Rituale auch als ‚Māori-fizierung' gesehen werden, wohingegen die Museumsleitung einen kulturrelativistischen Standpunkt vertrat, indem sie alleine den Behörden in Ägypten das Recht zugestand, über Kekus Ausstellung zu urteilen. Letztlich trug der Kompromiss einiger Māori-Mitarbeiter, Keku zu umsorgen, wie es die Māori-Kultur gebietet, dazu bei, dass Keku respektvoll ausgestellt wurde und die Ägypten-Ausstellung zur ‚Kontaktzone' wurde, wo Mitarbeiter und Besucher mit verschiedenen Konzepten mit 'human remains' umzugehen, konfrontiert wurden.

Unterschiedlichen und widersprüchlichen Weltanschauungen tagtäglich ausgesetzt zu sein und seine eigene Denkweise ständig hinterfragen zu müssen, geht an den Mitarbeitern des Te Papa nicht spurlos vorbei, wie das Beispiel der Konservatorin Nirmala Balram veranschaulicht. Obwohl sie sich als Fidschi-Inderin weder mit Pākehā noch mit Māori identifiziert, hat sich ihr Denken durch die Arbeit mit *taonga* im Te Papa radikal verändert. Trotz einiger Risiken für den Fortbestand der materiellen Substanz, befürwortet sie die Interaktion von Māori und *taonga* sowie die Benutzung der Museumsobjekte bei zeremoniellen Anlässen, denn dadurch gewinnen sie an kulturellem Wert.

Wie ich in diesem Beitrag gezeigt habe, ist es keineswegs einfach, ein bikulturelles Konzept, das sowohl Māori- als auch Pākehā-Weltanschauungen als gleichberechtigt ansieht, im Museumsalltag umzusetzen; das Te Papa muss sich tagtäglich neu erfinden und versuchen, die verschiedenen Interessen zu berücksichtigen und von Fall zu Fall zu verhandeln. Nur im Dialog und in der Zusammenarbeit mit indigenen Völkern kann die Institution Museum tatsächlich zur Kontaktzone im Sinne von Clifford werden, wo sich zuvor distanzierte Gruppierungen neu begegnen. Ich bin überzeugt davon, dass das Te Papa durch sein bikulturelles Konzept diesen Verhandlungsraum schafft, gerade auf der ‚Hinterbühne' des Museums, und damit ein Ort der Dekolonisation und Rekonziliation ist.

Glossar

hapū – Schwangerschaft; schwanger; auch: Großfamilie; Untergruppierung eines Stammes
iwi – Stamm, Nation, Volk; auch: Knochen
kaitiaki Māori – Manager der Māori-Kollektion im Te Papa; wörtlich: Beschützer, Vormund
kaumātua/ iwi kaumātua – respektierter ‚Stammesälteste/r', alter Mann oder alte Frau; im Te Papa eine alte Frau und ein alter Mann, die vom jeweiligen Stamm, der in der *iwi* Galerie ausstellt, entsandt wird. Diese Stammesvertreter sind für die Ausführung der Rituale und Zeremonien im Te Papa zuständig sind.

kawakawa – kleiner in Neuseeland beheimateter Baum der Spezies *Macropiper excelsum*, dessen Blätter Trauer symbolisieren und verwendet werden, um den Zustand des *tapu* zu durchbrechen

kōiwi tangata – menschliche Überreste der Māori und Moriori, dies umfasst Knochen, Haut und tätowierte Schädel

mana – Prestige, Status, Autorität, Respekt

mana taonga – die Vorstellung, dass durch Besitz oder Interaktion mit wertvollen Objekten Prestige auf Personen übergeht

manaakitanga – das Aufnehmen und Umsorgen der Gäste

Māori – Person mit Māori-Wurzeln, indigene Bevölkerung Neuseelands; auch: normal, natürlich, originär

marae – Versammlungsort; eigentlich der Platz vor dem Versammlungshaus, aber kann generell für die ‚Marae-Anlage' mit Versammlungshaus verwendet werden. Hier finden Begrüßungsrituale, Beerdigungen und Repatriierungszeremonien statt.

mate wahine – Menstruation, menstruieren

mauri – Lebenskraft, Lebensessenz

Ngāi Tahu – Māori-Stamm, der auf der Südinsel beheimatet ist

Pākehā – Person mit europäischen Wurzeln, nicht Māori

taonga – Besitz, Schatz, wertvolles Objekt, beseeltes Ding

tapu – heilig, besonders, tabu, spirituell aufgeladen

tikanga – Sitten und Bräuche der Māori

Uenuku – Der Regenbogengott, der gleichzeitig der Schutzpatron des Tainui Stammes ist, soll in der gleichnamigen Skulptur wohnen

wahine – Frau, feminine

wairua – Seele, Geist, Spiritualität

whare tangata – wörtlich ‚Häuser der Menschheit', bezieht sich auf die wichtige Rolle der Frauen, in ihren Körpern die nächste Generation auszutragen

Literatur

CLIFFORD, JAMES (1988): *The Predicament of Culture: Twentieth-century Ethnography, Literature, and Art.* Cambridge: Harvard University Press.

DERS. (1997): *Routes: Travel and Translation in the Late Twentieth Century*. Cambridge: Harvard University Press.

GOFFMAN, ERVING (1959): *The presentation of self in everyday life*. Garden City, NY: Doubleday.

KERTZER, DAVID (1988): *Ritual, Politics and Power*. Yale: Yale University.

MAAKA, ROGER und AUGIE FLERAS (2000): Engaging with Indigeneity, Tino rangatiratanga in Aotearoa. In DUNCAN IVISON, PAUL PATTON und WILL SANDERS: *Political theory and the rights of indigenous peoples*. Melbourne: Cambridge University Press.

MCCARTHY, CONAL (2011): *Museums and Māori, Heritage professionals, indigenous collections, current practice*. Wellington: Te Papa Press.

MEAD, HIRINI MOKO (1986): *Magnificent Te Māori = Te Māori whakahirahira: he korero whakanui i Te Māori*. Auckland: Heinemann.

O'SULLIVAN, DOMINIC (2007): *Beyond biculturalism. The politics of an indigenous minority*. Wellington: Huia.

POVINELLI, ELIZABETH (2002): *The cunning of recognition: indigenous alterities and the making of Australian multiculturalism*. Durham: Duke University Press.

SIMMONS, DAVID R. und ATHOL MCCREDIE (1984): *Te rarangi taonga, catalogue*. In Sidney Moko Mead: Te Māori, Māori Art from New Zealand Collections. Auckland: Heinemann Publishers.

SIMPSON, MOIRA (1996): *Making representations, museums in the post-colonial era*. London/New York: Routledge.

SISSONS, JEFFREY (2005): *First peoples, indigenous cultures and their futures*. London: Reaktion Books.

TURNER, VICTOR (1980): Social dramas and stories about them. *Critical Inquiry* 7(1 (Autumn)):141–168.

WILLIAMS, PAUL (2006): Reforming Nationhood: The Intersection of the Free Market and Biculturalism at the Museum of New Zealand Te Papa Tongarewa. In CHRIS HEALY und ANDREA WITCOMB: *South Pacific Museums: Experiments in Culture*. Melbourne: Monash University epress, 2.1–2.16.

Neue Repräsentationen von Identität

Jugendkultur oder Re-Ethnisierung einer Nomadengesellschaft
Über Fremdwahrnehmungen und aktuelle Identitätskonstruktionen von Tuareg im Niger

Ines Kohl

Das Leben der Tuareg, einer ursprünglich primär nomadischen[1] Viehzüchtergesellschaft der Sahara und des Sahel, ist seit den letzten Jahrzehnten grundlegenden Veränderungen unterworfen. Klimatische Veränderungen, politische Umstürze und globale ökonomische Interessen sind für die Tuareg zu einer großen Herausforderung geworden. Neue Überlebensstrategien, in denen sich transnationaler Handel mit Schmuggel und Migration vermischen, sind vor allem für die junge Bevölkerung der einzige Weg, sich in Zeiten der ‚Neokolonialisierung'[2] Nord- und Westafrikas zu behaupten.

In diesem Beitrag möchte ich die Frage nach Re-Ethnisierung am Beispiel junger Tuareg[3] aus dem Niger diskutieren. Wer sind die nigrischen Tuareg von heute und wofür stehen sie? Wie stellen sie sich dar und wie werden sie wahrgenommen? Sind sie, wie vielfach in Medien dargestellt, Rebellen, Söldner und Banditen, die die Sahara in Unsicherheit stürzen oder sind sie vornehmlich moderne Nomaden oder *Kosmopoliten*, die eine *Elite* der Tuareg-Gesellschaft darstellen?

Der Mythos Tuareg

Die Tuareg gehörten bis vor kurzem zu jenen indigenen Gruppen, die ganz besonders mit Romantisierung, Mystifizierung und meist positiven Klischees behaftet waren. Das Bild des ‚Edlen Wilden', in diesem Fall der ‚Blaue Ritter der Wüste', wurde nicht nur in der Tourismusindustrie heraufbeschworen, sondern auch Marketing- und Werbestrategien nahmen sich der Romantik an, die mit dem Namen Tuareg allgemein verbunden wird. Tee- und Kaffeesorten, Motorräder, Geländefahrzeuge, Gesellschaftsspiele, Bril-

---

[1] Nicht alle Tuareggruppen waren nomadisch, viele besaßen auch eine sesshafte Dimension (wie etwa Timia im Niger, Ghat in Lybien etc.), siehe BADI 2010, 2012; KOHL 2007; LECCOCQ 2010.

[2] Neokolonialismus im Sinne einer kritisch betrachteten ‚neokolonialen Weltordnung', in der sog. Dritte-Welt-Staaten insbesondere wirtschaftlich starken Einflüssen ehemaliger Kolonialstaaten unterliegen. Der Vorwurf erneuter imperialistischer Interessen, u.a. an Ressourcen der jeweiligen Länder, die sich hinter den Wirtschaftsbeziehungen verbergen würden, wird in Afrika stark erhoben.

[3] Tuareg ist eine Fremdbezeichnung, die von der Bevölkerung nicht oder nur in bestimmten Kontexten (wie zum Beispiel im Tourismus) verwendet wird, die jedoch Eingang in den europäischen Sprachgebrauch gefunden hat. Die emischen Termini variieren je nach Region und Dialekt: *Imuhagh* in Algerien und Libyen, *Imushagh* in Mali und *Imajeghen* in Niger. Das in vielen Umschriften gebräuchliche *gh* wird als im Rachen gesprochenes *r* pronounciert. Aufgrund der breiten Leserschaft dieses Sammelbandes verwende ich aufgrund des besseren Verständnisses den Begriff *Tuareg* (Pl.): Sg. fem.: *Targia*, Sg. mask: *Targi*. Wichtig ist hierbei anzumerken, dass Tuareg schon der Plural ist. Es gibt keine ‚Tuaregs'!

len und sogar Klimaanlagen wollen scheinbar Qualitäten suggerieren, die den Wüstenbewohner(inne)n der Sahara anhaften sollen (FRIEDL 2006: 16). Die Tuareg wurden mit den Attributen ‚edel' und ‚schön' versehen, und erhielten moralisch wertvolle Zuschreibungen und Qualitäten wie Stolz, Mut und Anpassungsfähigkeit. Selbst Muammar al-Qaddafi spielte mit ihrem Fremdbild und glorifizierte sie als „Löwen und Adler der Wüste", oder als „Verteidiger der Sahara" (Rede am 24. April 2005 in Tripolis, zitiert in: KOHL 2007: 101 f.).

Vor allem in der Tourismusindustrie boomte die Werbung mit den Tuareg. Das ging soweit, dass sich in Marokko und Tunesien im Tourismus Arbeitende oftmals als Tuareg ausgaben und verkleideten, um bei den Europäer(inne)n Anklang zu finden (BIERNERT 1998). Mit der Realität haben jedoch die inszenierten und speziell für den Massentourismus ‚aufgemotzten' blau gekleideten Männer nichts zu tun. Das traditionelle Siedlungsgebiet der Tuareg ist seit der Dekolonialisierung und der anschließenden Nationalstaatenbildung in Afrika auf die Staaten Libyen, Algerien, Niger, Mali und Burkina Faso aufgeteilt.

In letzter Zeit jedoch scheint sich dieses positiv behaftete Klischeebild der Tuareg gewandelt zu haben, nicht zuletzt durch die Berichterstattung der Medien. Seit sie im Libyenkrieg 2011 als Söldner von Muammar al-Qaddafi tituliert, und im Kontext der neuen Tuareg-Rebellion in Mali im Januar 2012 in einem Atemzug mit islamistischen terroristischen Gruppierungen im Sahel genannt wurden, wandelten sich in den Augen der Europäer(inne)n die einst ‚edlen Ritter' zu gefährlichen Rebellen. Die internationale Politik betrachtete die Tuareg als gefährliche Separatisten, die demokratische Staaten zu Fall bringen wollen.

Warum wurden in einer breiten Wahrnehmung aus den netten Touristenführern plötzlich gefährliche Rebellen, die die Sahara offenbar in Unsicherheit stürzen? Mit welchen Problemen und Herausforderungen sehen sich die Tuareg aktuell konfrontiert? Kann man ihre Strategien als eine Art Re-Ethnisierung bezeichnen?

Ökonomische Marginalisierung und neokoloniale Interessen: das Geschäft mit dem Uran

In den letzten Jahrzehnten hat sich das Leben der Tuareg radikal verändert. In Algerien und in Libyen ist Nomadismus durch Sesshaftigkeitsbestrebungen der Regierungen und eine rigorose Arabisierungspolitik fast zur Gänze verschwunden. In Mali und Niger, wo Nomaden einst die stärkste Gruppe darstellten, ist ein großer Rückgang zu verzeichnen (CLAUDOT-HAWAD 2006). Ausschlaggebend sind dafür ökologische Krisen in der Sahara und im Sahel. Seit den 1980er Jahren verzeichnet der Sahel wiederkehrende Dürre. Gegen eine Phase der Trockenheit sind Nomad(inn)en gewappnet und haben Strategien entwickelt, wenn aber Phasen von Trockenheit immer wiederkehren, und in immer kürzeren Abständen wieder kommen, dann können sich Menschen und Tiere nicht mehr erholen (SPITTLER 1989).

Aber auch globale politisch-ökonomische Interessen an den reichen Bodenschätzen in der Sahara (Erdöl, Gas, Uran, Phosphat) betreffen die Tuareg und haben neue Akteure auf den Plan gerufen. Neben Frankreich sind das vor allem die USA und China. Die

Sahara mutierte zu einer Arena für wirtschaftspolitische Machtspiele, die auf den Weidegründen der Nomad(inn)en ausgetragen werden.

Im Niger wurde der gesamte Westen des Landes, ein riesiges Weidegebiet von Tuareg und Fulbe-Bororo-Nomad(inn)en, als neues Uran-Explorationsgebiet unter anderem an französische, kanadische, indische und chinesische Unternehmen verpachtet. Die dort lebenden Nomad(inn)en sollen zwar in den Minen Arbeit finden, aber die weiteren Konsequenzen für die Umwelt sind nicht abzusehen. In der nordnigrischen Stadt Arlit betreibt die französische Uran-Firma AREVA, die zum größten Teil in Besitz des französischen Staates und Weltmarktführer in der Nukleartechnik ist, seit den späten 1960er Jahren zwei Minen: Somaïr und Cominak. Gleichzeitig rangiert der Niger auf dem Human Development Index von 2014 auf dem zweitletzten Platz.[4] Zwei Drittel des Landes sind Wüste und Halbwüste. Die Grundlage der Wirtschaft liefern Landwirtschaft und Viehzucht, die durch alle paar Jahre wiederkehrende Dürren und ausbleibende Regenfälle oder neuerdings sturzflutartige Regenfälle stark gefährdet ist.

Eine soziale staatliche Versorgung ist nicht vorhanden, Arbeit gibt es kaum und die Rate der Alphabetisierten ist erschreckend gering (29%[5]). Ibrahima, zwölf Jahre alt, besucht eine der staatlichen Schulen in Arlit. Er ist in der fünften Klasse der Grundschule (CM1) und schilderte mir die Situation in seiner Klasse: „Wir sind 93 Schüler, Buben und Mädchen. Wir haben zwei Lehrer und pro Tisch sitzen fünf Schüler." Das Bildungsniveau ist dementsprechend.

Ein Großteil der nigrischen Bevölkerung lebt mit ständig drohendem Hunger, hofft auf Almosengaben und ist von europäischen Hilfslieferungen und Entwicklungsprojekten abhängig. Vor allem der von Tuareg bewohnte Norden ist von landeseigener sozialer und politischer Marginalisierung und ökonomischer Misswirtschaft betroffen. Bizarr, wo doch hier mit AREVA der größte Arbeitgeber des Landes und weltgrößte Atomkonzern angesiedelt ist. Die Arbeiter in den Uranminen kommen fast alle aus den südlichen Landesteilen, während die hier lebenden Tuareg nach wie vor kaum eingestellt werden.

Seit einigen Jahren ist AREVA durch Negativschlagzeilen bekannt geworden. Greenpeace konnte beweisen, dass bei der Urangewinnung nicht nur die Gesundheit der Minenarbeiter gefährdet ist, sondern dass auch das gesamte Umfeld der Mine von radioaktiver Verstrahlung betroffen ist (Greenpeace International 2010*a, b*). Rund um Arlit ist ein künstliches Gebirge aus Abraum, jenem Gestein, aus dem das Uran ausgewaschen wurde, entstanden, zu dem jährlich mehrere Tonnen Gestein hinzukommen. Laut Moussa, einem Mitarbeiter der lokalen NGO *Aghirin Man*, wird auf dem Markt in Arlit kontaminiertes Altmetall aus der Mine verkauft, und der Sand in vielen Häusern ist teilweise bis zu 500-fach über dem Normalwert radioaktiv verstrahlt.[6] Die kleine NGO konnte mittlerweile erreichen, dass von AREVA der kontaminierte Sand in Teilen der Stadt durch unbedenklichen ersetzt wird. Jedoch weigert sich AREVA nach wie vor, die Verantwortung für radioaktive Verstrahlung von Boden und Wasser und für Berufskrankheiten (Lungenkrebs, Bronchitis) zu übernehmen, aber zumindest gibt es mittler-

---

[4] Niger rangiert auf Platz 187. *http://hdr.undp.org/en/data.*
[5] UNdata von 2014, *http://hdr.undp.org/en/countries/profiles/NER.*
[6] *http://www.criirad.org/actualites/dossiers%202007/uranium-afriq/photos-niger.pdf.*

weile Schutzkleidung und Atemmasken für die Mitarbeiter (Greenpeace International 2010b).

2013 hätte die größte Uranmine der Welt, Imouraren, eröffnet werden sollen. Zu den Aufbauarbeiten der Mine wurden junge Tuareg aus der Region zu relativ guten Konditionen und – für nigrische Verhältnisse – gutem Verdienst eingestellt: 14 Tage Schichtbetrieb in der Mine, 14 Tage frei, inklusive Kost und Logis ab einem Verdienst von 120.000 CFA (ungefähr 180 Euro) für einfache Arbeiter, die als Putzmannschaft die Unterkünfte der Ingenieure reinigten. Dies ermöglichte den Tuareg ihre Viehwirtschaft in der Sahara weiterzuführen und gleichzeitig ein fixes Einkommen zu sichern.

Damit hoffte AREVA die ansässige Bevölkerung zufriedenzustellen und in Folge weitere Rebellionen oder ein vermehrtes Banditenwesen zu verhindern. Zu den Forderungen der letzten beiden Rebellionen im Niger (1990 bis 1998 und 2007 bis 2009[7]) zählten unter anderem die explizite Teilhabe an den Einkommen der Mine.

Als der Niger jedoch 2013 den auslaufenden "code minier" von 2006 unter geänderten Konditionen erneuern wollte (obwohl Uran das hauptsächliche Exportprodukt des Nigers darstellt, trägt es nur 4–6% zum Budget des Landes bei[8]), versuchte AREVA unter anderem durch die Schließung der Mine und die Entlassung der bis dato eingestellten Mitarbeiter Druck auf den Niger auszuüben. Die Eröffnung wurde auf frühestens 2016 vertagt. Als offiziellen Grund gibt AREVA die Gefahr von Islamisten in der Region (AQMI, Al-Qaeda du Maghreb Islamique) und die Einbußen des Konzerns durch die Katastrophe von Fukushima an.[9]

Die nur kurz angestellten und nun auf unbestimmte Zeit wieder entlassenen jungen Tuareg stehen vor neuen Herausforderungen.

Die Unsicherheit in der Sahara und im Sahel

Die Tuareg im Niger können allein von der Viehzucht schon lange nicht mehr leben, also mussten die verarmten Nomaden neue Lebens- und Überlebensstrategien entwickeln. Ein gutes ökonomisches Standbein war der Wüstentourismus in Niger, Algerien und Libyen, der den Tuareg Arbeit als Agenturleiter, als Fahrer der Toyotas, als *guides*, Chameliers und als Köche geliefert hat (KOHL 2002, 2003; SCHOLZE 2009).

Seit den ersten Entführungen von Tourist(inn)en 2003 gilt die Sahara als eine Zone der Unsicherheit, und der Tourismus ist schlagartig eingebrochen. Der von den USA initiierte „Krieg gegen den Terror", die infolge dessen zunehmende Militarisierung der Sahara und des Sahel sowie die Hegemoniebestrebungen einiger Staaten und die Zunahme terroristischer Aktivitäten und krimineller Netzwerke sind die Gründe der chaotischen und teils undurchsichtigen Situation in der Region. Die einzelnen Akteure sind mitunter schwer auszumachen, verschiedene Ereignisse werden für einzelne Länder machtpolitisch instrumentalisiert, und das allgemeine geopolitische Interesse an der Region und seinen Ressourcen ist international ausgerichtet. Vor diesem Hintergrund

---

[7] Zu politischen Analysen der Tuareg-Rebellionen in Niger siehe u.a. BASEDAU/WERNER 2007, DEYCARD 2011, GREGOIRE 1999, KEENAN 2010 und KLUTE 2013.
[8] OXFAM 2013.
[9] *http://www.afrikaecho.de/2013/01/niger-uran-mine-frankreich-soldaten/*.

geschieht es außerdem, dass – wie etwa in Mali – ein Amalgam zwischen islamistischen Gruppen und den Tuareg gemacht wird, um ihre politischen Forderungen nach Unabhängigkeit zu diskreditieren.

Was für die Tuareg letztlich bleibt, sind Strategien im Bereich des translokalen Handels, des Schmuggels und der Migration: Drei Bereiche, die miteinander verschwimmen, und in denen die Tuareg eine Führungsposition einnehmen (KOHL 2009, 2010*a*). Ihr Know-how, wie man in der Sahara überleben kann, und Fähigkeiten, die sie in frühester Kindheit lernen (Orientierung nach Sonne, Sternen und markanten Geländeformationen, Spurenlesen, Wissen wo man nach Wasser suchen kann, etc.), machen sie zu Spezialisten in der Sahara. Dadurch haben die Tuareg einen transnationalen Handlungsraum in der zentralen Sahara etablieren können. Sie stellen die Fahrzeuge und transportieren Menschen und Waren durch die Sahara: zum einen Tuareg selbst, die in Algerien und Libyen (unter al-Qaddafi) bessere Lebens- und Arbeitsbedingungen vorfanden und sich regelmäßig zwischen den Staaten hin- und herbewegten; zum anderen subsaharische Migrant(inn)en, auf dem Weg nach Europa. Im Gegenzug werden Waren vom Norden in den Niger transportiert: Benzin, Diesel, aber auch Lebensmittel, wie zum Beispiel Makkaroni, Eier, Kartoffelsamen, oder diverse Säfte aus Algerien. Diese *second economies* untergraben und schwächen die staatlichen Ökonomien jedoch nicht, sondern tragen im Gegenteil dazu bei, die Unausgewogenheit des lokalen Warenangebotes auszugleichen und bieten den verarmten Nomad(inn)en eine Nische (KOHL 2007).

Ein Hauptproblem der Tuareg ist, dass sie nur schwer Arbeit jenseits dieser *second economies* finden, u.a. da viele keine ausreichende Schulbildung besitzen, und weder lesen noch schreiben können. Ihr Können liegt im nomadischen Kontext verankert. Aber Ziegen hüten und Kamele züchten sind *skills*, die in unserer globalisierten technokratischen Welt kaum mehr Verwendung finden. Deshalb ließen sich viele Tuareg von Mu'ammar al-Qaddafi ins libysche Militär einbinden und mussten so auch im Libyen-Krieg an seiner Seite kämpfen. Sie waren reguläre Militärs, die jahrelang in der libyschen Armee dienten und libysche Papiere besaßen. Natürlich waren auch nigrische und malische Tuareg-Söldner dabei, die aber aus keiner ideologischen Überzeugung am Kampf teilnahmen, sondern wegen der Geldversprechen.

Auch wenn al-Qaddafi für die Tuareg stets ein Vermittler und Unterstützer zwischen ihnen und den nationalen Autoritäten und ihre Loyalität ihm gegenüber groß war, so erkannte man schon auch, dass er die Tuareg für seine Interessen instrumentalisierte. Doch viele sahen sich vor die Wahl gestellt, entweder als Bandit in der Sahara zu enden oder an der Seite al-Qaddafis zu kämpfen. Unter den nigrischen Rekruten fand man hauptsächlich junge Männer, die schon in der letzten Rebellion dienten, die aber mit Ende der Rebellion vom Staat weder entlohnt noch ins reguläre Militär integriert wurden (siehe KOHL 2011).

Diese schlecht bis gar nicht ausbezahlten und immer noch größtenteils bewaffneten Ex-Rebellen formieren sich in den letzten Jahren zu einem unkontrollierten Banditentum und destabilisieren ebenfalls die Sahara und den Sahel.

Ishumar: *Jugendkultur oder Re-Ethnisierung?*

Zwischen den 1990ern und dem ausbrechenden Libyen-Krieg 2011 bewegten sich viele junge Tuareg permanent und regelmäßig zwischen den nordafrikanischen Staaten auf der Suche nach dem schnellen Geld und haben eine Lebensweise entwickelt, die ans Vagabundentum erinnert (vgl. CLAUDOT-HAWAD 2006). Sie kamen und gingen ohne Ankündigung, waren ein paar Tage in Algerien, ein paar Monate in Libyen, gingen dann wieder zurück in den Niger. Sie wohnten bei Verwandten oder Freunden, tauchten immer zufällig zu den Essenszeiten auf und brachten Familien damit oft in die Not, nicht genügend Essen zu haben. Auch äußerlich kam und kommt diese (männlich dominierte) Lebensweise zum Ausdruck. Der traditionelle Gesichtsschleier der Männer (*tagelmust / echech*) wird lässig um die Schulter geschlungen und hat sich zu einem modischen Accessoire gewandelt, ihre Kleidung ist stets neu und ein modernes Handy mit geliebter Tuareg-Musik vervollständigt ihr Aussehen. Diesen jungen Leuten wird vielfach vorgeworfen, dass sie sich nicht um ihre Familien kümmern würden, dass sie in den Tag hinein lebten, sich keine Gedanken um die Zukunft machten, und ihr verdientes Geld sofort in für sie erstrebenswerte, materielle und schöne Dinge umsetzten (Handy, teure Kleidung, etc.) (KOHL 2009*a*).

Interessant im Zusammenhang mit der Fragestellung von Re-Ethnisierung ist, dass sich diese jungen Leute mit einem eigenen Terminus benennen: *ishumar*. Der Terminus entstand in den 1960er Jahren, als viele junge Tuareg infolge von politischen Krisen, Phasen der Dürre und einer allgemeinen Perspektivenlosigkeit in die Nachbarstaaten auf Arbeitssuche gingen, und entlehnt sich dem Französischen *chômeur*, Arbeitsloser. Zur Zeit der ersten Rebellion im Niger in den 1990er Jahren hingegen wurden mit *ishumar* vor allem die Widerstandskämpfer bezeichnet, die einen Guerillakampf gegen die Zentralregierung aufnahmen und um politische, soziale und ökonomische Gerechtigkeit kämpften. Während der letzten 20 bis 25 Jahre haben sich viele nigrische und malische Tuareg in Libyen und Algerien niedergelassen und ihre Frauen und Kinder mitgenommen bzw. nachgeholt. Damit bekam der Begriff eine neue Dimension und bezieht sich nicht mehr auf eine rein männliche Kategorie, sondern inkludiert nun auch Frauen und bezieht sich auf eine Generation von Grenzüberschreiter(inne)n, die mit speziellen Strategien agieren, um am globalen Leben teilhaben zu können.

Zudem wird der Begriff *ishumar* nicht mehr als eine abwertende Fremdbezeichnung verwendet, sondern als eine selbstbewusste Eigendefinition mit einer heterogenen und pluralen Komponente, in der sich alle sozialen Schichten mit unterschiedlicher geografischer, tribaler und nationaler Herkunft miteinander vermischen. Dadurch entstand eine neue Gruppe von Tuareg, deren soziale Struktur jenseits des traditionellen Systems anzusiedeln ist. Sie schafften durch ihr gemeinsames Schicksal und ihr Gefühl der Solidarität füreinander neue soziale Verbindungen und Netzwerke jenseits der tribalen Ordnung. (KOHL 2007: 140 ff.)

Der Terminus *ishumar* charakterisiert nicht nur Selbstbewusstsein, sondern auch Stolz über die ‚erhaltene Freiheit' in Zeiten von starren Grenzen und fix definierten Nationalstaaten, wie aus dem Zitat eines jungen Mannes hervorgeht:

> Wir *ishumar* sind die einzigen, die noch Freiheit besitzen. Wir bewegen uns ständig zwischen Niger, Algerien und Libyen hin und her. Wenn du dieses Leben einmal kennen

gelernt hast, dann kannst du nicht mehr zurück. Wir sind frei. Männer wie Frauen. Und wir haben eine Lebensphilosophie: lachen, Tee trinken und das Leben genießen! (Zitat in KOHL 2007: 140)

Das reale Leben der *ishumar* kontrastiert zu dieser sinnesfrohen Einstellung und lässt sich eher mit dem Ausspruch eines anderen jungen Mannes beschreiben: „Wir kennen nur das harte Leben." Dennoch besitzen die meisten *ishumar* eine erstaunlich humorvolle Selbstironie, die es erlaubt, mit ihrer sich vielfach am Existenzminimum befindlichen Situation würdevoll umzugehen.

Womit haben wir es im Falle der *ishumar* zu tun? Sind sie lediglich ein Ausdruck einer saharischen Jugendkultur, die sich nach einer Zeit des ungezügelten Lebens und des persönlichen Austobens wieder den konventionellen Normen und Werten unterwirft (siehe KOHL 2010*b*; RASMUSSEN 2000), oder aber kann man die *ishumar*-Bewegung auch als eine Form von Re-Ethnisierung betrachten? Ich bin der Meinung, dass sich Jugendkultur und Re-Ethnisierung nicht ausschließen. Wesentlich ist, dass diese jungen Leute nicht in das traditionelle Nomadenleben in der Sahara zurückversetzt werden wollen, das von ihnen in erster Linie mit Rückständigkeit, Nicht-Wissen und materiellen Entbehrungen gleichgesetzt wird. *Ishumar* möchten aktiv am globalen Leben teilhaben. Sie sind stolz darauf, Tuareg zu sein, grenzen sich durch ihre Sprache, ihre Kleidung, ihre transnationale Mobilität und den gelebten Kosmopolitanismus[10] bewusst von umliegenden Ethnien ab und versuchen, moderne Ansätze in ihr Leben zu integrieren. Ihre kulturellen Repräsentationen haben sich geändert im Sinne von Tradition als eine fluide wandelbare Kategorie. Eine Re-Ethnisierung im Sinne eines Weges zurück zu den nomadischen Wurzeln ist es nicht, den die *ishumar* beschreiten. Aber eine Form der Re-Ethnisierung, sich selbstbewusst als Tuareg definiert und sich selbst und die Sahara nicht in der Peripherie der globalen Welt, sondern in ihrem Zentrum verortet, das ist es sehr wohl.

Nur langsam kommen die Tuareg aus ihrer ökonomisch und politisch marginalisierten Position heraus. Doch jenen Menschen, die nach wie vor von der Viehzucht in der Sahara leben, städtisches Leben meiden und sich größtenteils von Hirse und Milch ernähren, steht eine große Gruppe junger Leute gegenüber, die als transnationale Grenzüberschreiter(innen) zwischen Mali, Niger, Algerien und Libyen agieren und aktiv am globalen Leben teilhaben. Ihr Wissen erlangen sie nicht durch klassische Schulbildung, sondern durch ihre transnationale Mobilität, in der sich verschiedenen Strategien von Handel, Schmuggel und Migration miteinander vermischen (KOHL 2009*a*, *b*, 2010*a*, *c*; LECOCQ 2004).

In der Sahara ist eine neue Elite unter den Tuareg entstanden. Eine intellektuell als auch materiell geprägte Elite, die durch transnationale Mobilität, Arrangements und Verhandlungen mit Nationalstaaten sowie facettenreichen Kontakten zu Nachbarn und

---

[10] Cosmopolitanism bei den Tuareg bedeutet: das Vorhandensein dualer oder multipler Staatszugehörigkeiten und mehrerer Wohnorte; ihre Fähigkeit in verschiedenen Sprachen (Arabisch, Hausa, Französisch) zu kommunizieren und mit Multilingualität aufzuwachsen; sowie ihr transnationales Leben und ihre Strategien von Mobilität. Zudem knüpfen Kosmopoliten (und vor allem *Ishumar*) multiple lose Verbindungen, die nicht unbedingt ethnischer Natur sein müssen, und können so Gemeinschaften ohne fixe Bindungen schaffen. Siehe BECK 2002; CAGLAR 2002; HANNERZ 1990, 2004; VERTOVEC/COHEN 2002.

Europa geprägt ist. Diese neue Tuareg-Elite hat nichts mehr gemein mit der traditionellen politischen, ökonomischen und religiösen ‚Exzellenz' und kann nicht mehr mit dem traditionellen Tamasheq-Terminus „*anefren*, derjenige, der gewählt ist" beschrieben werden, sondern vielmehr mit der Bezeichnung „*anefreg*, derjenige, der kann, der fähig ist" (KOHL 2010c). Früher waren die Eliten die Familien-, Clan- und Stammesoberhäupter (*amenukalen, ettebelen, imgharen*) und die religiösen Spezialisten (*ineslimen*) (LECOCQ 2004).

Heute verkörpern transnationale Akteure, Führer der Rebellionen, Gitarristen, und die wenigen aber zunehmenden NGO-Aktivist(inn)en diese neue Elite. Ihre transnationale Mobilität führt zu kosmopolitischen Lebensumständen. Sie nutzen vielfach multiple Staatsbürgerschaften und haben multiple Wohnsitze, sie profitieren von Verwandtschaftsbeziehungen und Netzwerken über die Grenzen hinweg (GIUFFRIDA 2010), sie wissen um den Einsatz und den Nutzen der neuen Medien, und haben u.a. auch durch den Tourismus internationale Kontakte bekommen. Sie kennen ihre Rechte und sind bereit, dafür zu kämpfen.

Literatur

BADI, DIDA (2010): Genesis and change in the socio-political structure of the Tuareg. In ANJA FISCHER und INES KOHL (Hgg.): *Tuareg Society within a Globalized World: Saharan Life in Transition*. London/New York: I.B. Tauris, 75–87.

DERS. (2012): *Les Touaregs du Tassili n Ajjer. Mémoire collective et organisation sociale*. Algier: CNRPAH (Mémoires du Centre National de Recherches. Préhistoriques, Anthropologiques et Historiques, nouvelle série n° 17).

BASEDAU, MATTHIAS und BENJAMIN WERNER (2007): Neue Tuareg-Rebellion: Der Niger in der „Konfliktfalle"? *GIGA Focus*, Nr. 12. http://www.giga-hamburg.de/dl/download.php?d=/content/publikationen/pdf/gf_afrika_0712.pdf [11.9.2012].

BECK, ULRICH (2002): The Cosmopolitan Perspective: Sociology in the Second Age of Modernity. In STEVEN VERTOVEC und ROBERT COHEN (Hgg.): *Conceiving Cosmopolitanism. Theory, Context, and Practice*. Oxford: University Press, 61–85.

BIERNERT, URSULA (1998): *Wüstentourismus in Südmarokko am Beispiel des Tafilalet*. Passau: Lis-Verlag.

CAGLAR, AYSE (2002): Media Corporatism and Cosmopolitanism. In STEVEN VERTOVEC und ROBERT COHEN (Hgg.): *Conceiving Cosmopolitanism. Theory, Context, and Practice*. Oxford: University Press, 180–190.

CLAUDOT-HAWAD, HÉLÈNE (2006): A nomadic fight against immobility: The Tuareg in the modern State. In DAWN CHATTY (Hg.): *Nomadic Societies in the Middle East and North Africa: Entering the 21st Century*, Leiden/Boston: Brill, 654–681.

DEYCARD, FREDERIC (2001): *Les rébellions Touaregs du Niger: Combattants, mobilisations et culture politique*. Thèse pour le Doctorat en Science politique, Université Montesquieu-Bordeaux IV.

GREGOIRE, EMMANUEL (1999): *Touareg du Niger: Le destin d'un mythe*. Paris: Karthala.

FRIEDL, HARALD A. (2006): Edle Wüstenritter, verrückte Kamel-Freaks und ungläubige Super-Menschen: Wahrnehmungsunterschiede zwischen Tuareg-Nomaden, individuellen Ethno-Touristen und Gruppenreisenden in der Sahara und ihre Rolle für Völkerverständigung im Tourismus. *TRANS, Internet-Zeitschrift für Kulturwissenschaften* 16, http://www.inst.at/trans/16Nr/06_8/friedl16.htm [9.11.2012].

HANNERZ, ULF (1990): Cosmopolitans and locals in world culture. In MICHAEL FEATHERSTONE (Hg.): *Global Culture: nationalism, globalization and modernity*. Oxford: Oxford University Press, 237–251.

DERS. (2004): Cosmopolitanism. In DAVID NUGENT und JOAN VINCENT (Hgg.): *Companion to the Anthropology of Politics*. Oxford: Blackwell, 69–85.

KLUTE, GEORG (2013) : *Tuareg Aufstand in der Wüste. Ein beitrag zur Anthropologie der Gewalt und des Krieges*. Köln: Rüdiger Köppe Verlag.

KOHL, INES (2002): The Lure of the Sahara. Implications of Libya´s Desert-Tourism. *The Journal of Libyan Studies*, Volume 3, Nr. 2 (Winter 2002, Oxford), 56–69.

DIES. (2003): Wüstentourismus in Libyen: Auswirkungen, Folgen und lokale Wahrnehmungen. Eine anthropologische Fallstudie aus der Oase Ghat. *DKP* 94, Berlin.

DIES. (2007): *Tuareg in Libyen: Identitäten zwischen Grenzen*. Berlin: Reimer.

DIES. (2009a): *Beautiful Modern Nomads: Bordercrossing Tuareg between Niger, Algeria and Libya*. Berlin: Reimer.

DIES. (2009b): Libyens Tuareg zwischen Stillstand und Aufbruch. In FRITZ EDLINGER und ERWIN M. RUPRECHTSBERGER (Hgg.): *Libyen: Geschichte – Landschaft – Gesellschaft – Politik*. Wien: Promedia, 159–172.

DIES. (2010a): Saharan „Borderline"-Strategies: Tuareg Transnational Mobility. In TILO GRÄTZ (Hg.): *Mobility, Transnationalism and Contemporary African Societies*. Cambridge Scholars: Newcastle upon Tyne, 92–105.

DIES. (2010b): Libya, the "Europe of Ishumar": Between Losing and Reinventing Tradition. In ANJA FISCHER und INES KOHL (Hgg.): *Tuareg Society within a Globalized World: Saharan Life in Transition*. London/New York: I.B. Tauris, 143–154.

DIES. (2010c): Modern Nomads, Vagabonds, or Cosmopolitans? Reflections of Contemporary Tuareg Society. *Journal of Anthropological Research*, Volume 66, Nr. 4, New Mexico, 449–462.

DIES. (2011): Gaddafis Instrumentalisierung der Tuareg. In FRITZ EDLINGER (Hg.) *Libyen: Hintergründe, Analysen, Berichte*. Wien: Promedia, 71–86.

LECOCQ, BAZ (2004): Unemployed Intellectuals in the Sahara: The Teshumara Nationalist Movement and the Revolutions in Tuareg Society. *IRSH* 49, Supplement, Internationaal Instituut voor Sociale Geschiedeni, 87–109.

DERS. (2010): Tuareg City Blues: Cultural capital in a global cosmopole. In ANJA FISCHER und INES KOHL (Hgg.): *Tuareg Society within a Globalized World: Saharan Life in Transition*. London,/New York: I.B. Tauris, 41–58.

RASMUSSEN, SUSAN J. (2000): Between Several Worlds: Images of Youth and Age in Tuareg Popular Performances. *Anthropology Quarterly*, vol. 73, n° 3, 133–144.

SCHOLZE, MARKO (2009): *Moderne Nomaden und fliegende Händler: Tuareg und Tourismus in Niger*. Berlin: Lit.

SPITTLER, GERD (1989): Handeln in einer Hungerkrise: Tuaregnomaden und die grosse Dürre von 1984. Opladen : Westdeutscher Verlag.

VERTOVEC, STEPHEN und ROBERT COHEN (2002): *Conceiving cosmopolitanism. Theory, context, and practice*. Oxford: Oxford University Press.

Berichte

Greenpeace International (2010a): AREVA´s dirty little secret. *http://www.greenpeace.org/international/en/news/features/AREVAS-dirty-little-secrets060510/* [1.9.2012].

Greenpeace International (2010*b*): Left in the dust: AREVA´s radioactive legacy in the desert town of Niger. *http://www.greenpeace.org/international/Global/international/publications/nuclear/2010/AREVA_Niger_report.pdf* [1.9.2012].

Oxfam (2013): A qui profite l´Uranium? L´enjeux de la renégociation des contrats miniers d´AREVA. *https://www.oxfamfrance.org/communique-presse/areva-niger/areva-au-niger-qui-profite-luranium* [15.9.2015].

Eine indigene weibliche Heterotopie?
Der *Womyn's Sun Dance*
Sabine Lang

Der Sonnentanz auf den Nordamerikanischen Plains

In der ethnologischen Literatur dient der Terminus ‚Sonnentanz' als Überbegriff für bestimmte Zeremonien, die sich weit verbreitet in den nordamerikanischen Plains und den westlich daran angrenzenden Regionen finden. Bei den mindestens 30 Ethnien, die diesen Tanz abhalten, gibt es individuelle, voneinander abweichende Ausprägungen, aber die Zeremonien haben genug gemeinsam, um eine übergreifende Bezeichnung zu rechtfertigen (BROWN 1989). Nordamerikanische Ureinwohner verwenden nicht notwendigerweise das Wort Sonnentanz, sondern haben eigene Bezeichnungen, die sich auf zentrale Charakteristika der Zeremonie beziehen; bei den Crow und Shoshone heißt sie *Thirst Dance* oder *Thirst Standing Dance*, Sioux-Sprecher nennen sie *Dance Gazing at the Sun*, und die Cheyenne *Medicine Dance* (BROWN 1989: 193). Der Zeremonienkomplex ist wohl um 1700 auf den Plains entstanden und breitete sich anschließend in benachbarte Gebiete aus (JORGENSEN 1972: 17).

Sonnentänze werden im Sommer abgehalten, dauern für gewöhnlich vier Tage und dienen – im weitesten Sinne – der spirituellen Erneuerung. Wer das Gelübde abgelegt hat, den Tanz durchzuführen, nimmt während dessen Dauer keine Nahrung und keine Flüssigkeit zu sich und konzentriert sich darauf, eine Verbindung mit den höheren Mächten herzustellen. Sonnentänze sind seit jeher sowohl religiöse, als auch gesellige Veranstaltungen und ziehen zahlreiche Besucher von nah und fern an. In der Zeit vor Einrichtung der Reservate, als die Plains-Ethnien noch in kleinen Gruppen durch die großen Ebenen zogen, versammelten sich bei den Sonnentänzen viele Menschen aus unterschiedlichen lokalen Gruppen. Sie wohnten nicht nur der Zeremonie bei, sondern trieben miteinander Handel, wetteiferten im Glücksspiel und trafen sich mit Freunden aus anderen Gruppen. Es gab zu dieser Jahreszeit reichlich Gras für die vielen Pferde der Besucher, sportliche Wettbewerbe, und Sonnentänze waren auch eine gute Gelegenheit, Ausschau nach einem potenziellen Ehepartner oder einer Ehepartnerin zu halten (KEHOE 1992: 316). Die Zeremonie ist treffend als "a major integrating mechanism in Plains societies" beschrieben worden (KEHOE 1992: 316). Ab den 1880er Jahren verbot die Regierung der Vereinigten Staaten die Zeremonie sukzessive bei den Ethnien, in denen sie durchgeführt wurde. Dieses Verbot wurde 1934 im Zuge einer liberaleren Politik gegenüber der indigenen Bevölkerung zwar wieder aufgehoben (BOLZ 1996/97: 107; HARTMANN 1973: 169 f.); erst in den 1960er- und 70er-Jahren kam es aber unter dem Einfluss der Bürgerrechtsbewegung und politischer indigener Bewegungen – hier nicht zuletzt des American Indian Movement (AIM) – zu einer nennenswerten Revitalisierung des Sonnentanzes (vgl. BOLZ 1996/97: 111–119).

Traditionell besteht bei Sonnentänzen eine geschlechtliche Arbeitsteilung. Es gibt zwar seit jeher wichtige Funktionen für Frauen, die Tänzer waren jedoch ursprünglich ausschließlich Männer, bis ab den 1930er-Jahren einige Reservate Frauen als aktive

Tänzerinnen bei den Zeremonien zuließen. Das Reservat Fort Hall in Idaho, auf dem Shoshone und Bannock leben, nahm hierbei eine Vorreiterrolle ein, und einer meiner Informanten erzählte mir halb im Scherz, dass heute "in Fort Hall there's more women usually than there are men in our Sun Dances because women come from all over" (HALL 1992; siehe auch JORGENSEN 1972: 318 und KEHOE 1992: 381).

Eklat auf Pine Ridge: Ist Homosexualität ‚Traditionell'?

Mitte der 80er-Jahre kam es jedoch auf einem der Lakota-Reservate zu einem Eklat, weil die Anwesenden bei einem Sonnentanz zwei indigenen lesbischen Frauen die aktive Teilnahme verwehren wollten; dies basierte auf der Auffassung, dass Homosexualität keinen Platz in der Kultur der Lakota habe. Daraufhin riefen die beiden Frauen 1987 einen Sonnentanz ins Leben, der ausschließlich weiblichen Teilnehmerinnen vorbehalten ist. Die Zeremonie, die bis heute fortbesteht, richtet sich insbesondere an lesbische Frauen indianischer und anderer nicht-weißer Herkunft. Allerdings würde wohl keine heterosexuelle Frau abgewiesen, sofern es ihr mit der Teilnahme Ernst ist; es wird bei der Zeremonie nicht nach der sexuellen Orientierung gefragt.

Es lässt sich aufgrund der Quellenlage schwer sagen, wie es um den Status lesbischer Frauen in der traditionellen Lakota-Kultur vor Einrichtung der Reservate bestellt gewesen ist. Es gab früher eine institutionalisierte, respektierte soziale Rolle für die *winkte* – Männer, die eine quasi-weibliche Rolle einnahmen. Der Lakota-Ethnologin Bea Medicine zufolge existierte ein vergleichbarer Status möglicherweise auch für Frauen (MEDICINE 1997: 147). Solche Frauen seien *bloka egla wa ke* genannt worden, "thinks she can act like a man", und hätten sich in als männlich definierten Aktivitäten wie Reiterei und Viehzucht hervorgetan (MEDICINE 1997: 147). Es besteht jedoch heute in der Forschung Einigkeit darüber, dass sexuelle Beziehungen zwischen solchen Mannfrauen und Fraumännern[1] und Partnern oder Partnerinnen des gleichen Geschlechts in den entsprechenden indigenen Kulturen Nordamerikas nicht als homosexuell klassifiziert wurden (vgl. LANG 1998, 2011), da die Beteiligten unterschiedlichen sozialen Geschlechtern angehören; Männer in einer weiblichen Rolle und Frauen in einer männlichen galten nicht als Männer bzw. Frauen, sondern als eine Art ‚drittes' Geschlecht (vgl. hierzu auch JACOBS/CROMWELL 1992). Heimliche homosexuelle Beziehungen in dem Sinne, wie Homosexualität in der westlichen Kultur definiert ist, scheinen zwar vorgekommen zu sein, aber es gab in der Lakota-Kultur keine sozial akzeptierte Form offen homosexuellen Verhaltens; das Gleiche gilt übrigens auch für die meisten anderen indigenen Kulturen Nordamerikas. Es sei hier angemerkt, dass auch der einstige Res-

---

[1] In der ethnologischen Literatur hat sich für diese ‚dritten Geschlechter' seit Mitte der 1990er-Jahre teils die Bezeichnung 'two-spirit' eingebürgert; diese ist aber ähnlich problematisch wie der ältere Terminus 'berdache', den sie ersetzen soll, da er bei heutigen homosexuellen Indianer/innen aus nachvollziehbaren Gründen in Ungnade gefallen ist (vgl. JACOBS/THOMAS/LANG 1997, passim; LANG 2011). Daher verwende ich die deskriptiven Bezeichnungen ‚Mannfrauen' (für biologische Frauen in einer männlichen sozialen Rolle) und ‚Fraumänner' (für biologische Männer in einer weiblichen Rolle).

pekt für ‚dritte Geschlechter' in vielen indigenen Gruppen heute einer ausgeprägten Homophobie gewichen ist.

Obwohl die Zeremonie vor allem auf indigene lesbische Frauen ausgerichtet ist, steht sie weißen Teilnehmerinnen offen; allerdings dürfen diese sich nicht als Sonnentänzerinnen betätigen. Dieser weibliche Schwerpunkt hat bei der Zeremonie im Vergleich zu gemischten Sonnentänzen zu einer Reihe als geschlechtsspezifisch definierter Änderungen geführt. Ich hatte Gelegenheit, vier Mal an diesem Womyn's Sun Dance teilzunehmen, und werde im Folgenden die spezifischen Züge der Zeremonie skizzieren, bei der indigene Frauen einige Elemente des (Lakota-)Sonnentanzes auf ihre Weise neu interpretieren – was bei anderen traditionell ausgerichteten Indianer/innen nicht immer auf einhellige Zustimmung stößt. Zwar gab es bei den Lakota vereinzelt und zeitlich begrenzt komplett weibliche Sonnentänze, die auf Visionserlebnisse einzelner Frauen zurückgingen (ST. PIERRE/LONG SOLDIER 1995: 132/133); der Gedanke, einen dauerhaften, institutionalisierten Sonnentanz ausschließlich für Frauen und insbesondere für lesbische Frauen durchzuführen, erregt aber bei vielen Native Americans Missfallen.

Darüber hinaus werde ich die Überlegung anstellen, ob die Zeremonie, die an sehr abgeschiedenen Orten durchgeführt wird, in diesem geschützten Raum Züge einer Heterotopie aufweist: Durch den Fokus auf Weiblichkeit unterscheidet sich der Womyn's Sun Dance von Sonnentänzen, an denen sowohl Männer, als auch Frauen teilnehmen. Die Geschlechterhierarchie der Plains-Kulturen wird ebenso aufgelöst wie die geschlechtliche Arbeitsteilung bei herkömmlichen Sonnentänzen. Darüber hinaus werden die Rassenhierarchie der US-amerikanischen Mehrheitsgesellschaft und bestimmte Normen dieser Gesellschaft (z.B. bezüglich öffentlicher Nacktheit) umgekehrt. Außerdem wird die heutige Einstellung indigener Gemeinschaften Nordamerikas gegenüber Homosexualität unter Rückbezug auf tatsächliche oder postulierte Rollen für homosexuelle Frauen und Männer in den traditionellen Kulturen in Frage gestellt.[2]

Wie der Womyn's Sun Dance entstand

Zunächst möchte ich kurz erzählen, wie der Womyn's Sun Dance entstanden ist. Angesichts der Bedeutung von Visionen und Träumen in den Plains-Kulturen überrascht es nicht, dass die Zeremonie auf einen Traum zurückgeht. Die Gründerin des Womyn's Sun Dance, Beverly, ist Lakota und um 1946 geboren; 1973 begann sie, an Sonnentänzen teilzunehmen. Sie berichtet, dass sie für Männer nie allzu viel übrig hatte (LITTLE

---

[2] Dieser Aspekt kann im Rahmen des vorliegenden Beitrages nur gestreift werden. In den USA und Kanada gibt es seit Ende der 1980er-Jahre eine zunehmend erstarkende Bewegung homosexueller Indianer/innen, die mittels der (Selbst-)Bezeichnung 'two-spirit people' einen Rückbezug auf die traditionellen (und verallgemeinernd idealisierten) Rollen von Mannfrauen und Fraumännern (früher in der Fachliteratur als *berdaches* bezeichnet) in indigenen Kulturen Nordamerikas vornehmen, um der Homophobie und Diskriminierung auf Reservaten und in urbanen *communities* entgegenzuwirken. Man könnte hier von einer Indigenisierung von Homosexualität sprechen, was indessen einen eigenen Beitrag füllen würde. Zur Two-Spirit-Bewegung siehe etwa JACOBS/THOMAS/LANG (1997) mit Äußerungen indigener Aktivist/innen und TIETZ (2012).

THUNDER 1997: 205); trotzdem war sie mehrmals verheiratet und ist Mutter mehrerer Kinder. Mitte der 80er-Jahre traf sie dann eine Frau teils indigener, teils irischer Abstammung und die beiden wurden ein Paar. Als sie zusammen am Sonnentanz auf dem Pine-Ridge-Reservat teilnehmen wollten, führte dies zu Meinungsverschiedenheiten. In einem langen Interview, das ich mit ihr führte, erinnerte sich Beverly:

> When we got there, we were treated very, very coolly, to say least. I was trying to find tipi poles to put up my tipi, and no one would help me. We were kind of avoided. And at one point when they were bringing the tree (for the center pole) in, my daughter was holding the hand of a little two-year old who had kind of attached on to her. And I heard a woman say, 'Get that little baby away from those women! How disgusting!' So that was the attitude of some of the women there.[3]

Andere – darunter ein sehr bekannter Aktivist des American Indian Movement, der anwesend war – hatten aufgrund der Tatsache, dass es sich um ein lesbisches Paar handelte, ebenfalls Einwände gegen die Teilnahme von Beverly und ihrer Partnerin an der Zeremonie. Beverly berichtete an anderer Stelle:

> This rejection came in 1985 when I attended the Sun Dance Ceremony in South Dakota. I went there and told the community that I could no longer pretend to be someone I was not. I could no longer sit quietly while cruel jokes were made about lesbians and gays. (…) The re-jection hurt. It hurt a lot. (LITTLE THUNDER 1997: 206)

Aufgewühlt und verzweifelt verließ Beverly schließlich die Zeremonie. Sie begann, ziellos auf dem Reservat umherzuwandern und verirrte sich. Bald erschien ihr aber das erste Zeichen:

> And you have to picture this, I'm crying hysterically, and when I looked up on the horizon, I saw these dark wings and this white head flying above me. It was a Bald Eagle. It was the first time I had ever seen a Bald Eagle, and it just circled two or three times and then left.

In indigenen Kulturen Nordamerikas haben Raubvögel große Bedeutung als Mittler zwischen Menschen und dem Übernatürlichen; daher war der Weißkopf-Seeadler natürlich ein gutes Vorzeichen. Nachdem sie sich lange unter der sengenden Sonne aufgehalten hatte, fand Beverly inmitten der größtenteils grasbedeckten Plains-Landschaft eine kleine Pinie und legte sich darunter, um im Schatten ein wenig auszuruhen:

> So I spread my blanket down, and I lay down, and I closed my eyes. And I don't know how long I slept or if I slept or what went on, but it was then the first time that I dreamed about Sun Dance, and seeing the arbor with women of all colors in it, dancing. And the arbor held those living trees, and the tree in the center was huge, and it was old. (…) I had that same dream again a couple of months later, six months later, and then I had it again.

'Arbor' bezieht sich auf die Struktur, in der Sonnentänze abgehalten werden. Beverlys Bericht über ihren Traum weist bereits auf mehrere Charakteristika des Womyn's Sun

---

[3] Alle Zitate stammen aus einem auf Tonband aufgezeichneten Interview mit Beverly Little Thunder, Washington, D.C., 19. November 1993.

Dance hin. Zum einen zielt die Zeremonie spezifisch darauf ab, nicht-weiße lesbische Frauen spirituell, aber auch generell, zu stärken. Zum anderen unterscheidet sich die Umfriedung der Tanzfläche, von der Beverly träumte, von den üblichen Sonnentanzhütten. Diese bestehen üblicherweise aus Pfosten und sind mit Zweigen bedeckt; ein Baum, der als Mittelpfosten dient, wird zeremoniell gefällt. Auf diesen Mittelpfosten heften die Tanzenden während der Zeremonie ihren Blick, denn er verbindet sie mit dem Himmel und dadurch mit den höheren Mächten (KEHOE 1992: 317). In Beverlys Traum kam dagegen eine Tanzfläche vor, die von lebenden Bäumen umfriedet ist, mit einem weiteren lebenden Baum in der Mitte; sie erklärte mir, dass es ihrer Ansicht nach für eine von Frauen durchgeführte Zeremonie angemessener sei, Bäume wachsen zu lassen, als sie zu fällen. Das kann auch damit zusammenhängen, dass das Fällen des Mittelpfostens mit der Gefangennahme eines Feindes gleichgesetzt wird – eine Tätigkeit, die eindeutig zur männlichen Sphäre gehört.[4] Die Erfüllung von Beverlys Vision bezüglich lebender Bäume musste allerdings zunächst verschoben werden, weil die Zeremonie jahrelang im ariden Klima des südlichen Arizona abgehalten wurde. Eine dort wohnende Frau hegte, pflegte und wässerte bei sich zu Hause eine kleine Pappel, die dann zu Beginn des Sonnentanzes zeremoniell in die Tanz-Umfriedung getragen wurde – ganz wie die Mittelpfosten bei Plains-Sonnentänzen. Aufgrund des Holzmangels gab es auch keine laubenähnliche Eingrenzung der Tanzfläche; stattdessen wurde sie von *prayer sticks* (Gebetsstöckchen)[5] eingerahmt. Mittlerweile hat der Womyn's Sun Dance aber im regenreichen Vermont ein dauerhaftes Zuhause gefunden, wo die Chancen für eine Umfriedung aus lebenden Bäumen sehr gut stehen.

Eigenheiten des Womyn's Sun Dance

Ein weiterer Unterschied zwischen dem Womyn's Sun Dance und herkömmlichen Sonnentänzen besteht natürlich darin, dass es keine geschlechtliche Arbeitsteilung gibt. Alles, was ansteht, muss von Frauen getan werden: Sie schlagen die große Trommel und singen, halten die Feuerstelle bei der Schwitzhütte in Gang, schlagen Brennholz und kochen über einem offenen Feuer Mahlzeiten für alle Teilnehmerinnen. Einigen Frauen wird aufgetragen, bestimmte Aktivitäten zu beaufsichtigen, oder sie werden mit speziellen Funktionen betraut. Eine Frau achtet beispielsweise darauf, dass immer jemand das Feuer bei der Schwitzhütte im Auge behält, Tag und Nacht, und es beständig mit Holzscheiten füttert, um die Steine für die im Morgengrauen, mittags und zur Abenddämmerung stattfindenden Schwitzhüttenzeremonien zu erhitzen. Zwei ‚Sonnen-

---

[4] Es sei aber angemerkt, dass es in einigen wenigen Ethnien früher Aufgabe von Frauen war, den Baum für den Mittelpfosten zu fällen (Oglala-Lakota, Kiowa, Crow, Arapaho and Arikara; vgl. LANG 1998: 179). Interessanterweise zählt dazu Beverlys Herkunftsethnie, die Oglala-Lakota; jüngeren Quellen zufolge sind es allerdings inzwischen Männer, denen das Fällen dieses Baums obliegt, und dies geht auch aus Beverlys Äußerungen mir gegenüber hervor.

[5] Und zwar von 408 Stück; Beverly erläuterte, dass diese Zahl sich auf die Gesamtheit der Geistwesen im Pantheon der Lakota belaufe. *Prayer sticks* sind von Rinde und Seitentrieben befreite, etwa 40 cm lange bemalte Zweiglein, an deren oberes Ende jeweils ein *tobacco tie* – ein kleines Baumwoll-Stoffstück, in das Tabak gewickelt ist – gebunden wird.

tanz-erfahrene' Teilnehmerinnen werden dazu bestimmt, den Tanzenden zur Seite zu stehen, da diese bestimmte Dinge nicht selbst tun dürfen; außerdem werden sie im Laufe der vier Tage, während derer sie fasten und tanzen, manchmal sehr schwach und brauchen Hilfe. Zwei weitere Frauen werden damit betraut, morgens den Bisonschädel und die heilige Pfeife vom Altar vor der Schwitzhütte in die Tanz-Umfriedung und abends wieder zurück zu tragen. Eine Teilnehmerin wird gebeten, morgens eine Handtrommel zu schlagen, während Beverly die Pfeife füllt und ein Gebet dazu singt und die Tänzerinnen dann feierlich von der Schwitzhütte zum Tanzplatz gehen. All diese Aufgaben unterscheiden sich nicht von denen, die bei gewöhnlichen Sonnentänzen anfallen, und die Zeremonie insgesamt folgt den Abläufen und Regeln des Lakota-Sonnentanzes. Da aber keine Männer anwesend sind, ist es beispielsweise menstruierenden Frauen nicht nur gestattet, an der Zeremonie an sich teilzunehmen, sie dürfen – und müssen sogar – an der Schwitzhüttenzeremonie[6] teilnehmen. Das ist bei ‚gemischten' Sonnentänzen undenkbar, weil Menstruationsblut für Männer eine Gefahr darstellt. Beim Womyn's Sun Dance dagegen ist für jede Anwesende die Teilnahme an mindestens einer der Schwitzhüttenzeremonien obligatorisch, die zum Zwecke ritueller Reinigung morgens und abends stattfinden. Für die Sonnentänzerinnen selbst gibt es dreimal täglich eine separate Schwitz-Zeremonie.

Darüber hinaus fällt auf, dass zwar so genannte *flesh offerings*[7] dargebracht werden, aber kein *piercing*[8] vorgenommen wird. Die letztgenannte Praxis war ursprünglich Männern vorbehalten, ist aber seit den 1970er Jahren ein akzeptierter Bestandteil bei der Teilnahme von Frauen an Lakota-Sonnentänzen (BOLZ 1996/97: 99). Diese Art der Selbsttortur gilt bei anderen Stämmen als "self-glorifying and not in the best taste" (KEHOE 1992: 318). Mein Informant bei den Shoshone berichtete mir augenzwinkernd: "Our Sun Dance doesn't allow piercing; we're much more civilized that that" (Hall 1992).

Eine weitere Besonderheit der Zeremonie betrifft die Lieder, die den Tanz begleiten. Zwar sind einige Lakota-Sonnentanzlieder unverzichtbar,[9] aber Beverly hat dem Repertoire zwei Lieder in englischer Sprache mit den Titeln "Ancient Mother" und "We are Sisters on a Journey Singing in the Sun"[10] hinzugefügt, deren Herkunft in den Kreisen nicht-indianischer Anhängerinnen von Muttergottheiten anzusiedeln ist, sowie ein von ihr als „Hopi-Lied" bezeichnetes Stück, das teils auf Englisch ist. Wie sie mir er-

---

[6] Die Schwitzhütte ist ein „kuppelförmiges, mit Decken oder Fellen verhülltes Gebilde aus hölzernen Streben. In ihrem Inneren wurde Dampf erzeugt, indem man erhitzte Steine, die in einer Mulde lagen, mit Wasser übergoss" (HARTMANN 1973: 128).

[7] Bei *flesh offerings* werden Teilnehmer/innen an Sonnentänzen kleine Hautstückchen aus dem Arm geschnitten und, in ein Stück Baumwollstoff gewickelt, den höheren Mächten als Opfergabe dargebracht. *Flesh offerings* sind für Sonnentänzer/innen obligatorisch, für andere Anwesende freiwillig.

[8] Bei der am häufigsten praktizierten Form des so genannten *piercing* werden dem Sonnentänzer "both his breasts […] pierced by a sacred person, wooden skewers are inserted, and the skewers are attached to rawhide ropes, which are tied about halfway up the sacred pole" (POWERS 1975: 98).

[9] Wie etwa der "White Buffalo Calf Pipe Song".

[10] Meine Internet-Recherchen haben zumindest für "We are Sisters" ergeben, dass das Lied bei weißen Anhängerinnen der Göttin sehr beliebt ist.

klärte, war dies dem Umstand geschuldet, dass die allermeisten Teilnehmerinnen kein Lakota sprechen und daher Schwierigkeiten haben, die Texte zu lernen:

> So it's a combination of different songs, the basis being Lakota but the others including those women who are there, you know, and the different women that we represent. And it's probably not what some people would call traditional, but it's tradition to us.

Als 1987 der allererste Womyn's Sun Dance stattfand, kamen 110 Frauen dorthin. 1990 trennten sich Beverly und ihre Partnerin, und jede von ihnen veranstaltete fortan einen eigenen Sonnentanz. In den Jahren, in denen ich Beverlys Version der Zeremonie besuchte, gab es 20 bis 30 Teilnehmerinnen. Beverlys ursprünglicher Traum handelte zwar von Frauen jeglicher Hautfarbe, die in der Umfriedung tanzten, aber es wurde bald entschieden, dass nur nicht-weiße Frauen als Tänzerinnen zugelassen werden sollten. Dies birgt allerdings die Gefahr, dass sich 'Wannabes' – weiße Frauen, die behaupten, indigener Abstammung zu sein – in den Kreis der Tanzenden einschleichen.[11] Wie andere indianische Zeremonien zieht auch der Womyn's Sun Dance nicht nur Frauen indigener Herkunft an, sondern auch solche mit anderem ethnischen Hintergrund, einschließlich weißer Frauen. Beverly deutete an, dass einige der letzteren beim ersten Womyn's Sun Dance Benehmen an den Tag legten, das unangebracht war; daraufhin einigten sich die Teilnehmerinnen indigener Herkunft darauf, dass weiße Frauen bis auf Weiteres nicht das Gelübde ablegen dürfen zu tanzen. Diese Politik wird auch heute noch verfolgt; inzwischen ist es sogar so, dass nur noch Frauen indianischer Abstammung Tänzerinnen sein dürfen.[12] In diesem Zusammenhang ist zu erwähnen, dass Sonnentänze allgemein immer mehr Weiße auf spiritueller Sinnsuche anziehen und deren aktive Teilnahme als Tanzende auf einigen Reservaten kontrovers diskutiert wird (vgl. BOLZ 1996/97: 99–101). Aber das Tanzen ist der einzige Aspekt des Womyn's Sun Dance, von dem nicht-indigene Frauen ausgeschlossen sind; alle anderen Tätigkeiten stehen ihnen offen. In den Jahren, in denen ich die Zeremonie besuchte, waren einige Teilnehmerinnen von gemischter indigener (Nordamerika oder Mexiko) und weißer Herkunft, einige wenige waren Afroamerikanerinnen, ein großer Teil weiß. Keine der indianischen Frauen lebte auf einem Reservat. Die meisten Teilnehmerinnen, ungeachtet ihrer ethnischen Herkunft, waren in urbanen oder ‚frauenbezogenen' Zusammenhängen ansässig (z.B. ausschließlich von Frauen bewohnte Ländereien) und hatten einen wie auch immer gearteten Hintergrund in der amerikanischen Frauen- und/oder Lesbenbewegung, einhergehend mit einem politischen Bewusstsein, das für

---

[11] Das geschah auch tatsächlich beim ersten Sonnentanz, den ich besuchte. Eine der Sonnentänzerinnen behauptete, sie stamme von Apachen ab und sei ein 'pipe bearer', also mit einer heiligen Pfeife betraut. Später stellte sich heraus, dass sie keinerlei indigene Abstammung besaß und ihre ‚heilige' Pfeife in Pipestone, Minnesota, käuflich erworben hatte. Beverly war darüber sehr bestürzt. Andererseits weisen Native Americans selbst darauf hin, dass es schwierig ist, eine klare Linie zwischen ‚Indianern' und ‚Weißen' zu ziehen, da sich beide seit Jahrhunderten vermischt haben (vgl. BOLZ 1996/97: 100/101).

[12] Hinsichtlich der Zeremonie 2012 heißt es auf der Homepage des Womyn's Sun Dance: "At this time, Sundancers are women of native descent who dedicate their year to prayer and preparation to dance for the People and for Mother Earth, and have attended Sundance Ceremony for at least four years" (Kunsi Keya – Grandmother Turtle, vgl. *www.kunsikeya.org* [2012]).

Rassismus-bezogene Problematiken geschärft war und sich generell am besten als ‚alternativ' kennzeichnen lässt. Diese feministische bzw. ‚alternativ-spirituelle' Einstellung hat auch Eingang in manche Aspekte der Zeremonie gefunden, so beispielsweise die bereits erwähnten Lieder oder eine über die Jahre zunehmende Fokussierung auf 'Mother Earth'. Mir ist auch noch lebhaft in Erinnerung, wie eine weiße Teilnehmerin den Anwesenden glaubhaft zu machen versuchte, die indigenen Völker Nordamerikas seien einst Vegetarier gewesen – eine Behauptung, der eine der Sonnentänzerinnen energisch widersprach. Als ich die Zeremonie 2000 zuletzt besuchte, hatte sich die Teilnehmerschaft dahingehend verschoben, dass nicht-weiße Frauen die Minderheit bildeten, und nur etwa eine Handvoll gab an, indianischer Abstammung zu sein. Neben diversen weißen Polit-Aktivistinnen war eine weiße Medizinfrau zugegen, und soweit ich mich erinnere, gab es nur noch vegetarisches Essen. Es ist daher beim Womyn's Sun Dance eine paradoxe Situation eingetreten: Ursprünglich ins Leben gerufen, um außerhalb der homophoben Atmosphäre des Reservats indigenen lesbischen Frauen die Möglichkeit zu eröffnen, an einem Sonnentanz teilzunehmen, wird die Zeremonie von Frauen aus den Reservaten gar nicht genutzt und zieht stattdessen verstärkt weiße Teilnehmerinnen an, auf die indianische Spiritualität, zumal in weiblich interpretierter Form, große Attraktion ausübt. Man könnte vielleicht sagen, dass sie es sind, die sich beim Womyn's Sun Dance ‚indigenisieren'. Der geringe Anklang, den diese Zeremonie bei Frauen aus Reservaten findet, mag auch darauf zurückzuführen sein, dass lesbische Frauen keineswegs bei allen herkömmlichen Sonnentänzen unwillkommen sind; bei demjenigen in Fort Hall beispielsweise dürfte die sexuelle Orientierung kein Problem sein, da ein sehr prominenter, einflussreicher Bewohner dieses Reservats selbst 'two-spirited' ist, und eine gut informierte Kollegin deutete mir gegenüber vor einiger Zeit an, dass offenbar mittlerweile auch auf anderen Reservaten die Einstellung in dieser Hinsicht etwas unverkrampfter geworden ist. Aufgrund meiner Feldforschung bin ich mir außerdem sicher, dass wiederum andere lesbische Frauen es vorziehen, ihre sexuelle Orientierung im Gegensatz zu Beverly nicht öffentlich zu thematisieren und dadurch zu riskieren, dass es zu Kontroversen und schlimmstenfalls zu einem Ausschluss aus der Gemeinschaft kommt; solche Frauen nehmen an Sonnentänzen auf den Reservaten teil, ohne dass andere (zumindest offiziell) von ihrer Homosexualität wissen, ähnlich wie die schwulen Powwow-Tänzer, die Gilley (2006) interviewt hat.

Der Womyn's Sun Dance als Heterotopie

Der Womyn's Sun Dance findet immer auf entlegenem Land statt, Kilometer von der nächsten Siedlung entfernt. Durch diese Entlegenheit wird die Zeremonie zu einem geschützten Raum für die Teilnehmerinnen – einem Raum, in dem manche Normen des Alltags verändert oder umgekehrt werden. Darin zeigt der Womyn's Sun Dance Züge einer Heterotopie im Sinne Foucaults (1984),[13] definiert als "des lieux réels, des lieux

---

[13] Es sei an dieser Stelle angemerkt, dass die Verfasserin dieses Beitrages dem geradezu inflationären 'names dropping', das in vielen kulturwissenschaftlichen Beiträgen, Vorträgen und anderen Schriften seit geraumer Zeit sehr *en vogue* und unerlässlich scheint, für gewöhnlich wenig abgewinnen kann. Foucault, Bourdieu, Homi Bhabha – wenigstens einer dieser Autoren, bzw. einer

effectifs, des lieux qui ont dessinés dans l'institution même de la société, et qui sont des sortes de contre-emplacements, sortes d'utopies effectivement réalisées dans lesquelles les emplacements réels, tous les autres emplacements réels que l'on peut trouver à l'intérieur de la culture sont à la fois représentés, contestés et inversés" („wirkliche Orte – Orte, die existieren und geradewegs in die Institution der Gesellschaft hinein gestaltet sind; sie sind gewissermaßen Gegenorte, eine Art in die Tat umgesetzte Utopien, in denen die wirklichen Orte, all die anderen wirklichen Orte innerhalb der Kultur, gleichzeitig repräsentiert, angefochten und umgekehrt werden").

In ihr Gegenteil verkehrt wird beim Womyn's Sun Dance die Rassenhierarchie, die unvermindert die Gesellschaft der Vereinigten Staaten durchzieht: Iindianische Frauen rücken an die Spitze dieser Hierarchie, gefolgt von anderen nicht-weißen Frauen, und die weißen Teilnehmerinnen nehmen den untersten Platz ein. Diese Inversion wird nie explizit ausgesprochen, den Teilnehmerinnen jedoch in subtiler oder weniger subtiler Weise unmissverständlich vermittelt. Als ich die Zeremonie das erste Mal besuchte, legte es beispielsweise eine der Sonnentänzerinnen darauf an, alle weißen Teilnehmerinnen (einschließlich einer jüdischen Frau, die darüber besonders empört war, da sie – wie sie mir erklärte – schließlich selbst einer ethnischen Minderheit angehörte) so rüde, verächtlich und respektlos wie nur irgend möglich zu behandeln.

Außerdem fiel mir auf, dass noch etwas anderes ins Gegenteil verkehrt wird: die in der Mehrheitsgesellschaft herrschende Einstellung gegenüber Nacktheit. In Deutschland ist Nacktheit an bestimmten öffentlichen Orten (etwa an Stränden) nicht verboten; an anderen Orten wird sie als Ordnungswidrigkeit definiert. In vielen Bundesstaaten der USA gilt es nicht nur als Vergehen, die Genitalien zu entblößen; das Gleiche gilt für eine Entblößung der Brustwarzen. In diesem Zusammenhang ist 'Nipplegate' in bleibender Erinnerung geblieben, als 2004 während eines Auftritts von Janet Jackson und Justin Timberlake, der live im Fernsehen übertragen wurde, plötzlich vor Millionen Zuschauern eine von Jacksons Brüsten zum Vorschein kam. Dieser Zwischenfall löste seinerzeit einen Sturm öffentlicher Empörung über angeblich anstößiges Verhalten ('indecency') im öffentlichen Fernsehen aus. Man kann sicher ohne Übertreibung sagen, dass Themen, die mit Nacktheit und Sexualität zu tun haben, in den USA wesentlich kontroverser und heikler sind als in Deutschland oder in generell in Europa. Wer beschreibt daher meine Überraschung, als ich nach einer endlos scheinenden Fahrt über eine unbefestigte Straße südlich von Bisbee, Arizona, im Sommer 1992 das erste Mal auf dem sehr entlegenen Gelände eintraf, auf dem damals der Womyn's Sun Dance stattfand, und dort von zwei der Sonnentänzerinnen begrüßt wurde, die lediglich mit Arbeitsstiefeln, Sonnenbrillen und Kettensägen bekleidet waren. Während der vier Tage vor der Zeremonie wird alles vorbereitet, woran sich auch diejenigen beteiligen, die dann aktiv am Tanz teilnehmen; die beiden Frauen waren gerade dabei, große Mengen Feuerholz zu zerkleinern. Viele andere Teilnehmerinnen zogen sich mindestens bis zur Taille aus, sobald sie auf dem Gelände angelangt waren. In Arizona ist es im Juli sehr

---

der von diesen Autoren geprägten Begriffe, darf an passender Stelle zumindest in einem knappen Zitat nicht fehlen, will man in bestimmten akademischen Zirkeln Anerkennung finden. Als ich den Womyn's Sun Dance für den diesem Beitrag zu Grunde liegenden Vortrag betrachtete, musste ich jedoch mit einer gewissen Verlegenheit eingestehen, wie gut Foucaults Begriff der Heterotopie auf diese Zeremonie passt.

heiß, zugleich sind aber auch die Sonnenstrahlen gnadenlos; es ist daher sinnvoll, den Körper zu bedecken, um einem Sonnenbrand vorzubeugen. Ich vermute daher, dass es bei dieser partiellen Nacktheit nicht nur darum ging, sich in der Hitze Kühlung zu verschaffen;[14] es wurde damit auch eine Position bezogen. Aber in welcher Hinsicht? Zunächst lässt sich feststellen, dass es in der überwiegenden Mehrzahl der indigenen Kulturen Nordamerikas *nicht* üblich ist, dass sich Frauen öffentlich barbusig zeigen. Dies gilt insbesondere auch für die Plains-Kulturen, die man hinsichtlich weiblicher Etikette und Züchtigkeit geradezu als prüde bezeichnen kann. Es ist also wenig wahrscheinlich, dass Nacktheit dem Ausdruck von ‚Indigenität' dienen sollte. Es sei auch erwähnt, dass während des eigentlichen Tanzes alle Sonnentänzerinnen komplett so gekleidet waren, wie es sich bei einem Lakota-Sonnentanz gehört: mit Baumwollkleidern, Beifußkränzen um Kopf, Hand- und Fußgelenke sowie Schals um die Taille. Die Entblößung des Oberkörpers scheint mir daher eher der feministischen als der Indianerrechts-Bewegung geschuldet: Die Teilnehmerinnen, von denen ja viele einen ‚frauenbewegten' Hintergrund aufwiesen, bezogen Position gegen die in den USA vorherrschende, als restriktiv empfundene Einstellung zu Nacktheit[15] – eine weitere Umkehrung von Normen der dominanten Gesellschaft innerhalb des heterotopischen (und ‚hetero-ethnischen') Ortes oder Raumes, den die Zeremonie darstellt.

Im Hinblick auf die gleichzeitige Repräsentation und Anfechtung anderer realer Räume repräsentiert der Womyn's Sun Dance einerseits die Zeremonie, wie sie traditionell auf den Plains üblich ist; Beverly legt großen Wert darauf, dass er in Einklang mit der bei den Lakota gängigen Praxis durchgeführt wird. Da jedoch Männer vom Womyn's Sun Dance ausgeschlossen sind, *piercing* verbannt ist und die Zeremonie ausschließlich von Frauen bestritten wird, ficht der Womyn's Sun Dance die männliche Dominanz und ‚Macho-Attitüden' an, die – wie mir im Rahmen meiner Feldforschung von einer ganzen Reihe Frauen berichtet wurde – noch immer bei den Plains-Ethnien und insbesondere bei männlichen AIM-Aktivisten häufig anzutreffen sind.

Es überrascht nicht, dass diese Heterotopie wiederum in den anderen realen Räumen, die sie umgeben, nicht unangefochten bleibt. In unserem Interview fasste Beverly diese kritischen Stimmen zusammen, aber sie betonte zugleich, wie wichtig es sei, den Womyn's Sun Dance weiterhin aufrecht zu erhalten, solange die homophobe Atmosphäre auf den Reservaten weiterbesteht:

> I'm criticized for having a Womyn's Sun Dance. I'm criticized by women of color for allowing white women to come. I'm criticized by white women for not letting them dance. [*Lacht*.] I'm criticized because I allow women who are in their monthly cycle go and attend. It seems sometimes every place that I turn, there's an opposition or a criticism. And despite it all, each time I have sat back and prayed about it, I feel in my heart all the

---

[14] Auffallend war allerdings, dass sämtliche Teilnehmerinnen komplett bekleidet waren, nachdem die Zeremonie nach Vermont verlegt worden war, wo das Klima im Sommer mild, aber doch erheblich kühler ist als im Südwesten. Als ich 2000 dort den Womyn's Sun Dance besuchte, regnete es außerdem sehr viel.

[15] Für eine umfassende Diskussion von Einstellungen gegenüber Nacktheit in unterschiedlichsten Zeiten und Kulturen siehe DUERR (1988), der die Auffassung vertritt, dass insbesondere Scham hinsichtlich der Genitalien selbst in solchen Kulturen Teil der menschlichen Natur ist, in denen sie nicht oder nur spärlich bedeckt werden (z.B. 1988: 135–148; 335).

way down to my rib cage, 'This was right, and this is what needs to be done.' […] But I have pledged not to go back to South Dakota and dance – and I've been invited by my brother – until every Native person that goes back home and wants to participate in ceremony is met with open arms. I don't want to go back because someone who respects and loves me (invites) me to dance, and then have a Lakota woman who might be ten years old now come along fifteen (years) from now and go to the Sun Dance and pledge to dance and be told, 'You can't because you're queer.'

Literatur

BOLZ, PETER (1996/97): Der Lakota-Sonnentanz zwischen 1883 und 1997: Verbot und Wiederbelebung eines kulturellen Symbols. In WULF KÖPKE und BERND SCHMELZ (Hgg.): *Indianer der Plains und Prärien*. Hamburg (Mitteilungen aus dem Museum für Völkerkunde Hamburg, N.F. 26/27), 99–138.

BROWN, JOSEPH EWES (1989): Sun Dance. In LAWRENCE E. SULLIVAN (Hg.): *Native American Religions: North America*. New York/London: Macmillan, 193–200.

DUERR, HANS PETER (1988): *Der Mythos vom Zivilisationsprozess*. Bd I: *Nacktheit und Scham*. Frankfurt a.M.: Suhrkamp.

FOUCAULT, MICHEL (1984): Des Espaces Autres [1967] (conférence au Cercle d'études architecturales, 14 mars 1967). *Architecture, Mouvement, Continuité*, n°5: 46–49. http://foucault.info/documents/heteroTopia/foucault.heteroTopia.en.html.

GILLEY, BRIAN JOSEPH (2006): *Becoming Two-Spirit: Gay Identity and Social Acceptance in Indian Country*. Lincoln/London: University of Nebraska Press.

HARTMANN, HORST (1973): *Die Plains- und Prärieindianer Nordamerikas*. Berlin (Veröffentlichungen des Museums für Völkerkunde Berlin, Neue Folge 22, Abteilung Amerikanische Naturvölker II.)

JACOBS, SUE-ELLEN und JASON CROMWELL. (1992): Visions and Revisions of Reality: Reflections on Sex, Sexuality, Gender, and Gender Variance. *Journal of Homosexuality* 23(4): 43–69.

JORGENSEN, JOSEPH G. (1972): *The Sun Dance Religion: Power for the Powerless*. Chicago/London: University of Chicago Press.

KEHOE, ALICE B. (^{2}1992): *North American Indians: A Comprehensive Account*. Englewood Cliffs, N.J.: Prentice-Hall.

LANG, SABINE (2011): Transformations of Gender in Native American Cultures. In RAESCHELLE POTTER-DEIMEL und KLÁRA KOLINSKÁ (Hgg.): *Transformation, Translation, Transgression: Indigenous American Cultures in Contact and Context* (Litteraria Pragensia vol. 21, issue 42), 70–81.

DIES. (1998): *Men as Women, Women as Men: Changing Gender in Native American Cultures*. Ins Englische übers. v. John L. Vantine. Austin: University of Texas Press.

LITTLE THUNDER, BEVERLY (1997): I am a Lakota Womyn. In SUE-ELLEN JACOBS, WESLEY THOMAS und SABINE LANG (Hgg.): *Two-Spirit People: Native American Gender Identity, Sexuality, and Spirituality*. Urbana/Chicago: University of Illinois Press, 203–209.

MEDICINE, BEATRICE (1997): Changing Native American Roles in an Urban Context *and* Changing Native American Sex Roles in an Urban Context. In SUE-ELLEN JACOBS, WESLEY THOMAS und SABINE LANG (Hgg.), *Two-Spirit People: Native American Gender Identity, Sexuality, and Spirituality*. Urbana/Chicago: University of Illinois Press, 145–155.

POWERS, WILLIAM K. (1975): *Oglala Religion*. Lincoln/London: University of Nebraska Press.

ST. PIERRE, MARK und TILDA LONG SOLDIER (1995): *Walking in the Sacred Manner: Healers, Dreamers, and Pipe Carriers – Medicine Women of the Plains Indians*. New York u.a.: Simon & Schuster.

TIETZ, LÜDER: *Two-Spirit: Schwul-les-bi-trans-inter-queeres Selbstverständnis im indigenen Nordamerika*. Bislang unveröffentlichte Dissertation, Institut für Kunst, Textil, Medien, Carl-von-Ossietzky-Universität Oldenburg 2012.

Interviews

Hall, Clyde: Auf Tonband aufgezeichnetes Gespräch mit der Verfasserin, Portland, Oregon, 22. April 1992.

Die neuen Wilden: Re-Ethnisierung, Wiederaneignung von Tradition und Inszenierung von Indigenität (Symposium in Mainz, 18.–20. Mai 2012)

Andrea Blätter und Sabine Lang

Vom 18.–20. Mai führte ein Symposium der Johannes-Gutenberg-Universität Mainz Forscher/innen aus unterschiedlichsten Disziplinen zusammen, um Prozesse der Re-Ethnisierung, der Wiederaneignung von Tradition und der Inszenierung von Indigenität zu beleuchten. Die Tagung ging vom neu gegründeten Center for Comparative Native and Indigenous Studies (CCNIS) und dem Zentrum für Interkulturelle Studien (ZIS) in Mainz aus. Gegenstand war die vergleichende Untersuchung von Prozessen der Konstruktion von Identität, wie sie Erstbevölkerungen in ihrem Streben nach Ausgleich und Selbstbestimmung in den postkolonialen Siedlerstaaten Nordafrikas, Amerikas und Ozeaniens derzeit aushandeln.

Die Chance, Indigenitätsforschung quer zu den Fächern, in denen sie bislang betrieben wird, disziplinär neu aufzustellen und Ansätze aus Ethnologie, Geographie, Jura, Psychologie, Theaterwissenschaften, Amerikanistik, Austronesistik und Museologie zusammenzuführen, nutzte die Tagung auch dazu, Möglichkeiten sinnvoller Innovationen auf begrifflicher, theoretischer, methodischer und repräsentationsstrategischer Ebene zu diskutieren und zu erproben.

Das Symposium wurde von Gerd Becker organisiert und moderiert, der am Hamburger Institut als Lehrender mehr als 15 Jahre visuelle Verfahren in der Ethnologie unterrichtet hat. Die Tagessitzung mit Vorträgen und dialogischen Auseinandersetzungen der Teilnehmer zu den Regionen Nordafrika, Amerika und Ozeanien wurden durch öffentliche Abendveranstaltungen mit Filmpräsentationen im Programmkino CinéMayence ergänzt. Die Trennung von Redebeiträgen und medialen Präsentationen sowie der Verzicht auf PowerPoint-Vorträge und die Rückkehr zur freien Rede waren nur zwei der erfrischenden Ungewöhnlichkeiten dieser in einem ästhetisch ansprechenden Ambiente angesiedelten Veranstaltung.

Nach der Begrüßung durch Mita Banerjee (CCNIS) und Anton Escher (ZIS) gab Gerd Becker Einblicke in seine dem Symposium vorausgegangenen explorativen Feldforschungen in Kolumbien, auf den Marquesa-Inseln und in Neuseeland – Orte, an denen jeweils spezifische Formen der Wiederaneignung von Tradition miterlebt werden können. In seinem Vortrag ging Becker abschließend auf das nordafrikanische Beispiel des rezenten Erstarkens der Berberbewegung ein. Dabei wurde deutlich, wie unterschiedliche Lesarten der Geschichte für die Manipulation von Machtverhältnissen instrumentalisiert werden: In Marokko hat eine bewusste Fehldeutung französischer Protektoratspolitik durch arabische Islamo-Nationalisten zur Mobilisierung der Bevölkerung für den Kampf um staatliche Unabhängigkeit vom Kolonialismus geführt und in der Folge zugleich zu einer massiven Unterdrückung alles Amazighischen.

Die weiteren Maghreb-Referate von Ines Kohl und Georg Klute behandelten historische und aktuelle Fragen der Tuareg-Bewegung. Während Kohl aufzeigte, wie globale politische Interessen und ökologische Krisen Tuareg aktuell zu neuen Überlebensstrategien im Kampf um Ressourcen und hegemoniale Vorherrschaft zwingen, beleuchtete Klute ideologische Auseinandersetzungen während der Tuaregrebellion in den 1990er Jahren. Alle Beiträge zu Nordafrika zeigten, dass eine Bezugnahme auf den islamisch bestimmten, historischen Handlungsrahmen zwingende Voraussetzung für ein tieferes Verständnis der beschriebenen Vorgänge ist. Dies schränkt eine Vergleichbarkeit der zunächst arabischen und später europäischen Domination amazirischer Populationen mit der kolonialen Beherrschung der Erstbevölkerungen Ozeaniens und Amerikas ein und legt trotz im Einzelnen erkennbarer gemeinsamer Muster eine gesonderte Behandlung nahe.

Der zweite Tagungsteil beschäftigte sich mit den Amerikas. Der Völkerrechtler Dieter Dörr – sehr erfreut, zur Abwechslung einmal mit Kulturwissenschaftlern statt mit Juristen zu sprechen – führte fachkundig in den völkerrechtlichen Hintergrund der kolonialen Eroberung Nordamerikas ein. Darauf aufbauend erläuterte er die daraus resultierenden Rechtskonstruktionen zur Regelung des Umgangs der zugewanderten Siedler mit der Erstbevölkerung bis hin zur Praxis aktueller Reservatspolitik. Dabei nahm er immer wieder auf die Situation der Anishinaabe (Ojibwa) Bezug, die er seit längerem juristisch betreut.

Die Amerikanistin Birgit Däwes ging in ihrem Vortrag auf moderne indigene Konzepte eines 'alterNative' und der 'Urboriginals' ein und thematisierte die Frage der kulturellen Hybridisierung und Vermischung in der indigenen Prosa: "My father is red, my mother white, am I pink?"

Tina Brüdelin wandte sich sodann mit ihrem Beitrag einem Thema zu, das auf dem Symposium mit weiteren Beiträgen vertieft werden sollte: der Repräsentation von Indigenität im Museum. Brüderlin präsentierte Narrative und Inszenierungen der eigenen kulturellen Identität von Vertretern der First Nations, die sie in empirischen Forschungen untersucht hat, und verglich diese mit Darstellungen etablierter Museen.

Re-Ethnisierungsprozesse in der nordamerikanischen Psychiatrie wurden von Andrea Blätter beschrieben. In ihrem Beitrag stellte sie das Konzept der Seelenwunde vor und erläuterte, wie sich koloniale Traumatisierungen bis heute tradieren und zu der hohen Rate von Suchterkrankungen, Depressionen und Suiziden unter der indigenen Bevölkerung geführt haben. Vor allem ging sie aber auf neue indigene Therapiekonzepte und deren Grundprinzipen ein, die inzwischen erfolgreich zur Anwendung kommen und als „unsere beste Therapie ist unsere Kultur" zusammengefasst werden können.

Wie sehr Re-Ethnisierung auch Neuinterpretation und Umdeutung bedeutet, zeigte der Beitrag von Sabine Lang. Sie berichtete von ihren Forschungen beim Women's Sun Dance (Sonnentanz), den sie als eine Foucault'sche indigene weibliche Heterotopie analysierte. Mitte der 1980er Jahre kam es auf einem der Lakota-Reservate zu einem Eklat, als zwei offen lesbische Frauen an der Zeremonie teilnehmen wollten, von denen eine daraufhin 1987 einen ausschließlich ‚weiblichen' Sonnentanz ins Leben rief. Lang, die wiederholt an dieser Zeremonie teilgenommen hat, erörterte die darin stattfindende ‚heterotopische' Neuinterpretation nicht nur des Sonnentanzes, sondern auch indigener Einstellungen gegenüber Weiblichkeit und Homosexualität.

Ebenfalls auf eigenen Forschungen basierte Andrew Tuckers Bericht über Re-Indigenisierung und Visualität in der Kolumbianischen Sierra Nevada de Santa Marta. Dort unterstützt Tucker mit seinen filmtechnischen und gestalterischen Kenntnissen die Bemühungen der Kankuamo um eine Wiederaneignung von Mythologie und Tradition, die durch massive Missionierung verloren gegangen sind. Der Theaterwissenschaftler Michael Bachmann ging mit seinen Ausführungen der Begriffe Pose, Szene, Drama in ihren Bedeutungen für Indigenität und Theater in den Schriften Gerald Vizenors nach.

Zum Auftakt des dritten Tages, der die Pazifikregion zum Gegenstand hatte, nahm Tanja Schubert das Thema der Repräsentation von Indigenität im Museum wieder auf und berichtete über Bikulturalität in der Praxis des Te Papa Tongarewa in Wellington, die ihr als Mitarbeiterin des Nationalmuseums und aus ihrer Dissertationsforschung bekannt ist.

Ebenfalls über spezifische Herausforderungen der Präsentation pazifischer Kultur, wie etwa den Umgang mit Tapu-Objekten, referierte Dieter Heintze, langjähriger Kustos am Überseemuseum Bremen.

Brigitte Bönisch-Brednich, Professorin für Kulturanthropologie in Wellington, diskutierte in ihrem Vortrag „Wo ist Aotearoa in Neuseeland?" die Māori-Pākehā-Beziehungen und fasste Ergebnisse der Tagung zusammen. Zur Sprache kam dabei unter anderem die Frage einer Vereinbarkeit von rituellen Ansätzen, die dem Forscher beim Studium von Indigenität als zentrales Element begegnen können, mit den Kriterien, die an wissenschaftliches Arbeiten zu stellen sind.

Michael Koch schlug in seinem Abschlussvortrag eine Antwort vor, indem er zu seinem Bericht über seine Mitwirkung an der Gestaltung des 8. Marquesanischen Kulturfestes die Anwesenden bat, sich dabei um die polynesische Kawa-Bowl zu gruppieren.

Abgerundet wurde die Tagung durch die audiovisuellen Präsentationen im öffentlichen Abendprogramm, wo unter drei regionalen Schwerpunkten Filmbeiträge der Teilnehmenden zur Re-Ethnisierung gezeigt wurden. Aus Marokko sahen wir unter anderem die touristische Inszenierung von Tuareg in Marokko "L'Art du Désert" (Becker, Bethusy-Huc) und in „Ali zeigt die Oase" (Becker) die Arbeit eines gehörlosen Fremdenführers.

Am zweiten Abend sahen wir Arbeiten von Tucker bzw. Tucker und Becker über die Arbeit des Filmethnologen Andrew Tucker bei den Kankuamo in Kolumbien sowie die Kankuamo-Produktion "Mitos y Leyendas Kankuamas" (Tucker).

Der letzte Filmabend präsentierte einen Filmbericht über das Festival des Arts des Marquises (Kimitete) und eine Dokumentation über die Arbeit des Austronesisten Michael Koch beim Festival „Die Neuerfindung der Tradition auf Nuku Hiva" (Becker). Den Abschluss bildete eine Filmcollage von Eliane Koller über die „Geschichte einer Leidenschaft: Tanz auf Tahiti".

Sokratischer Dialog – wie es Gerd Becker nannte – und polynesische Kawa-Runde waren die formalen Vorbilder für diesen Austausch unter KollegInnen über Fachgrenzen hinweg, die ohne Profilierungszwang und Standespolitik gemeinsam nach Einsichten und Austausch suchten und sich daher aufmerksam und mit neugierigem Interesse den Positionen der anderen zuwandten. Wir sind gespannt auf eine Fortsetzung dieser inspirierenden Runde.

NEUE WILDE?

Re-Ethnisierung, Wiederaneignung von Tradition, Inszenierung von Indigenität

Symposium (18.–20. Mai 2012)

Referenten

Michael Bachmann (Mainz): Pose, Szene, Drama: Indigenität und Theater in den Schriften Gerald Vizenors

Gerd Becker (Mainz): Amazighische Identität trotz arabischer und französischer Kolonisierung in Marokko

Brigitte Bönisch-Brednich (Wellington): Wo ist Aotearoa in Neuseeland? Eine Diskussion der (in)offiziellen Māori-Pākehā Beziehungen

Andrea Blätter (Hamburg): Indianische Psychopathologie und indigene Therapien.

Tina Brüderlin (Berlin): Konstruktion indianischer Identität im Museum

Dieter Heintze (Bremen): Ozeanien im Museum und die Ikonographie der frühen Begegnung in der Südsee

Dieter Dörr (Mainz): Die Wilden und das Völkerrecht

Georg Klute (Bayreuth): Tuareg und masirische Bewegung. Ideologische Auseinandersetzungen während der Tuaregrebellion in den 1990er Jahren

Michael Koch (Suva, Fidji): Haus ohne Fundament - Das Kunstfestival auf den Marquesas

Ines Kohl (Wien): Aktuelle Identitätskonstruktion bei den Tuareg; Selbstbild und Fremdwahrnehmung

Sabine Lang (Hamburg): Eine indigene weibliche Heterotopie? *Womyn's Sun Dance*

Tanja Schubert-McArthur (Wellington): Bikulturalität in der Museumspraxis: Te Papa Tongarewa in Wellington

Andrew Tucker (Santa Marta): Der Vater der glänzenden Dinge. Re-Indigenisierung und Visualität bei den Kankuamo

Moderation und Fazit

Mita Banerjee (Mainz), Gerd Becker (Mainz), Anton Escher (Mainz)

Filmvorführungen

L'Art du Désert. Film von Gerd Becker und Ariane Bethusy-Huc (2009)

Ali zeigt die Oase. Film von Gerd Becker (2011)

Andrew und der Schatz der Kogi. Film von Gerd Becker und Andrew Tucker (2012)

Mitos y Leyendas Kankuamas. Filmbeispiele von Andrew Tucker

Die Große Reise des Akkordeons. Film von Andrew Tucker (2012)

Smoke Signals. Film von Sherman Alexie (1998, USA)

Michi und die Wilden. Film von Gerd Becker (2012)

Festival des Arts des Marquises. Filmbericht von Aumiti Kimitete und Michael Koch (2011)

Zur Geschichte einer Leidenschaft: Tanz auf Tahiti. Filmvortrag von Eliane Koller

Two Cars, One Night. Kurzspielfilm von Taika Waititi (2003, Neuseeland) Einführung: Margaret von Schiller

Abstract

In den zurück liegenden Dekaden beobachten wir nicht nur eine beschleunigende Globalisierung, sondern auch gegenläufig-reaktive Prozesse von Re-Ethnisierung, partikularem kulturellem Revival und der Inszenierung von Indigenität.

Das Symposium erlaubt mit der Präsentation von Einzelstudien hierzu einen Vergleich der Vorgänge in unterschiedlichen Weltregionen. Es strebt die Entwicklung von Fragestellungen und Hypothesen an, die Ansätzen einer allgemeinen Theorie dieser Phänomene und dem Umriss eines entsprechenden Paradigmas der Indigenitätsforschung zu Grunde gelegt werden können.

Besonderes Augenmerk wird hierbei auf eine Selbstreflexion der Wissenschaft gerichtet: Welchen Beitrag leisten Museologen oder Kultur- und Sozialforscher mit ihren Studien und Repräsentationen? Was sind die direkten und indirekten Auswirkungen ihrer Arbeit auf Prozesse der Re-Indigenisierung? Wie inszeniert sich Wissenschaft dabei formal und inhaltlich selbst?

Gegenstand der Betrachtung wird also auch die Publikationskultur in den entsprechenden Wissenschaftsfeldern sein. Innovative Präsentationsformen der Beiträge sind daher ausdrücklich willkommen, wenn auch nicht zwingend gefordert. Diese Ausweitung zielt keinesfalls darauf ab, bewährte wissenschaftliche Standards aufzuweichen, sondern will dem Eintrag affektiver Komponenten in die untersuchten Prozesse gerecht werden und die Forschung darüber anregen, um so den ästhetisch-epistemischen Figuren der Affizierung, des Konfliktes und des Dramas eine ihren Bedeutungen in der Identitätskreation und dem Erkenntnisprozess entsprechende Aufmerksamkeit zukommen zu lassen.

Verzeichnis der Autorinnen und Autoren

MICHAEL BACHMANN ist Lecturer in Theatre Studies an der School of Culture & Creative Arts, University of Glasgow. Nach seiner Promotion, veröffentlicht 2010 als *Der abwesende Zeuge: Autorisierungsstrategien in Darstellungen der Shoah* (Tübingen: Francke), war er bis 2014 Juniorprofessor am Institut für Film-, Theater- und empirische Kulturwissenschaft der Universität Mainz, bevor er nach Glasgow berufen wurde. Weitere Publikationen veröffentlichte er u.a. zum deutschsprachigen Hörspiel, zum Verhältnis von Theater- und Rechtsgeschichte sowie zu Formen des Dokumentarischen in Theater, Comic und Film. Zusammen mit Friedemann Kreuder gab er 2009 *Politik mit dem Körper: Performative Praktiken in Theater, Medien und Alltagskultur seit 1968* (Bielefeld: transcript) und 2012 (mit weiteren) *Theater und Subjektkonstitution: Theatrale Praktiken zwischen Affirmation und Subversion* (Bielefeld: transcript) heraus. Zurzeit arbeitet er an einem Buch über Dramaturgien der Innerlichkeit seit dem 19. Jahrhundert.

MITA BANERJEE ist Professorin für Amerikanistik an der Universität Mainz. Sie studierte von 1990–1996 an der JGU in Mainz Amerikanistik, Anglistik und Slavistik und promovierte 1999 im Fach Amerikanistik. 2003 erfolgte die Habilitation in Amerikanistik. Während ihres Studiums erhielt sie das prestigeträchtige Fulbright-Stipendium zum Studium in den USA. Zudem war sie von 2000–2003 Emmy-Noether-Stipendiatin der DFG und als Research Fellow an der University of California in Berkeley tätig. 2004–2010 war sie Professorin für Nordamerikanische Literaturwissenschaft mit dem Schwerpunkt Kulturwissenschaft an der Universität Siegen. Seit 2010 ist sie nun Professorin für Amerikanistik in Mainz und war hier bis 2015 Gutenberg Research Fellow. In ihrer Forschung befasst sie sich besonders mit ethnischen amerikanischen Literaturen und Kulturen, besonders im Hinblick auf die Frage nationaler Selbstdarstellung (*Ethnic Ventriloquism: Literary Minstrelsy in Nineteenth-Century American Literature*, 2008) und Formen der Staatsbürgerschaft (*Color Me White: Naturalism/Naturalizaton in American Literature*, 2013). Aktuell ist sie Ko-Sprecherin des DFG-Graduiertenkollegs „Life Sciences, Life Writing: Experiences of Human Life between Biomedical Explanation and Lived Experience" und begründete 2010 das Center for Comparative Native and Indigenous Studies (CCNIS), dessen Sprecherin sie seither ist.

ANDREA E. BLÄTTER ist promovierte Ethnologin, diplomierte Psychologin und Hypnosetherapeutin. Die Promotion erfolgte 1990 mit der Dissertation: Kulturelle Ausprägungen und die Funktionen des Drogengebrauchs, Hamburg: Wayasbah. Als Lehrbeauftragte am Institut für Ethnologie in Hamburg beschäftigt sie sich seit 1990 mit nordamerikanischen indigenen Kulturen, Re-Ethnisierungsprozessen und ethnopsychiatrischen Themen. In den 1990er Jahren war sie im wissenschaftlichen Beirat des Jahrbuchs für Ethnomedizin und Bewusstseinsforschung und wissenschaftliche Assistentin in der Amerika-Abteilung des Hamburgischen Museums für Völkerkunde. Für die Hamburgische Institutszeitschrift Ethnoscripts hat sie, zusammen mit Sabine Lang die Bände *Contemporary Native American Studies* (2011) und *Representations of Indigeneity in North America* (2013) herausgegeben. Inzwischen hat sie ihr Studiengebiet erweitert und in Neuseeland, zusammen mit Tanja Schubert-McArthur, Wellington, Re-Ethnisierung, Reconcilation und indigene Repräsentationsformen in einem Māori-Ritual untersucht und beschrieben (Pōwhiri for the Ancestors, in: *Reconciliation, Representation and Indigeneity* [erscheint 2016 in der Reihe „Intercultural Studies"]).

BIRGIT DÄWES ist Professorin für Amerikanistik an der Universität Flensburg. Sie war zuvor als Professorin an der Universität Wien tätig, wo sie das Zentrum für Kanadastudien leitete; weitere Stationen ihrer Laufbahn waren unter anderem die Universitäten Mainz, Würzburg, Galway (Irland), das Middlebury College (USA), das Amherst College (USA) und die NSYSU in Kaohsiung (Taiwan). Neben Forschungsschwerpunkten in der zeitgenössischen US-amerikanischen Literatur, zeitgenössischen amerikanischen Fernsehserien und der Erinnerungskultur zu 9/11 ist sie auf indigene Literatur und Kultur in in den USA und Kanada spezialisiert. Ihre Monographien zu *Native North American Theater in a Global Age: Sites of Identity Construction and Transdifference* (Heidelberg: Winter, 2007) und *Ground Zero Fiction: History, Memory, and Representation in the American 9/11 Novel* (Heidelberg: Winter, 2011) wurden mehrfach ausgezeichnet, weitere Sammelbände aus dem Forschungsgebiet der Indigenitätsforschung sind *Indigenous North American Drama: A Multivocal History* (Albany, NY: SUNY Press, 2013), (mit Marc Maufort): *Enacting Nature: Ecocritical Perspectives on Indigenous Performance* (Brüssel: Peter Lang, 2014) und (mit Karsten Fitz und Sabine N. Meyer) *Twenty-First Century Perspectives on Indigenous Studies: Native North America in (Trans)Motion* (New York: Routledge, 2015). Zusammen mit Karsten Fitz und Sabine N. Meyer ist sie Herausgeberin der Routledge-Buchreihe "Transnational Indigenous Perspectives".

DIETER DÖRR ist seit 1995 als Professor Inhaber des Lehrstuhls für Öffentliches Recht, Völker- und Europarecht, Medienrecht an der Universität Mainz und seit 2000 Direktor des Mainzer Medieninstituts. 1977 legte er die Erste Juristische Staatsprüfung und 1980 die Zweite Juristische Staatsprüfung ab, 1983 erfolgte die Promotion zum Doktor des Rechts bei der Rechts- und Wirtschaftswissenschaftlichen Fakultät der Universität des Saarlandes und 1987 habilitierte er sich an der Juristischen Fakultät der Universität zu Köln. Von 1988 bis 1990 war er zunächst als Vertretungsprofessor und dann als Professor am Institut für Internationale Angelegenheiten der Universität Hamburg tätig und bekleidete von 1990 bis 1995 das Amt des Justiziars beim Saarländischen Rundfunk. 2000 wurde er als Mitglied in die Kommission zur Ermittlung der Konzentration im Medienbereich (KEK) berufen und war von Oktober 2004 bis März 2007 deren Vorsitzender. 2003 erfolgte die Ernennung zum Richter im Nebenamt am Oberlandesgericht Koblenz. Seine Forschungsschwerpunkte sind neben dem nationalen und dem internationalen Medienrecht das Selbstbestimmungsrecht indigener Völker. Seit den 1980er Jahren befasst er sich intensiv mit der Geschichte der Indianer und den Verträgen, die zwischen den Indianernationen auf der einen Seite und England, Frankreich und vor allem den Vereinigten Staaten auf der anderen Seite geschlossen wurden. Inzwischen analysiert er aber auch die Rechtsstellung der Māori in Neuseeland und der Aborigines in Australien und versucht die Gemengelage zwischen innerstaatlichem Recht und völkerrechtlichem Selbstbestimmungsrecht zu klären.

ANTON ESCHER ist seit 1996 Professor für Kulturgeographie an der Johannes Gutenberg-Universität Mainz. Er studierte von 1976 bis 1981 an der Friedrich-Alexander-Universität Erlangen-Nürnberg die Fächer Geographie, Philosophie und Islamwissenschaft. Im Jahr 1985 promovierte er über traditionelles Handwerk in den marokkanischen Königsstädten. Die Habilitation erfolgte im Jahr 1990 über die sozioökonomische Entwicklung in syrischen Berggebieten. Als langjähriger Sprecher des „Zentrums für Interkulturelle Studien" der Universität Mainz setzt er sich intensiv mit (globalen) kulturellen Prozessen auseinander, so auch Entwicklungen in indigenen Gemeinschaften. Er erweiterte die Kulturgeographie in Mainz um die Mediengeographie, in der u.a. die Visualisierung von Orten und in Filmen analysiert wird. Seine weiteren Forschungsschwerpunkte bewegen sich zwischen historischen arabischen Altstädten in Nordafrika und Vorderasien sowie arabischer Diaspora und levantinischer Migration. 2012 wurde er aufgrund dieser Forschungen in den Beirats des „Orient Instituts Beirut" berufen. Die Herausgeberschaften mehrerer Reihen spiegeln sein Forschungsinteresse: „Erdkundliches Wissen" (mit Martin Coy und Thomas Krings), „Muslimische Welten. Empirische Studien zu Gesellschaft, Politik und Religion" (mit Grit Klinkhammer, Stefan Reichmuth, Armando Salvatore, Werner Schiffauer, Georg Stauth und Jörn Thielmann), "Media Geography at Mainz" (MGM) (mit Chris Lukinbeal und Stefan Zimmermann) und „Intercultural Studies", Schriftenreihe des Zentrums für Interkulturelle Studien (ZIS) (mit Dilek Dizdar, Alfred Hornung und Dieter Lamping).

INES KOHL, Mag. Dr., ist Sozialanthropologin und promovierte 2005 an der Universität Wien. Derzeit ist sie Senior Researcher am Institut für Sozialanthropologie der Österreichischen Akademie der Wissenschaften und beschäftigt sich mit den Tuareg speziell in Libyen und Niger. Ihre aktuellen Forschungsschwerpunkte sind transnationale Mobilität, *anthropology of borderlands*, Migration und Grenzüberschreitungen, Sedentarisierung und urbane Strategien von Ex-Nomad(inn)en, und die geopolitische Situation in der Sahara. Zu ihren Publikationen zählen u. a. *Tuareg in Libyen: Identitäten zwischen Grenzen* (2007 Reimer: Berlin), *Beautiful Modern Nomads: Bordercrossing Tuareg between Niger, Algeria and Libya* (2009 Reimer: Berlin), *Tuareg Society in a Globalised World: Saharan Life in Transition* (2010 Hg. mit Anja Fischer, I.B.Tauris: London/New York), "Libya's 'Major Minorities': Berber, Tuareg, and Tubu: Multiple Narratives of Citizenship, Language and Border Control" (2014 *Middle East Critique*, vol. 23, number 4, 423–443), "Afrod, le business Touareg avec la frontière: Nouvelles conditions et défis" (2013 *Politique Africaine*/132, 139–159), "Terminal Sahara: Sub-Saharan migrants and Tuareg stuck in the desert" (2015 *Stichproben. Zeitschrift für kritische Afrikastudien* 28, 55-81).

SABINE LANG wurde 1990 an der Universität Hamburg im Fach Ethnologie mit einer Dissertation über Systeme multipler Geschlechter und Homosexualität in indigenen Kulturen Nordamerikas promoviert. Im Anschluss führte sie zu diesen Themen DFG-geförderte Feldforschung in den USA durch, unter anderem bei den Diné (Navajo) in New Mexico und den Shoshone-Bannock in Idaho. Sie ist heute als freie Wissenschaftlerin sowie als Fachübersetzerin und Lektorin tätig und hat die Ergebnisse ihrer Forschungen in zahlreichen Veröffentlichungen ausgewertet. Dazu zählen *Men as Women, Women as Men: Changing Gender in Native American Cultures* (Austin: University of Texas Press, 1998), *Two-Spirit People: Native American Gender Identity, Spirituality, and Sexuality* (Hg. mit Sue-Ellen Jacobs und Wesley Thomas, Urbana/Chicago: University of Illinois Press, 1997) und "Transformations of Gender in Native American Cultures" (In: Raeschelle Potter-Deimel und Klára Kolinská [Hgg.]: *Transformation, Translation, Transgression: Indigenous American Cultures in Contact and Context*, Litteraria Pragensia vol. 21, issue 42, 2011, 70–81).

MICHAEL SCHINDLER hat Geographie an der Johannes Gutenberg-Universität in Mainz studiert und verbrachte innerhalb der vergangenen zehn Jahre ca. eineinhalb Jahre in Neuseeland. Er hat das Land bereits dreimal bereist, zuletzt im Jahr 2012, als er zwei Monate lang für seine Diplomarbeit die kulturelle und wirtschaftliche Zusammenarbeit zwischen Māori und den Nachfahren der europäischen Siedler in der neuseeländischen Kleinstadt Kaikōura erforschte. Seine Diplomarbeit wurde 2013 unter dem Titel *Māori Kultur in Kaikōura – kulturelle Hybridisierungen und wiederbelebte Identität in Neuseelands Zentrum für Whale Watching* fertiggestellt und bislang nicht veröffentlicht. Zurzeit lebt Michael Schindler in Mainz und arbeitet als selbstständiger Fotograf.

TANJA SCHUBERT-MCARTHUR studierte Empirische Kulturwissenschaft, Neuere Deutsche Literatur und Allgemeine Rhetorik in Tübingen und schloss 2006 mit dem Magister ab. Ihre Magisterarbeit *Mit Sack und Pack nach Neuseeland: Zum Gepäck deutscher Auswanderer heute* wurde 2007 im Mana-Verlag, Berlin veröffentlicht. 2003 ging sie für ein Jahr nach Neuseeland, um an der Victoria University of Wellington ein Diplom in Film, Women`s Studies und New Zealand Studies zu machen und lernte einen Neuseeländer kennen, mit dem sie mittlerweile zwei Kinder hat. Sie lebt nun seit 2006 dauerhaft in Neuseeland. Während des Auslandsjahres in Wellington wurde Tanja Schubert-McArthur durch einen Job im Te Papa inspiriert, Bikulturalität zwischen Māori- und Pākehā-Museumspersonal zu erforschen. Sie hat über Bikulturalität im Museum of New Zealand Te Papa Tongarewa bei Brigitte Boenisch-Brednich und Conal McCarthy an der Victoria University of Wellington mit der Dissertation *"Walking the Talk"? An Ethnography of Biculturalism at Te Papa* promoviert. Tanja Schubert-McArthur ist zudem aktives Mitglied der Kapa Haka (Māori performing arts) sowie der Taonga Puoro (Māori Windinstrumente-) Gruppe im Te Papa.